Egli · Grundformen der Wirtschaftskriminalität

Kriminalistik – Wissenschaft & Praxis

Band 20

Grundformen der Wirtschaftskriminalität

Fallanalysen aus der Schweiz
und der Bundesrepublik Deutschland

von

Heinz Egli

Kriminalistik Verlag
Heidelberg 1985

Dr. iur. Heinz Egli, geb. 1937 in Rorschach am Bodensee, ist ein am Finanzplatz Zürich aufgewachsener Schweizer Rechtsanwalt. Zwischen Maturitätsprüfung und Doppelstudium der Wirtschafts- und Rechtswissenschaften an der Universität Zürich absolvierte er eine zweijährige Bankausbildung. 1965 Doktorprüfung mit einer Dissertation über „Die Sitzverlegung juristischer Personen im Internationalen Privatrecht", 1969 Anwaltsexamen in Zürich. Berufliche Tätigkeit bei einer großen Treuhandfirma, vor allem im Bereich Wirtschaftsrecht und Konkurse, dann Vizedirektor bei der Generaldirektion einer Großbank und schließlich Chef einer Ingenieur- und Totalunternehmerfirma für internationale Projekte und Finanzierungen mit vielen Auslandsaufenthalten. Seit 1984 ist er wieder als selbständiger Anwalt in Zürich tätig. Seit 1975 liest Dr. Egli als Lehrbeauftragter an der Universität Zürich über Probleme der Wirtschaftskriminalität.

CIP-Kurztitelaufnahme der Deutschen Bibliothek

Egli, Heinz:
Grundformen der Wirtschaftskriminalität:
Fallanalysen aus d. Schweiz u. d. Bundesrepublik Deutschland / von Heinz Egli. –
Heidelberg: Kriminalistik-Verlag, 1985.
  (Kriminalistik – Wissenschaft & [und] Praxis; Bd. 20)
  ISBN 3-7832-0685-5

NE: GT

© 1985 Kriminalistik Verlag GmbH, Heidelberg
Satz: Filmsatz Unger, 6940 Weinheim
Druck: Gulde-Druck, Tübingen

ISBN 3-7832-0685-5

Geleitwort

Die Wirtschaftskriminalität ist wohl so alt wie die wirtschaftliche Tätigkeit des Menschen selbst, hat aber in unserer Zeit einen ganz neuen Stellenwert erlangt. Das moderne Wirtschaftsleben, gekennzeichnet durch hohe Mobilität, rasche Entscheidungen, hohe Geldumlaufgeschwindigkeit und Automation, weist andererseits auch Schwachstellen auf, die in schwerwiegender Weise kriminell mißbraucht werden können. Die Entwicklung auf diesem Gebiet brachte für Strafverfolgungsbehörden und Gerichte neue, äußerst anspruchsvolle Aufgaben mit sich. Einzelne große Fälle erreichten sogar politische Dimensionen, so beispielsweise in der Schweiz der Fall „SKA Chiasso-Texon", der mit dazu führte, daß die sogenannte „Bankeninitiative" ergriffen wurde. In der Bundesrepublik Deutschland haben die Fälle „Herstattbank", „Immobiliengruppe Neue Heimat" und die „Flick-Parteispenden" auch die Politik beschäftigt. Wirtschaftskriminalität wird heute geradezu als „öffentliches Übel" empfunden.

Es ist deshalb zu begrüßen, daß Dr. Heinz Egli, der sich als Wirtschaftspraktiker, Rechtsanwalt und Lehrbeauftragter an der Universität Zürich seit langem mit der Materie befaßt, im vorliegenden Buch das Problem der Wirtschaftskriminalität einem breiteren Kreis interessierter Leser erörtert. Auf eine tiefere wissenschaftliche Auseinandersetzung mit dem Thema wird bewußt verzichtet. Der Verfasser möchte vielmehr aufzeigen, in welcher Weise Kriminalität im modernen Wirtschaftsleben auftritt und wie sie bekämpft werden kann. So schildert er in anschaulicher und leicht verständlicher Weise anhand praktischer Beispiele die Erscheinungsformen der Wirtschaftskriminalität. Außer den Verhältnissen in der Schweiz werden auch die neueren Entwicklungen in der Bundesrepublik Deutschland berücksichtigt, insbesondere die gesetzgeberischen Maßnahmen mit dem ersten Wirtschaftskriminalgesetz. Im dritten Teil des Buches über die Bekämpfungsmöglichkeiten finden sich außer Hinweisen auf allenfalls anwendbare repressive Strafbestimmungen vor allem aus der Erfahrung geschöpfte Ratschläge zur Verhütung einschlägiger Delikte. Dr. Egli will damit namentlich Wirtschaftspraktiker und Juristen zu einer besseren Prüfung kritischer Geschäfte und die zuständigen Organe zu einer wirksameren Beaufsichtigung wirtschaftlich tätiger Gesellschaften anregen.

Es ist zu hoffen, daß das Buch auf diese Weise einen Beitrag zur besseren Bekämpfung der Wirtschaftskriminalität und damit auch zur Erhaltung des guten Rufes des „Finanzplatzes Schweiz" leistet.

Zürich, im September 1985   *Professor Jörg Rehberg*

Vorwort

Mit dem vorliegenden Buch werden die Grundformen der Wirtschaftskriminalität anhand von Beispielen dargestellt. Es war nicht leicht, rund 50 geeignete Wirtschaftsstraffälle zu finden, die auch publiziert werden durften.

Ich danke allen, die bei der Beschaffung und Verarbeitung der Materialien mitgeholfen und das Manuskript durchgesehen haben. Besonders Herrn Professor Kürzinger in Freiburg i. Br. für die Durchsicht des von Herrn Andreas Müller stud. iur. zusammengestellten Literaturverzeichnisses, Herrn Professor Günther Kaiser für das Gastrecht am Max-Planck-Institut für ausländisches und internationales Strafrecht in Freiburg i. Br., den Herren Rechtsanwälten Dr. Ulrich Sieber in Freiburg i. Br. für Ratschläge zum Kapitel Computerkriminalität und Dr. Roland Bitz in Köln betreffend öffentliche Register in Deutschland.

Die Herren Rolf Schläpfer cand. iur. und Hanspeter Hiestand cand. iur. haben sich um die Beschaffung von Materialien, die Zusammenstellung der Register und Anmerkungen verdient gemacht und bei den Korrekturen mitgeholfen.

Zürich, im September 1985   *Heinz Egli*

Inhalt

3. Teil Bekämpfung

Abkürzungen

a. a. O.	am angeführten Ort
Abh.	Abhandlung
Abk.	Abkommen
Abs.	Absatz
Abschn.	Abschnitt
Abt.	Abteilung
a. F.	alte Folge
AG	Aktiengesellschaft
AK	Aktienkapital
Al	Alinea
allg.	allgemein
a. M.	anderer Meinung
Anm.	Anmerkung
Ann.	Annalen
a. o.	außerordentlich
Art.	Artikel
AS	Eidgenössische Gesetzessammlung. Amtliche Sammlung der Bundesgesetze und Verordnungen
Aufl.	Auflage
BankG	Bundesgesetz über die Banken und Sparkassen
BB	Bundesbeschluß
BBl	Bundesblatt
Bd.	Band
betr.	betreffend
Bez. Ger.	Bezirksgericht
BG	Bundesgesetz
BGB	Bürgerliches Gesetzbuch für das Deutsche Reich vom 18. August 1896
BGE	Entscheidungen des Schweizerischen Bundesgerichts. Amtliche Sammlung
BIGA	Bundesamt für Industrie, Gewerbe und Arbeit
Bl.	Blatt, Blätter
BR	Bundesrat
Bull.	Bulletin
bzw.	beziehungsweise

c.	contra
ca.	circa
das.	daselbst
Dep.	Departement
dgl.	dergleichen
Diss.	Dissertation
DStGB	Deutsches Strafgesetzbuch
ebd.	ebenda
EDV	Eidg. Volkswirtschaftsdepartement, Elektronische Datenverarbeitung
EBK	Eidgenössische Bankenkommission
EFD	Eidgenössisches Finanzdepartement
EFTA	European Free Trade Association
EG	Einführungsgesetz, Europäische Gemeinschaft
eidg.	eidgenössisch
ersch.	erschienen
Erw.	Erwägung
e. V.	eingetragener Verein
ff.	und folgende
g.	gegen
Gaz.	Gazette
gl. M.	gleicher Meinung
GmbH	Gesellschaft mit beschränkter Haftung
GV	Generalversammlung
GVG	Gerichtsverfassungsgesetz
hg.	herausgegeben
Hg.	Herausgeber
i. e.	id est
i. e. S.	im engeren Sinn
i. f.	in fine
int.	international
IPR	Internationales Privatrecht
i. S.	in Sachen
i. w. S.	im weiteren Sinn

Jg.	Jahrgang
J.	Journal
JT	Journal des Tribunaux (Lausanne)
kant.	kantonal
KG	Kantonsgericht
Komm.	Kommission
Komment.	Kommentar
Lit.	Literatur
lit	litera
lt.	laut
Masch.Schr.	Maschinenschrift
mat.	materiell
m. a. W.	mit anderen Worten
m. E.	meines Erachtens
Mio.	Million(en)
Mrd.	Milliarde(n)
m. W.	meines Wissens
N	Note, Fußnote
nat.	national
NF	Neue Folge
NR	Nationalrat
Nr.	Nummer
o. D.	ohne Datum
öff.	öffentlich
OG	Obergericht
o. J.	ohne Jahr
OR	Schweizerisches Obligationenrecht 1911/18. Dezember 1936
Org.	Organisation
p.	page
Pol.	Polizei
Praxis	Die Praxis des schweizerischen Bundesgerichts (Basel)
RA	Rechtsanwalt
RR	Regierungsrat
Rep	Repertorio die Giurisprudenza Patria (Bellinzona)

z. B.	zum Beispiel
ZGB	Schweizerisches Zivilgesetzbuch
Ziff.	Ziffer

Zeitschriften, Zeitungen

BFuP	Betriebswirtschaftliche Forschung und Praxis
BGBl.	(deutsches) Bundesgesetzblatt
DRiZ	Deutsche Richterzeitung, Karlsruhe
DSWR	Datenverarbeitung in Steuer, Wirtschaft und Recht
GA	Goltdammer's Archiv für Strafrecht
JZ	Juristenzeitung, Türingen
NZZ	Neue Zürcher Zeitung (Zürich)
OeVD	Öffentliche Verwaltung u. Datenverarbeitung (Berlin)
Wistra	Zeitschrift für Wirtschaft, Steuer, Strafrecht
WRP	Wettbewerb in Recht und Praxis
ZBJV	Zeitschrift des bernischen Juristenvereins (Bern)
ZStR	Zeitschrift für Strafrecht (Bern)
ZStW	Zeitschrift für die gesamte Strafrechtswissenschaft, Berlin
ZR	Blätter für Zürcherische Rechtsprechung
ZRP	Zeitschrift für Rechtspolitik, Frankfurt/M.

1. TEIL

Allgemeines

1. Einleitung

1.1 Aktualität

Wirtschaftskriminalität ist eine aktuelle Erscheinung von zunehmender Bedeutung. Seit Anfang der 70er Jahre findet das Phänomen der Wirtschaftskriminalität nahezu weltweites Interesse. Diverse internationale Organisationen, Kongresse und Arbeitsgruppen haben sich mit Grundsatz und Einzelfragen zum Thema befaßt[1]. Folge davon waren und sind sozialpolitische Forderungen, Vorschläge auf Abänderung des Wirtschaftssystems, Entwicklung eines Weltwirtschaftssystems. Im Vordergrund stehen jedoch Reformgesichtspunkte.

Wirtschaftskriminalfälle stören in zunehmendem Maße die Wirtschaft, das politische Leben und beschäftigen vermehrt die Justiz. Es vergeht kaum ein Jahr, in dem nicht ein Bankkrach oder Wirtschaftsskandal Finanzkreise und Publikum aufschreckt. Erst kürzlich ist wieder ein großer Wirtschaftsstraffall aufgedeckt worden.

Fall 1: Keller-Leasing

1983 brach in Zürich mit der Verhaftung des Großbetrügers Michael Keller dessen Leasinggesellschaften-Gruppe zusammen. Trotz drei Vorstrafen, bescheidenem beruflichen Können und mangelnden Berufsreferenzen gelangte Keller mit hochstaplerischem Auftreten zu Ansehen. So gab er sich einmal als Oberarzt an der Frankfurter Universitätsklinik aus und lud Zufallsbekannte zu einem privaten Charterflug ins Wallis ein. Für das bekannte Gstaader Tennisturnier trat er 1983 mit Fr. 100 000 als Gönner auf und sorgte für große Publicity für seine neu gegründeten Firmen Keller & Partner AG und Ärzte-

---

1 Tiedemann: Konzeption und Grundsätze des Wirtschaftsstrafrechts, in ZStW 1981, S. 1077.
  – IV. UNO-Kongreß über Verbrechensverhütung (Caracas 1980).
  – XII. Kongreß der Association international de droit pénal (Hamburg 1979).

Leasing-Keller AG. So war der 29jährige Keller bald einmal bekannt und galt als „Leasing-Wunderkind".

Seine Betrugsmasche war einfach: Er fingierte mit gefälschten Unterschriften große Leasingverträge mit bedeutenden Firmen, Spitälern und Ärzten und refinanzierte diese Verträge bei Banken. Rückfragen der Banken bei den Leasingnehmern verhinderte er mit plumpen Tricks. Die bei Leasinggeschäften übliche Notifikation der Abtretung, welche vom Leasingnehmer durch Unterschrift zu genehmigen ist, umging Keller mit Ausreden wie „dieser wichtige Leasingkunde würde bei der Bank große Anlagen tätigen. Eine Notifizierung würde das Ansehen des Arztes mindern." In kurzer Zeit gelang es ihm, 7 Banken um über 12 Mio. Franken zu erleichtern. Ein Teil dieser Refinanzierungen wurde von den leichtgläubigen geschädigten Banken gar nicht gemeldet, weil sie wohl zum Schaden nicht auch noch den Spott haben wollten.

Keller wurde im August 1983 verhaftet und im September 1984 vom Obergericht des Kantons Zürich unter Berücksichtigung verminderter Zurechnungsfähigkeit zu 3 1/2 Jahren Gefängnis und Fr. 5000 Buße verurteilt. Im Konkurs der Ärzte-Leasing-Keller AG bleiben über Fr. 6 Mio. ungedeckt, so daß mit einer Konkursdividende von nur wenigen Prozenten zu rechnen ist[2].

Weitere größere Wirtschaftskriminalfälle waren:
- Lockheed-Bestechungsskandal mit Auswirkungen bis in die hohe Politik nach Japan und den Niederlanden
- AKW Krankenhausskandal in Wien
- der Skandal um die gewerkschaftliche Bau- und Immobilien-Gruppe „Neue Heimat" in der Bundesrepublik
- Skandal um SKA Chiasso mit dem Zusammenbruch der Texon-Gruppe
- Wirtschaftsspionagefall Frauenknecht mit den Mirageplänen für Israel in Winterthur
- der Fall Flick/Parteispenden in der Bundesrepublik Deutschland[3]

In den letzten 20 Jahren sind über 35 Schweizerbanken zusammengebrochen, meistens im Zusammenhang mit Wirtschaftsdelikten:

- United California Bank in Basel AG, Basel
- Banque Genèvoise de Commerce et de Crédit, Genf
- Immobilienbank (IBZ Finanz AG), Zürich
- Bank für Grundbesitz, Zürich
- Azad Bank, Zürich

---

2 Schweiz. Handelszeitung vom 30. 8. 1984.
3 Weitere Fälle bei Egli, Wirtschaftskriminalität, in IPZ Information, November 1976.

- Paul de Werra, Sion
- Aiutana Bank AG, Zürich
- Aeschenbank (Arbitrex/Germann), Basel
- Interchange Bank, Chiasso
- Bank Koschland und Hepner AG, Zürich
- Bank Ernst Brunner & Cie. AG, Luzern
- Zentrum Bank, Zürich
- Banca Vallugano, Lugano
- Bank Widemann & Co. AG, Zürich
- Bank Reiss & Co., Zürich
- Bank Benevent, Zürich
- Banque de Crédit International, Genf
- Metro Bank AG (Profinanz AG/Stürchler), Zürich
- Atlas Bank, Zürich (Fall Lins)
- Banque de Financement (Finabank), Genf
- Bank Robinson AG, Basel
- Banque Exel, Genf
- Bank AG für Vermögensverwaltung und Wertschriftenverkehr (BANKAG), Zürich
- Weisscredit Handels- und Anlagebank, Lugano
- Leclerc & Cie., Genf
- Banque Commerciale, Genf

Hier nicht erwähnt sind ca. 10 Banken, die im Zusammenbruch von andern Banken übernommen worden sind.

Wirtschaftsdelikte, die wir heute unter dem Begriff der Wirtschaftskriminalität zusammenfassen, hat es schon in den vergangenen Jahrtausenden und weltweit gegeben. Eine kleine Auswahl mag dies belegen[4]:

Im alten Ägypten war die systematische Plünderung der Pharaonengräber nur durch eine straff organisierte „Teamarbeit" möglich. Die Friedhofswärter verbanden sich mit den Priestern, die Aufseher mit den Bezirksvorstehern, ja, selbst der Vorsteher des westlichen Theben, der oberste Beamte zur Bewachung der Nekropole, steckte unter einer Decke mit den Grabplünderern[5].

Im römischen Reich war der König von Numidien, Jugurtha (um 160 bis 104 v. Chr.), ein Meister der Bestechung seiner römischen Freunde bzw. Feinde. Er verschaffte sich in Rom einflußreiche Gönner und lähmte sogar die Be-

---

4 Zusammenstellung von Beispielen bei Middendorf: Historische und vergleichende Aspekte der Wirtschaftskriminalität, in Freiburger Universitätsblätter, Nov. 1983, S. 55 ff.
5 Zirpins/Terstegen: Wirtschaftskriminalität, 1963, S. 691.

schlußfassung des Senates, so daß er einen Vetter, der ihm im Wege stand, ungestraft ermorden lassen konnte. Als er endlich aus der Stadt ausgewiesen wurde, höhnte er die Römer und ihre Kaufleute und sagte, man könne die ganze Stadt kaufen, wenn sich dafür nur ein Käufer fände. Als die Römer gegen ihn in Afrika Krieg führten, bestach er die Feldherren und erreichte dadurch, daß diese jahrelang den Krieg gegen ihn nur sehr lässig führten.

Neben diesem Beispiel weist Mommsen auf eine Reihe von Wirtschaftsdelikten hin, welche die Dekadenz des römischen Imperiums kennzeichneten: Plünderung und Bettel, Lieferantenbetrug und Spekulationsschwindel, Zins- und Kornwucher[6].

Überraschend aktuell sind die Worte des Erasmus von Rotterdam aus seinen „Vertrauten Gesprächen" zu Anfang des 16. Jahrhunderts: „Stiehlt einer ein Geldstück, dann hängt man ihn. Wer öffentliche Gelder unterschlägt, wer durch Monopole, Wucher, und tausenderlei Machenschaften und Betrügereien noch soviel zusammenstiehlt, der wird unter die vornehmsten Leute gerechnet. Wer irgend jemandem Gift verabfolgt, wird wie ein Giftmörder bestraft, wer durch gepanschten Wein oder verdorbenes Öl das Volk vergiftet, geht frei aus."

In Deutschland begann nach dem Krieg 1870/71 die sogenannte Gründerzeit. Die von Frankreich gezahlte Kriegsentschädigung von 5 Mia. Goldfranken brachte dem Wirtschaftsleben einen großen Auftrieb und löste eine Spekulationswelle aus. Schließlich kam es zu einem riesigen Bankkrach. Allein am 8. Mai 1873 stellten über 100 Kreditinstitute ihre Zahlungen ein, darunter auch die Dachauer Bank in München. Im Laufe der Untersuchungen zeigte sich, daß die Bank keine ordnungsgemäß geführten Bücher hatte. Die Hauptverantwortliche, Adele Spitzeder, wurde in einem Monsterprozeß wegen betrügerischen Bankrotts, Urkundenfälschung, Unterschlagung und einer Reihe anderer Delikte zu 3 Jahren Zuchthaus verurteilt[7].

Auch im 2. Weltkrieg kamen Betrugsfälle im Zusammenhang mit der Kriegswirtschaft vor: Ein viel zu spät erkannter Betrüger hatte Millionenbeträge für die fristgerechte Herstellung der Leitwerke für die Lenkwaffe V 2 erhalten. Nach Ablauf der Frist stellte man fest, daß das angebliche Fertigungswerk aus einer leeren Scheune bestand und der verantwortliche Ingenieur der Luftwaffe infolge von Bestechung falsche Berichte an seine vorgesetzte Dienststelle über den Fortgang der Produktion erstattet hatte (siehe Fußnote 4).

---

6 Mommsen: Römertum, Größe und Verfall einer politischen Ordnung, 1952, S. 18.
7 Arnau: Jenseits der Gesetze, 1966, S. 219 ff. in IPZ Information, November 1976.

1.2 Wirtschaftliche Bedeutung

Eine Schätzung des Gesamtschadens der Wirtschaftsdelikte ist deshalb schwierig, weil der Begriff Wirtschaftskriminalität schwer von den übrigen Delikten (z. B. allgemeine Betrugsdelikte) abzugrenzen ist, nur ungenügende Statistiken zur Verfügung stehen und die Dunkelziffer sehr hoch liegt. Nachfolgend einige mittlere Schätzungen des jährlichen Gesamtschadens:

- für die Bundesrepublik Deutschland 10 bis 50 Mrd. DM
- für den Umlauf gefälschter Wertpapiere in den USA über 100 Mrd. Franken
- für die Schweiz rund 1 Mrd. Fr.
- für den Kanton Zürich ca. 300 Mio. Fr. [8]

In der Schweiz sind nur bescheidene statistische Grundlagen vorhanden [9].

Immerhin liefert die Statistik der Strafurteile in der Schweiz einige Hinweise [10]:

---

8 Hürlimann, in IMAKA Management-Information, Oktober 1980
9 Schuster: Wirtschaftskriminalität und Banken, in Betriebswirtschaftliche Mitteilungen 67, Bern 1977 6/7.
10 Mit freundlicher Genehmigung des Bundesamtes für Statistik, überreicht von S. Lassueur: Statistische Quellenwerke der Schweiz, Die Strafurteile in der Schweiz, 1982.
   1 Die Statistik der Strafurteile erfaßt sämtliche Verurteilungen, die während eines Erhebungsjahres ausgesprochen und gemäß den Art. 9 bis 12 der Verordnung vom 21. Dezember 1973 über das Strafregister im Zentralstrafregister eingetragen werden.
   Von der Statistik nicht erfaßt werden:
   - die gegen Kinder verhängten Maßnahmen und Disziplinarstrafen;
   - die wegen Übertretungen ausgesprochenen Bußen bis zu 200 Franken sowie die Umwandlung dieser Bußen in Haftstrafen;
   - die gestützt auf das Militärstrafgesetz oder andere militärstrafrechtliche Bestimmungen verhängten Disziplinarstrafen;
   - die wegen Zuwiderhandlung gegen fiskalische Bundesgesetze ausgesprochenen Bußen;
   - die Ordnungs- und Disziplinarstrafen.
   2 Die Änderungen von Urteilen (Widerruf des bedingten Strafvollzuges, Begnadigungen usw.), auch wenn sie noch im selben Jahr erfolgen, sind in der Statistik nicht berücksichtigt.
   3 Erhebungseinheit ist der Gerichtsentscheid, der zu einer Verurteilung führt. Im gleichen Jahr mehrmals verurteilte Personen werden so oft gezählt, als sie verurteilt und im Zentralstrafregister eingetragen worden sind.
   4 Maßgeblich für das Erhebungsjahr ist das Datum des Urteils und nicht der Zeitpunkt der Straftat. Der Abstand zwischen den beiden Daten kann dabei beträchtlich sein.
   5 Die strafbaren Handlungen werden nach zwei Methoden gezählt: nach der Hauptstraftat und nach der Gesamtheit der Straftaten.
   Als Hauptstraftat gilt diejenige, die mit der schwersten Strafe bedroht ist.
   Bei der Gesamtheit der Straftaten sind für die Zählung die Gesetzesartikel, welche die Straftaten definieren, maßgebend. Ein bestimmter Gesetzesartikel wird bei ein und derselben Verurteilung nur einmal gezählt, selbst wenn mehrere strafbare Handlungen der gleichen Art verübt worden sind.

Häufigkeit der Anwendung bestimmter Gesetzesartikel

(nicht Anzahl Fälle, sondern in allen Straffällen vorkommende Einzeltatbestände, Statistik 1982)

Titel	StGB Art.	Total angewendet	in %
Veruntreuung	140	1151	22,8
Veruntreuung und Entzug von Pfandsachen und Retentionsgegenständen	147	3	0,1
Betrug	148	2366	46,8
Unwahre Angaben über Handelsgesellschaften und Genossenschaften	152	13	0,3
Verleitung zur Spekulation	158	1	0,0
Ungetreue Geschäftsführung	159	58	1,1
Verletzung des Fabrikations- oder Geschäftsgeheimnisses	162	2	0,0
Betrügerischer Konkurs	163	34	0,7
Pfändungsbetrug	164	62	1,2
Leichtsinniger Konkurs und Vermögensverfall	165	70	1,4
Unterlassung der Buchführung	166	39	0,8
Urkundenfälschung	251	1016	20,1
Erschleichung einer falschen Beurkundung	253	55	1,1
Wirtschaftlicher Nachrichtendienst	273	8	0,2
Bestechung	288	10	0,2
Ungetreue Amtsführung	314	7	0,1
Sich bestechen lassen	315	4	0,1
Annahme von Geschenken	316	3	0,1
Urkundenfälschung	317	40	0,8
Ungehorsam des Schuldners im Betreibungs- und Konkursverfahren	323	110	2,2
		5052	100,0

In obiger Tabelle sind alle Gesetzesartikel erfaßt, die allenfalls auch in einem einzelnen Wirtschaftsstraffall in Konkurrenz anwendbar sind. Die nachfolgende Tabelle erfaßt nur die Hauptstraftat des jeweiligen Falles.

Hauptstraftaten gemäß bestimmter Gesetzesartikel
(Statistik 1982)

Titel	StGB Art.	Total angewendet	in %
Veruntreuung	140	577	19,9
Veruntreuung- und Entzug von Pfandsachen und Retentionsgegenständen	147	3	0,1
Betrug	148	1617	55,9
Ungetreue Geschäftsführung	159	18	0,6
Betrügerischer Konkurs	163	17	0,6
Pfändungsbetrug	164	39	1,3
Leichtsinniger Konkurs und Vermögensverfall	165	24	0,8
Unterlassung der Buchführung	166	7	0,2
Urkundenfälschung	251	473	16,5
Erschleichung einer falschen Beurkundung	253	27	0,9
Wirtschaftlicher Nachrichtendienst	273	6	0,2
Bestechung	288	6	0,2
Ungetreue Amtsführung	314	1	0,0
Sich bestechen lassen	315	2	0,1
Annahme von Geschenken	316	3	0,1
Urkundenfälschung	317	20	0,7
Ungehorsam des Schuldners im Betreibungs- und Konkursverfahren	323	55	1,9
Ordnungswidrige Führung der Geschäftsbücher	325	4	0,1
		2899	100,0

Für den Kanton Zürich gibt die Kantonspolizei folgende Zahlen an[11]:

Jahr	neue Fälle	Gesamtdelikt-summe in Mio. Fr.	davon deliktische Konkursfälle	ungedeckte Forderungen in Mio. Fr.
1973	117	91		
1974	98	163	25	30
1975	102	178	26	45
1976	126	332	28	76
1977	135	267	27	63
1978	143	202	28	34
1979	139	152	40	47

11 Freundliche Angaben von Dr. E. Zimmerli, Spezialabt. Betrug/Wirtschaftsdelikte der Kantonspolizei Zürich.

1980	154	164	30	24
1981	172	145 (27)	29	32
1982	183	224 (34)	26	21
1983	154	238 (33)	28	26
1984	157	323 (44)	29	28

in Klammern Anzahl Fälle über 1 Mio. Fr. Gesamtdeliktsumme

Die Statistik der Abteilung für Wirtschaftsdelikte der Staatsanwaltschaft Basel Stadt zeigt folgende Neuzugänge an Wirtschaftsstraffällen[12]:

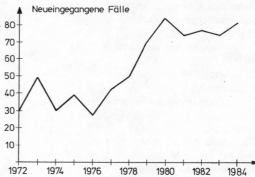

Wenn man davon ausgeht, daß Finanzplätze wie Zürich im schweizerischen Vergleich höhere Wirtschaftsdeliktszahlen aufweisen, ergäbe eine Hochrechnung für die ganze Schweiz jährlich ca. 500 – 800 Mio. Franken Gesamtdeliktsumme.

In der Bundesrepublik Deutschland betrug 1982 der von den Schwerpunkt-Staatsanwaltschaften festgestellte Gesamtschaden für die schweren Formen der Wirtschaftskriminalität 4,9 Mrd. DM. Wie das Freiburger Max-Planck-Institut für ausländisches und internationales Strafrecht (Forschungsgruppe Kriminologie) in seiner neuesten, seit 1974 laufenden „Bundesweiten Erfassung von Wirtschaftsstraftaten nach einheitlichen Gesichtspunkten" feststellt, muß bei diesen Zahlen über Bestechung und Vorteilsgewährung, Betrug, Wucher, Untreue, Subventionsbetrug und Kreditbetrug noch ein Vielfaches hinzugerechnet werden, um den tatsächlichen Schaden zu ermessen. Zu der Schadenssumme der erledigten Wirtschaftsdelikte kommt noch ein Verlust von 780 Millionen Mark durch Fälle von Steuerhinterziehung hinzu, die von den Finanzämtern selbst erledigt werden, sowie ein Fehlbetrag von rund 7,9 Milliarden Mark an Steuern, die, ohne daß eine strafbare Handlung geprüft worden oder nachzuweisen war, nicht bezahlt worden waren. Insgesamt ergibt sich so-

---

12 Freundliche Angaben von Dr. Geng, Leitender Staatsanwalt bei der Abt. für Wirtschaftsdelikte der Staatsanwaltschaft Basel-Stadt.

mit allein aus den erfaßten Fällen ein Verlust von etwa 14 Milliarden Mark. Für die Dunkelziffer, also die nicht aufgedeckte Wirtschaftskriminalität, muß nach Ansicht der Forscher der vielfache Satz angenommen werden, womit sich ein geschätzter Verlust von über 50 Milliarden Mark ergibt[13]. Der hohe Gesamtschaden wie auch die Berichterstattung in den Medien, vor allem bei spektakulären Subventionserschleichungen, betrügerischem Bankrott und anderen, könnten den Eindruck erwecken, die Wirtschaftskriminalität sei eine Sache von kriminellen Großverdienern. Die Aufstellung auf der folgenden Seite zeigt jedoch für 1983 ein differenziertes Bild.

Gemäß früheren Angaben erreichen die durchschnittlichen Schadenhöhen ca. 63 000 DM bei Betrugsdelikten und ca. 550 000 DM bei den übrigen Wirtschaftsdelikten. Nur bei 3% der Fälle beläuft sich der Schaden auf über eine Million DM. Der größte Teil der Fälle bewegt sich um ca. 200 000 DM[14].

Auch in den sozialistischen Staatshandelsländern nimmt die Wirtschaftskriminalität stark zu. Aus einer Veröffentlichung der Hauptkommandantur der Bürgermiliz von Polen (oberste Polizeibehörde) über Wirtschaftsdelikte im ersten Halbjahr 1983 geht hervor, daß die Verfahren wegen Wirtschaftsverbrechen im Vergleich zum analogen Zeitabschnitt 1981 von 2415 auf 7088 gestiegen sind. 44% der „Täter" sind private Unternehmer, Eigentümer von Dienstleistungsbetrieben, Kaufleute, Marktstand-Inhaber oder Transportunternehmer. 36% sind Angestellte der Staatsladenketten und Rentner. Bei den Betroffenen wurden Waren im Wert von 224 Mio. Zlotys sichergestellt. Allein in den Magazinen und Wohnungen des Personals der Staatsläden konfiszierte man Güter im Wert von 120 Mio. Zl., die gemäß Anklage den Kunden vorenthalten und „schwarz" veräußert wurden. Insgesamt wurden polnische und fremde Valuta im Wert von zusammen 583 Mio. Zl. vorsorglich konfisziert, darunter 78 000 $ sowie 79 000 DM. Beschlagnahmt wurden ferner 162 PKWs, 91 Häuser, 18 Eigentumswohnungen und 8 Ferienhäuser[15].

---

13 Neue Zürcher Zeitung vom 8./9. 9. 84.
14 Anschluß- und Vertiefungsuntersuchungen zur bundesweiten Erfassung von Wirtschaftsstraftaten nach einheitlichen Gesichtspunkten, Forschungsbericht Teil II + III, Freiburg im Breisgau, Oktober 1983.
15 Neue Zürcher Zeitung vom 29. 7. 82.

Die Schäden durch Wirtschaftskriminalität
(Statistik 1983, angepaßte Schätzung aufgrund eines etwas abweichenden Erhebungsrasters)

Deliktsgruppe	Schadenshöhe in DM														keine Angaben		Insgesamt	
	kein Schaden		bis 1000		über 1000 bis 10000		über 10000 bis 50000		über 50000 bis 100000		über 100000 bis 1 Mio.		über 1 Mio.					
	abs.	%	abs.	%	abs.	%	abs.	%	abs.	%	abs.	%	abs.	%	abs.	%	abs.	%
Betrug	–	–	40	3,5	136	12,0	209	18,4	130	11,4	377	33,2	120	10,6	124	11,0	1136	100
Subventionsbetrug	–	–	8	6,0	19	14,0	12	9,0	13	10,0	23	18,0	15	11,0	42	32,0	132	100
Kreditbetrug	49	13,0	58	15,4	163	43,2	64	17,0	23	6,1	17	4,5	3	0,8	4	0,9	381	100
Untreue	–	–	–	–	80	21,6	34	9,2	44	11,9	156	42,2	56	15,1	–	–	370	100
Bestechung (§§ 333 + 334)	14	9,8	–	–	9	6,3	–	–	15	10,5	16	11,2	11	7,7	78	54,5	143	100
Wucher	21	10,0	31	15,0	47	23,0	12	6,0	25	12,0	8	4,0	–	–	60	29,0	204	100
Insgesamt	84	3,6	137	5,8	454	19,2	331	14,0	250	10,5	597	25,2	205	8,7	308	13,0	2366	100

1.3 Politische Bedeutung

Immer wieder hört man im Zusammenhang mit Wirtschaftsdelikten den Vorwurf, „die Kleinen hängt man, die Großen läßt man laufen". Der einfache Bürger muß feststellen, daß hochgestellte Persönlichkeiten, Männer der Wirtschaft, des Rechts und der Politik in Wirtschaftskriminalfällen involviert sind (Betrügerische Anlagefonds, große Steuerhinterziehungen, Subventionserschleichungen etc.). Gleichzeitig stellt man fest, daß in einzelnen Fällen gar keine Strafuntersuchung in Gange kommt, resp. die Strafuntersuchung eingestellt wird oder daß sich eine solche Untersuchung über Jahre bis fast zur Verjährung der Straftat hinzieht und am Ende im Verhältnis zur Schadensumme relativ bescheidene Strafen ausgesprochen werden. Damit entsteht ein staats- und gesellschaftspolitisches Problem und eine Gefahr für den Rechtsstaat, da der einzelne Bürger und das ganze Wirtschafts- und Rechtsleben verunsichert werden. Dabei schwingt im Hintergrund das Mißtrauen vieler Bürger mit: Die Behörden sind unfähig, die Politiker stecken mit den Wirtschaftskriminellen unter einer Decke, Geld bricht Recht etc.

Der soziale Rechtsstaat kann es sich nicht leisten, sich auf die sogenannte klassische Kriminalität zu beschränken. Sutherland geht allerdings 1940 etwas einseitig mit einer heftigen Sozialkritik an das Problem heran. Sein Verdienst ist es jedoch, auf das bedeutungsvolle Phänomen der Wirtschaftskriminalität aufmerksam gemacht zu haben. Der Kampf gegen die Wirtschaftskriminalität soll dabei nicht im Zeichen des Klassenkampfes geführt werden, sondern unter Anerkennung der sozialen Marktwirtschaft (Privatwirtschaft) und des legitimen Gewinnstrebens einer unternehmerorientierten Wirtschaft. Die nachdrückliche Bekämpfung der Auswüchse dieses Wirtschaftslebens in Form von Wirtschaftsstraffällen ist jedoch wesentliches Anliegen, wenn dieser Rechtsstaat und die liberale Wirtschaft ihre Glaubwürdigkeit nicht langsam aber sicher verlieren wollen.

1.4 Wirtschaftspraxis

Wirtschaftsdelikte werden aus der Wirtschaft gegen die Wirtschaft begangen. Eine Reihe von heute üblichen wirtschaftlichen Praktiken erleichtern Wirtschaftskriminellen ihre Tätigkeit. Die Kenntnis dieser Wirtschaftspraxis bildet die Grundlage für das Verständnis einzelner Erscheinungsformen der Wirtschaftskriminalität.

Ich versuche deshalb, einen gerafften Überblick über einige für unser Thema typische Wirtschaftsvorgänge und Institutionen zu geben. Dabei streife ich Teilgebiete aus der Betriebswirtschaftslehre, der Finanzwissenschaft sowie der Rechtswissenschaft.

1.4.1 Strohmänner

Die etwas despektierliche Bezeichnung „Strohmänner" meint Treuhänder, also natürliche oder juristische Personen, welche treuhänderisch für einen Auftraggeber handeln, d. h. im eigenen Namen, aber auf Risiko und Rechnung und nach Weisung des Auftraggebers. Grundlage ist meistens ein Treuhandvertrag (vgl. Auftrag OR Art. 394 ff.).

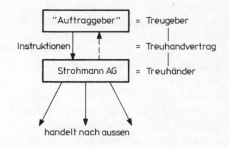

Gründe für solche treuhänderische Mandate können sein:

– Tarnung gegenüber Konkurrenten, Familienmitgliedern, Behörden
– Nutzung von Steuervorteilen (z. B. Domizilgesellschaft im Kanton Zug)
– Erleichterte Geschäftsabwicklung in einem liberalen Lande (z. B. Schweiz)
– Treuhänderisches VR-Mandat (z. B. Erfordernis der Mehrheit von Schweizerbürgern im VR)
– Neutrale Handlungen für ein Konsortium
– Notwendige Gründerzahl für AG (min. 3 Gründer)

Die Einschaltung von Strohmännern ist grundsätzlich erlaubt. Es stellen sich allerdings heikle Haftungsprobleme: Bei vertraglicher oder außervertraglicher Schädigung sowie bezüglich Organhaftung wird vorerst der Strohmann ins Recht gefaßt, der dann seinerseits versuchen muß, von seinem Auftraggeber abgedeckt zu werden. Sodann ist er strafrechtlich für seine Handlungen voll verantwortlich.

Wo die wirtschaftliche Betrachtungsweise zur Anwendung kommt, z. B. bei der Steuergesetzgebung, nützt das Vorschieben eines Strohmannes kaum.

1.4.2 Domizilgesellschaften

Domizilgesellschaften haben ihren Gesellschaftssitz an einem Ort, an welchem sie keine eigentliche Geschäftätigkeit (Fabrikation, Handel, Verwaltung, Forschung) betreiben. Meistens verfügen sie nicht einmal über eigene Büroräumlichkeiten, sondern sind bei einem Treuhandbüro, Rechtsanwalt oder Geschäftsfreund etc. domiziliert (typische Adresse: Export AG, c/o Treuhand AG, Hergiswil). Man nennt sie auch Briefkastengesellschaften, weil sie nur einen Briefkasten an der angegebenen Domiziladresse besitzen.

Gründe für die Errichtung einer Domizilgesellschaft können sein:

– Nutzung von Steuervorteilen (z. B. Steuergesetzgebung in Glarus)
– Patentrechtliche Vorteile bei Domizil im betreffenden Land (z. B. Schweiz)
– Erleichterte Finanzbeschaffung durch eine Schweizerfirma
– Firma zur Tarnung des Eigentümers gegenüber Konkurrenten, Familienmitgliedern, Behörden (kombiniert mit Strohmännern)
– Erleichterte Abwicklung der Geschäfte über ein Land mit liberaler Wirtschaftsordnung
– Verhinderung von Interessenkollisionen bei Unternehmungsgruppierungen (Selbstkontrahierung bei Verträgen)

Vielfach sind auch Holdinggesellschaften Domizilgesellschaften. Domizilgesellschaften genießen steuerliche Vorteile. Im Prinzip zahlen sie keine Ertragssteuern, sondern meistens nur eine geringe Kapitalsteuer. Hingegen unterliegen Holding- und Domizilgesellschaften der direkten Bundessteuer, der früheren Wehrsteuer. Ende 1983 gab es in der Schweiz 12 553 Holdinggesellschaften als AG oder GmbH mit total ca. 22 Mrd. Fr. nominellem Kapital[16].

1.4.3 Gesellschaftsgründungen

Das Schweizerische Recht stellt für die Geschäftstätigkeit eine ganze Reihe von Gesellschaftsformen zur Verfügung. Für uns von Bedeutung sind insbesondere die juristischen Personen, vor allem die AG. Ich gehe nachfolgend von der AG aus, die stellvertretend für andere mögliche Gesellschaftsformen steht. Für Details verweise ich auf die entsprechende Literatur[17].

Aktiengesellschaft (OR Art. 620–763)

Gemäß OR Art. 620 ff. ist die AG eine Gesellschaft mit eigener Firma, deren zum voraus bestimmtes Kapital (Aktienkapital) in Teilsummen (Aktien) zerlegt ist und für deren Verbindlichkeiten nur das Gesellschaftsvermögen haftet. Das Grundkapital der Gesellschaft muß mindestens Fr. 50 000.– betragen.

Zur Gründung einer AG sind gemäß OR Art. 625 Abs. 1 mindestens drei Aktionäre notwendig. Sinkt die Zahl der Aktionäre unter die Mindestzahl, oder fehlt es der Gesellschaft an den erforderlichen Organen, kann der Richter auf

---

16 Verband Schweiz. Holding- und Finanzgesellschaften, Geschäftsbericht 1983/84.
17 Für Viele: Forstmoser/Meier-Hayoz: Einführung in das schweizerische Aktienrecht, 3. gegenüber der 2. unveränderte Auflage, Bern 1983.

Begehren eines Aktionärs oder eines Gläubigers die Auflösung verfügen; aber: Wo kein Kläger ist, da ist kein Richter. In der Praxis kommen solche Klagen kaum vor. Die Einmanngesellschaft wird toleriert und kommt auch häufig vor. Die drei minimal für die Gründung vorgeschriebenen Aktienzeichner können sich auch durch Bevollmächtigte vertreten lassen, und manchmal sind die Gründer lediglich Treuhänder des oder der wahren Berechtigten, d. h. des oder der Treugeber. Bei der Simultangründung (OR Art. 638) ist die Regelung sehr einfach, da Gründer und Aktionäre identisch sind und keine Schutzvorschriften zugunsten Dritter geschaffen werden müssen. Voraussetzung für die Entstehung einer eigenen Rechtspersönlichkeit ist gemäß OR Art. 643 Abs. 1 die Eintragung im Handelsregister. Voraussetzung dazu ist unter anderem das Aufbringen des Grundkapitals, wovon min. 20% einbezahlt sein müssen, jedenfalls aber Fr. 20 000. – (OR 633 Abs. 1 und 2). Ende 1983 bestanden in der Schweiz 120 640 Aktiengesellschaften (1982: 116 231)[18].

Sacheinlagegründung (Apportgründung)

Neben der Bargründung, bei der das Aktienkapital in bar bei einer kantonalen Depositenstelle für die Zeit von der Gründung bis zur Publikation im Schweiz. Handelsamtsblatt hinterlegt werden muß, interessiert uns besonders die Sacheinlagen oder Apportgründung (OR Art. 628). Eine solche Sacheinlagengründung gemischt mit Bareinzahlung kann beispielsweise wie folgt stattfinden:

Theoretisches Beispiel

Plastik AG mit einem Aktienkapital Fr. 100 000. Gründer I, ein Ingenieur, bringt ein von ihm entwickeltes Verfahren (zum Patent angemeldet) für die Herstellung von Plastikrohren ein. Bewertung mit Fr. 20 000.

Gründer M, ein Maschinenfabrikant, bringt den Prototyp für eine Maschine zur Herstellung von Plastikrohren sowie ein Warenlager an Plastikrohren ein, Wert Fr. 50 000.

Gründer F, ein Financier, beteiligt sich mit Fr. 30 000 in bar. Damit sieht die Bilanz der neu gegründeten Plastik AG (ohne Gründungskosten) wie folgt aus:

Aktiven		Passiven	
Bank	30 000	Aktienkapital	100 000
Patent	20 000		
Warenlager und Maschinen	50 000		
	100 000		100 000

---

18 Schweizerisches Handelsamtsblatt vom 23. 1. 1984.

Bei der Apportgründung handelt es sich um entgeltlichen Erwerb von Vermögensgegenständen durch die künftige AG. Dies kann durchaus im Interesse der Gesellschaft liegen. Die Gefahr einer Überbewertung von Sacheinlagen ist jedoch groß. Im Sinne eines Schutzes der übrigen Aktionäre und Gläubiger der AG verlangt das Gesetz, daß die Sacheinlagen sowie Bewertung und Anrechnung in den Statuten zu vermerken sind (OR Art. 628 Abs. 1).

1.4.4 Verschachtelung von Firmen

Größere Unternehmungen bestehen vielfach aus einer Vielzahl von Firmen, welche als Unternehmungsgruppe oder Konzern bezeichnet werden. Alle Firmen der Gruppe werden ganz oder teilweise von einer Zentrale aus beherrscht.

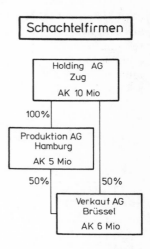

Im vorliegenden einfachen Fall einer Firmenverschachtelung kontrolliert die Holding AG als Muttergesellschaft zu 100% sowohl die Produktion AG wie auch – indirekt – die Verkauf AG. Das Eigenkapital der „Firmengruppe" beträgt jedoch nicht

Holding AG	10 Mio.
Produktion AG	5 Mio.
Verkauf AG	6 Mio.
	21 Mio.

sondern nur 10 Mio. Fr. Von den 10 Mio. Aktienkapital der Holding flossen nämlich 5 Mio. zur Tochtergesellschaft Produktion AG, und davon wieder 3 Mio. weiter an die Verkauf AG. Letztere erhielt weitere 3 Mio. direkt von der Holding AG. Also Vorsicht, das effektiv haftende Kapital dieser Gruppe beträgt nicht 21 Mio. Fr., sondern nur 10 Mio. Fr.

Gründe für die Entstehung einer solchen Unternehmensgruppe können in der organischen Entwicklung liegen, z. B. etappenweise Gründung von Filialen im

In- und Ausland, Entwicklung neuer Produktionen, oder in der Expansion und Diversifikation durch Beteiligungen und Aufbau von andern Unternehmungen. Vielfach spielen auch steuerliche Gründe mit (Steueroptimierung durch Gewinn- und Verlustausgleich). Manchmal geht es auch um die Absicherung hoher Risiken, z. B. bei einer Gesellschaft in einem Land, in welchem allgemeine Verstaatlichung droht.

Verschachtelte Unternehmungsgruppen können leicht für unlautere Zwecke mißbraucht werden, z. B. zur Beschaffung von Krediten außerhalb der üblichen Sicherheiten. Manchmal gehen die Drahtzieher bewußt auf Kreditbetrug aus und nehmen dabei einen allfälligen Konkurs einzelner oder mehrerer Gesellschaften der Gruppe in Kauf. Die nachfolgend dargestellte Firmenschachtel täuscht Größe vor. Zwar ergibt die Addition aller „haftenden Aktienkapitalien" $5 + 1 + 2 + 2 + 2 + 1 + 2 + 2 = 17$ Mio. Wirklich haften jedoch nur die 5 Mio. der PLUTO SA.

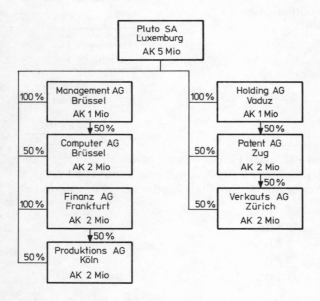

2. Dogmatik

Die vorliegende Arbeit befaßt sich mit den Erscheinungsformen der Wirtschaftskriminalität, also mit Wirtschafts- und Strafrechtspraxis. Die Darstellung von Fällen aus der Wirtschaftskriminalpraxis steht deshalb im Zentrum. Zum Verständnis des Themas und zur Einordnung des komplexen Phänomens erscheinen einige zusammenfassende, theoretische Überlegungen zur „Wirtschaftskriminalität" notwendig.

2.1 Interdisziplinäres Problem

Die Behandlung und Erforschung der Wirtschaftskriminalität als moderner Form der Kriminalität erfordert interdisziplinäres Wissen und interdisziplinäre Methoden. Von der Problemstellung her befassen sich natürlicherweise Strafrecht und Kriminologie mit dem Thema. Eine strafrechtliche Beurteilung eines Wirtschaftsdeliktes setzt jedoch breite Kenntnisse voraus:

- wirtschaftlicher Sachverhalt (internationale Wirtschaftspraxis)
- privatrechtliche Verhältnisse (z. B. Gesellschafts- und Handelsrecht, Wertpapierrecht, Bankusanzen, Handelsregisterrecht, Sachenrecht, kaufmännische Buchführung etc.)
- Verwaltungsrecht (z. B. Steuer- und Abgaberecht, Subventionsrecht, Wirtschaftsverordnungen)
- Schuldbetreibungs- und Konkursrecht
- Betriebswirtschaftslehre (insbesondere Unternehmensorganisation, Unternehmensbewertung, betriebswirtschaftliches Rechnungswesen)
- Buchhaltungs- und Bilanzlehre
- Soziologie
- Psychologie
- Fremdsprachenkenntnisse

Meines Erachtens kann man erst nach Klärung der Sachverhaltselemente sinnvoll mit den Instrumenten der Kriminologie, dem materiellen Strafrecht und dem Strafprozeßrecht vorgehen.

2.2 Stellung der Wirtschaftskriminalität in der Kriminologie

Kriminologie ist eine Tatsachenwissenschaft. Ihre Aufgabe ist die empirische, natur- und sozialwissenschaftliche Erforschung der Kriminaltäter, des Verbrechens und des Opfers. Ihr Ziel ist die Verbrechensverhütung.

Das nachfolgende Schema zeigt die Stellung der Kriminologie im Gesamtrahmen der Kriminalwissenschaft[1]:

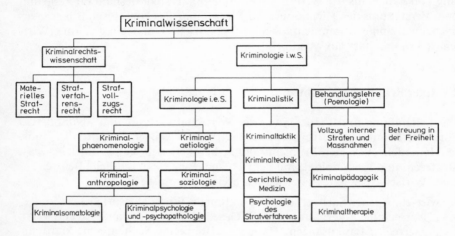

Unser Thema „Wirtschaftskriminalität" gehört primär in den Bereich der Kriminologie im engern Sinne mit Schwergewicht bei der Kriminalphänomenologie.

Unter die Kriminalwissenschaften fallen einerseits das Kriminalrecht (Straf-, Strafverfahrens- und Strafvollzugsrecht) andererseits die Kriminologie i. w. S. Diese wiederum unterteilt sich in die Kriminologie i. e. S. (Kriminalätiologie und Kriminalphänomenologie), die Kriminalistik und die Behandlungslehre. Am weitesten in der Forschung ist von diesen drei Wissenschaftsdisziplinen die Kriminalistik; sie befaßt sich insbesondere mit der Lehre der Bekämpfung des Verbrechens und dessen Verfolgung. Die Kriminaltaktik beschreibt das richtige und zweckmäßige Vorgehen bei der Aufklärung strafbarer Handlungen, die Kriminaltechnik die Anwendung naturwissenschaftlicher Methoden und das Benutzen technischer Hilfsmittel zur Untersuchung von Beweisgegenständen und Spuren. Die Behandlungslehre fragt nach dem Vollzug der Strafen und Maßnahmen (Pönologie) und den sonstigen Behandlungsformen.

---

1 Vgl. Schema in Neue Zürcher Zeitung vom 24. 1. 74, Hauser/Rehberg: Strafrecht I, Verbrechenslehre, 3. Auflage 1983, Seite 18.

Die Kriminalpolitik umfaßt jede Art der staatlichen Tätigkeit, die zur Verhütung und Bekämpfung von Verbrechen beiträgt. Unter der Kriminalpädagogik faßt man die Bemühungen zur Resozialisierung des straffälligen Täters (Erziehung und Behandlung von Erwachsenen, spezielle Heilpädagogik für verwahrloste Jugendliche) zusammen.

Objekt der Kriminologie sind die Kriminalität, das Verbrechen, der Verbrecher und das Opfer. Die Kriminologie versucht, die soziologischen, psychologischen und biologischen Faktoren zu erfassen, die zur Kriminalität führen, und dabei Zusammenhänge und Abhängigkeiten zu erforschen. Das Ziel der Kriminologie als empirischer Wissenschaft liegt darin, bestimmte Tatbestände („kriminelles Verhalten") zu beschreiben und zu erklären; sie definiert deshalb Erscheinungen und formuliert Theorien (Hypothesen). Auf ihren Ergebnissen können dann die Pädagogik und die Politik aufbauen[2].

Die uns besonders interessierende Kriminalphänomenologie beschreibt, wie strafbare Handlungen tatsächlich begangen werden, von wem, wann und wie.

2.3 Abgrenzung der Wirtschaftsdelikte

Die Begriffe Wirtschaftskriminalität und Wirtschaftsdelikte finden sich weder im Schweiz. Strafgesetzbuch noch in Nebenstrafgesetzen. 1940 schuf der Amerikaner Edwin Sutherland in seinem anregenden Standardwerk den Begriff der „White Collar Crimes", „der Verbrechen im weißen Kragen"[3]. Seither haben sich die Begriffe „Wirtschaftsdelikte" und „Wirtschaftskriminalität" langsam bei uns eingebürgert. franz: délits économiques; ital. criminalità economica internationale.

Zirpins weist für den deutschen Rechtsbereich darauf hin, daß das Wirtschaftsleben von zwei Gruppen Kriminalität heimgesucht und empfindlich geschädigt wird[4]:
- der Gewaltskriminalität (Einbruch, Diebstahl, Bankraub, u. a.)
- der Wirtschaftskriminalität

Unter seinen Begriff der Wirtschaftskriminalität fallen u. a. Großbetrügereien wie Kreditbetrug, Anlagebetrug, Finanzierungsbetrug, Gründungsschwindel, Luftgeschäfte, Beteiligungs- und Vermittlungsbetrug; Veruntreuung; unlaute-

---

2 Vgl. Kaiser: Kriminologie, 6. Aufl., 1983, S. 1 – 34.
3 Sutherland: White Collar Crime, 2. Auflage 1961.
4 Zirpins: Wirtschaftskriminalität, Wesen und Gefährlichkeit der Wirtschaftsdelikte, in Kriminalistik 1967, Seite 576.

rer Wettbewerb; Erschleichen von Subventionen; Hinterziehung von Steuern und Abgaben; Konkurs und Pfändungsdelikte; Korruption; Wucher; ungetreue Geschäftsführung; Waren- und Leistungsbetrug. Im Falle einer Notstandsgesetzgebung kommen noch typische Delikte wie Schwarzhandel, Schmuggel, Hamstern, Kapitalflucht und Devisenvergehen u. a. dazu. Auch Sondergesetze wie die „Lex Furgler" über den Erwerb von Grundstücken durch Ausländer führen zu entsprechenden Delikten.

Leider gibt es auch heute noch keinen einheitlichen und allgemein anerkannten Begriff der Wirtschaftskriminalität. Das ursprünglich sozialkritische Konzept des „white collar crime" von Sutherland wurde in neuerer Zeit mehr in Richtung „Straftat in Ausübung eines Berufes" entwickelt. Von täterbezogen Begriffen geht also die Beurteilung mehr zu tatbezogenen Begriffen wie z. B. der Mißbrauch des im Wirtschaftsleben nötigen Vertrauens oder der Verstoß gegen die Wirtschaftsordnung. Die Auffassung gewinnt an Boden, wonach Wirtschaftskriminalität in der Gefährdung/Verletzung von überindividuellen „sozialen" Rechtsgütern des Wirtschaftsgeschehens und/oder im Mißbrauch von Instrumenten des heutigen Wirtschaftslebens besteht[5]. Lampe schlägt deshalb eine Systematik der Wirtschaftsdelikte gemäß Angriffsrichtung der Wirtschaftskriminalität vor[6].

Zu den Wirtschaftsdelikten im engeren Sinne gehören die Verletzungen von spezifischen Normen auf dem Gebiete wirtschaftlicher Tätigkeit, z. B. Warenfälschungen, Patentverletzungen, unlauterer Wettbewerb, Zuwiderhandlungen gegen das Gesetz über die Banken und Sparkassen usw.

Zu den Wirtschaftsdelikten im weiteren Sinne gehören diejenigen Fälle, bei denen Tatbestände allgemeiner strafrechtlicher Normen wie Betrug, ungetreue Geschäftsführung, Urkundenfälschung usw. im Zusammenhang mit wirtschaftlichen Tätigkeiten erfüllt sind.

Eine klare Abgrenzung zu den Randgebieten ist schwierig, z. B. zu Registerrecht, allgemeinen Vermögensdelikten wie Diebstahl, Raub, Umweltschutz

---

5 Berckhauer/Rada: Forschungsbericht über die bundesweite Erfassung von Wirtschaftsstraftaten nach einheitlichen Gesichtspunkten im Jahre 1975, Seite 21 ff.
6 Lampe: Wirtschaftsstrafrecht, im Handwörterbuch der Wirtschaftswissenschaft, 1981, Seite 311, 318 ff.
   – Delikte mit Bezug auf die Finanzwirtschaft des Staates, wie Steuer- und Subventionsdelikte.
   – Delikte mit Bezug auf die Volkswirtschaft (oder Gesamtwirtschaft) und ihre einzelnen Zweige, wie Kartellverstöße, Delikte gegen das Bank- und Börsenwesen.
   – Delikte mit Bezug auf die Betriebswirtschaft (oder Einzelwirtschaft) und ihre einzelnen Zweige, wie Delikte mit Bezug auf die Allgemeinheit und die Verbraucher vor Schädigungen, die im betriebswirtschaftlichen Bereich ihren Ursprung haben, wie Umweltschutzdelikte, Verstöße gegen das Lebensmittelrecht.

etc. In der Bundesrepublik ist am 1. 7. 1980 ein spezielles Umweltstrafrecht (STGB § 324ff.) in Kraft getreten. Tiedemann rechnet das Umweltstrafrecht zu den Wirtschaftsdelikten i. w. S.[7]. Kaiser weist darauf hin, daß auch die internationale Tendenz die Umweltsdelikte zu den Wirtschaftsdelikten i. w. S. zählt[8].

Das Gesagte zeigt, daß es „die Wirtschaftskriminalität" und „den Wirtschaftskriminellen" nicht gibt. Diese Sammelbegriffe fassen vielmehr verschiedenartigste Sachverhalte und Handlungsweisen zusammen.

2.4 Definitionsversuch der Wirtschaftskriminalität

Über den Begriff herrscht keine einheitliche Auffassung. Nachfolgende Begriffsumschreibung[9] wird im westeuropäischen Gebiete teilweise verwendet.

„Wirtschaftsdelikte sind Verbrechen und Vergehen

— die sich auf dem Gebiet des kaufmännischen und wirtschaftlichen Verkehrs überhaupt ereignen,
— die in Mißbrauch des auf dem Gebiet herrschenden Vertrauensprinzipes erfolgen und
— die über eine Schädigung von Einzelinteressen hinaus das Wirtschaftsleben wie die Wirtschaftsordnung stören und gefährden."

2.5 Methoden

Als Lehre von den realen Erscheinungen der Verbrechensbegehung ist die Kriminologie durch die jeweilige Rechtsordnung gekennzeichnet. Der Begriff des Verbrechens (Crimen) wechselt nach Zeit, Ort, Land und Volk. Als empirische Wissenschaft wendet die Kriminologie daher induktive Methoden an. Der Wissenschaftszweig befindet sich in der Phase des Experimentierens und der Materialsammlung. Er ist noch zu jung, als daß bereits abgeschlossenes

---

7 Tiedemann: Handhabung und Kritik des neuen Wirtschaftsstrafrechts — Versuch einer Zwischenbilanz, in Festschrift Dünnebier, 1982, Seite 523.
8 Kaiser: Kriminologie, 6. Auflage, 1983, Seite 315ff., mit Hinweisen auf Österreich und die Schweiz.
9 Vgl. Zirpins/Terstegen; weitere Definitionsversuche bei Karlhans Liebl: Definition, Erfassung, Entwicklung und Schwerpunkte der Wirtschaftskriminalität in der Bundesrepublik Deutschland, Kriminologisches Bulletin, 1982, Seite 21 ff.; Kriminalistik Lexikon, Heidelberg 1984.

Wissen und Gesetzmäßigkeiten für den gesamten Bereich Geltung haben könnten.

Als induktive Methode bieten sich Einzel-, Reihen- und Massenuntersuchungen dar. Da für mich als Juristen der Mensch, das Individuum im Mittelpunkt meiner Tätigkeit steht, steht auch die Einzeluntersuchung im Vordergrund. Der Einzelfall vermittelt die unmittelbare Kenntnis, stellt neue Fragen und weist auf mögliche Zusammenhänge hin. Andererseits sind wir uns der Gefahr bewußt, daß eine Einzeluntersuchung oft zu einer vorschnellen Generalisierung verleitet.

Für die Forschung im Bereich der Wirtschaftskriminalität sollten meines Erachtens im Zentrum stehen: Erscheinungsformen, Ursachenerforschung, Bekämpfung der Wirtschaftskriminalität. Die interdisziplinäre wissenschaftliche Analyse scheint mir Voraussetzung für ein wirksames Eingreifen der Untersuchungsbehörden zu sein.

3. Rechtsprobleme

3.1 Verhalten im Grenzbereich

Ein Grundproblem der Wirtschaftskriminalität liegt darin, daß häufig Verhaltensweisen im Grenzbereich zwischen Erlaubtem und Nichterlaubtem im Wirtschaftsleben vorliegen.

Die heute bei uns vorherrschenden moralischen und ethischen Auffassungen sehen im wirtschaftlichen Erfolg ein wesentliches Lebensziel. Viele bewundern den wirtschaftlich Erfolgreichen, selbst wenn bekannt ist, daß sein Erfolg auf rücksichtslosem Draufgängertum, gewagten Spekulationen oder gerissener Geschäftsmacherei beruht. Die Gesellschaft selbst ist bezüglich Wirtschaftskriminalität kriminogen.

Einige unter die Wirtschaftsdelikte fallenden Tatbestände werden außerdem von einem Großteil der Bevölkerung als Gentleman-Delikte betrachtet oder bilden sogar eine Art Volkssport. Denken wir nur an Steuer- und Zollvergehen oder den häufigen Versicherungsbetrug bei kleineren Schadenfällen (z. B. Skis, Mofas).

Entsprechend ist es schwierig, im Wirtschaftsleben die Grenze zwischen erlaubtem und deliktischem Verhalten zu ziehen.

3.2 Dunkelziffer

Aufgrund verschiedener Hinweise von Praktikern und meinen eigenen Erfahrungen müssen wir annehmen, daß viele Wirtschaftsdelikte nicht angezeigt werden[1]. Schätzungen aus den letzten Jahren gehen auf Dunkelziffern bis zu 1 : 60 (neuere Angaben deutscher Experten lauten auf 1 : 10, vgl. Kapitel 1.2). Somit würde nur jedes zehnte bis sechzigste Wirtschaftsdelikt verfolgt. Grundsätzlich kann man mit Bertling sagen, daß die Dunkelziffer um so höher ist, je verfeinerter die Arbeitsmethoden der Wirtschaftskriminellen sind[2].

---

1 Z. B. Zimmerli in der Neuen Zürcher Zeitung vom 29. 12. 81, vgl. Schultz: Einführung in den Allgemeinen Teil des Strafrechts, Band I, 1974, Kapitel 1.
2 Bertling: Die Latenz im Bereich der Betrugs- und Wirtschaftskriminalität, in Kriminalistik 1964, Seite 79.

23

Geschädigte und andere Personen, die von einer Straftat Kenntnis erlangt haben, unterlassen vielfach Strafanzeigen u. a. aus nachfolgenden Gründen[3]:

3.2.1 Bequemlichkeit

Bei verhältnismäßig geringem Schaden haben viele Geschädigte gar kein Interesse daran, Anzeige zu erstatten und durch Einvernahmen usw. Zeit zu „verschwenden". Die Polizei bringt das verlorene Geld nicht zurück, heißt es, und warum sollte man sich noch die Mühe weiterer Mithilfe bei der Aufklärung machen?

Beispiel
Betrügerische Offerten für den Eintrag in einem Branchentelexverzeichnis für Fr. 155. – wurden nur einmal angezeigt.

3.2.2 Furcht vor Spott

Auch bei Wirtschaftsstraftaten gilt die allgemeine Erfahrung, daß niemand gerne als Betrogener gelten will. Dies läßt sich vor allem bei Personen feststellen, die in der Öffentlichkeit bekannt sind und deshalb den Spott fürchten. Sie verzichten auf die Hilfe der Polizei und ertragen lieber den Schaden als den Spott.

Beispiel
Ein Titelschwindler verstand es, Kontakt zu bestimmten Wirtschaftskreisen zu gewinnen. Er erkannte, daß es viele Personen gibt, die großen Wert darauf legten, ihre gesellschaftliche Stellung mit Hilfe eines „Titels" aufzubessern. Er versprach die „Beschaffung" von Titeln – z. B. Konsul eines südamerikanischen Staates – und ließ sich namhafte Vermittlungsgebühren vorauszahlen. Die Geschädigten erhielten auch sehr bald eine „Verleihungsurkunde", mußten jedoch feststellen, daß es sich um Fälschungen handelte.

Nur in einem einzigen Falle wurde eine Anzeige erstattet. Im Zuge der Ermittlungen wurden mehrere Geschädigte bekannt, die keine Anzeige erstattet hatten und auch im Rahmen des Ermittlungsverfahrens alles unternahmen, um die Tatsache ihrer betrügerischen Schädigung zu verschleiern oder geheimzuhalten. Sie befürchteten den Spott der Öffentlichkeit.

---

3 Gekürzt zitiert nach Bertling a. a. O., S. 23.

3.2.3 Man will nicht als Denunziant gelten

Wer eine Anzeige erstattet und damit die Strafverfolgung gegen einen Wirtschaftsstraftäter in Gang setzt, befürchtet manchmal, als Denunziant in ein schiefes Licht zu geraten. Dies gilt vor allem dann, wenn es sich um Delikte handelt, die sich nicht unmittelbar gegen Rechtsgüter des Einzelnen richten. Ein typisches Delikt ist die Steuerhinterziehung. Obgleich im Endergebnis auch der Steuerhinterzieher alle Bürger einer Gemeinde, eines Kantons und des Bundes schädigt, werden nur selten Strafanzeigen gegen Steuerstraftäter erstattet. Man ist viel eher geneigt, die Handlungsweise eines solchen Täters als besondere Leistung schmunzelnd anzuerkennen. Ähnliches gilt für Zollvergehen, für Fälle der Unterstützungserschleichung zum Nachteil der Sozialbehörden, des Staates oder zum Nachteil freier Wohlfahrtsverbände, für die Erschleichung von Subventionen und für ähnliche Delikte.

3.2.4 Keine Anzeige aus Solidarität

Geschädigte oder Dritte kennen vielleicht Wirtschaftsstraftaten. Vielfach erstatten sie aber keine Strafanzeigen, wenn der Täter im öffentlichen oder gesellschaftlichen Leben eine besondere Rolle spielt oder in Verbänden (z. B. Arbeitgeberverbände, Gewerkschaften, Interessenverbände) führende Funktionen innehat. Die Verantwortlichen der betreffenden Institutionen befürchten eine Schädigung des Rufs ihrer Gemeinschaft und verzichten auf eine Anzeige. Es kann auch vorkommen, daß aus falsch verstandener Solidarität Mitglieder eines Vereins zwar den Täter aus ihren Reihen ausschließen, andererseits aber die Angelegenheit zu vertuschen suchen.

Beispiel
Der Präsident eines Sportklubs veruntreute einige Tausend Franken. Der Vorstand beschloß, die Tat vor den Klubmitgliedern und vor den Organen der Strafverfolgung mit Blick auf die langjährige Vereinstätigkeit des Täters geheimzuhalten.

3.2.5 Keine Anzeige aus Angst

3.2.5.1 Angst vor gesellschaftlichen Folgen

Man verzichtet lieber auf eine an sich gebotene Strafanzeige, ehe man wegen bestimmter Aussagen des Täters einen Rufschaden riskiert.

Beispiel
Ein Metzger einer Großschlachterei hatte erhebliche Fleischmengen verschoben. Der Meister stellte ihn deshalb zur Rede und drohte mit Anzeigeerstattung. Der Geselle gab

seine Verfehlungen zu, ließ aber durchblicken, im Falle seiner Strafverfolgung dafür sorgen zu wollen, daß der Meister überall als „Aufschneider" bekannt wird. Der Geselle wußte nämlich, daß sich der Meister zu Unrecht als „Ritterkreuzträger" ausgegeben hatte und nur aus diesem Grunde zum Präsidenten eines Vereins gewählt worden war. Der Meister erstattete keine Strafanzeige.

3.2.5.2 Angst vor wirtschaftlichen Folgen

Die Angst vor möglichen wirtschaftlichen Folgen ist fast noch größer als die Angst vor Schädigung des persönlichen Rufes. Dabei wird in erster Linie der Verlust der Kreditwürdigkeit, des wirtschaftlichen Ansehens, des Vertrauens, der sicheren Stellung usw. befürchtet.

Beispiel
Der Prokurist einer kleineren Privatbank hat einen namhaften Betrag unterschlagen. Der Bankier befürchtet für den Fall des Benkanntwerdens dieser Unterschlagung, daß die Bankkunden sofort ihre Einlagen zurückziehen würden und damit die Insolvenz der Bank unvermeidlich sei. Aus diesem Grunde sieht er von der Erstattung einer Strafanzeige ab und beschäftigt den Prokuristen sogar weiter, weil dieser sich bereitgefunden hat, zukünftig die Hälfte seines Gehaltes zur Schuldentilgung zu verwenden.

3.2.5.3 Angst vor eigener Strafverfolgung

Aus Angst vor eigener Strafverfolgung werden gerade auf dem Gebiete der Wirtschaftskriminalität zahlreiche Straftaten nicht angezeigt. Dabei kommen als Straftaten des Geschädigten in erster Linie Scheck- und Wechselreiterei, Wucher, Steuer- und Zollvergehen, Bestechung, Veruntreuung, Vergehen gegen das Lebensmittelgesetz und ähnliche Erscheinungsformen in Betracht. Es sei jedoch daran erinnert, daß auch die Angst vor dem Bekanntwerden von sittlichen Verfehlungen mit Abhängigen, von „Verhältnissen" mit Sekretärinnen usw. in vielen Fällen eine gewisse Rolle spielt.

Beispiel
Ein ungetreuer Buchhalter wußte, daß sein Chef einen Beamten mit Fr. 2000.– bestochen hatte, damit ihm der Beamte in pflichtwidriger Weise einen bestimmten Auftrag „zuschanzte". Als er wegen einer Unterschlagung fristlos entlassen wurde, erinnerte er seinen Chef an die Bestechungsangelegenheit und teilte ihm mit, daß er sich von der Quittung des Beamten eine Fotokopie habe anfertigen lassen. Der Chef sah von einer Anzeige ab.

3.2.6 Sonstige Gründe

Es gibt noch viele Gründe, um trotz Entdeckung einer Straftat auf eine Strafanzeige zu verzichten, z. B.:

3.2.6.1 Die Geschädigten haben die Hoffnung, der Täter werde nach Androhung einer Strafanzeige andere Personen schädigen und mit Hilfe des so erhaltenen Geldes ihre eigenen Ansprüche erfüllen.

Beispiel
Bei der Bearbeitung zahlreicher Ermittlungsvorgänge gegen betrügerische Wohnungsvermittler wurde festgestellt, das viele Geschädigte auf eine Anzeige verzichteten in der stillen Hoffnung, die Täter würden − notfalls auf gleiche Art und Weise − bei anderen Personen „Geld schöpfen" und die bereits veruntreuten Baukostenzuschüsse an sie zurückzahlen. Tatsächlich haben einige Geschädigte mit dieser Methode Erfolg gehabt. Im Endergebnis hatte der Betrüger jeweils aber nur ein Loch mit dem Aufreißen von zwei anderen Löchern zugestopft.

3.2.6.2 Einflußreiche Stellen aus Wirtschaft, Politik, Verbänden usw. üben auf den Geschädigten oder sonstige Personen, die von einer Straftat Kenntnis erlangt haben, Druck aus, auf eine Strafanzeige zu verzichten. Man verlangt z. B. die Rücksichtnahme aus religiösen, wirtschaftlichen, politischen und ähnlichen Gründen.

Als vertuschte Delikte kommen vor allem strafbare Preisabsprachen, Vergehen gegen das Lebensmittelgesetz, Veruntreuungen und ähnliche Straftaten in Betracht.

3.2.6.3 Die Steuerbehörden unterliegen dem Steuergeheimnis. Falls den Steuerbehörden mögliche Straftaten außerhalb des Steuerstrafrechtes zur Kenntnis kommen, stellt sich die Frage nach einer Meldung an die Strafverfolgungsbehörden. Es ist abzuwägen, ob das öffentliche Interesse an der Strafverfolgung wegen eines bestimmten Deliktes der Wahrung des Steuergeheimnisses vorgeht oder nicht.

3.2.6.4 Die Banken haben ebenfalls Gelegenheit, deliktische Handlungen festzustellen. Solange sie selbst nicht geschädigt sind, neigen sie jedoch dazu, keine Mitteilung an die Strafverfolgungsbehörden zu machen. Wird jedoch von anderer Seite ein Strafverfahren eingeleitet, so schützt auch das Bankgeheimnis nicht, das es im Strafprozeß nicht gibt. Im Strafverfahren stehen den Banken Zeugnisverweigerungsrechte besonderer Art nicht zu (vgl. Ziff. 3.6). Dies wird von den Banken auch meistens anerkannt.

3.2.6.5 Wegen Unkenntnis der Strafvorschriften, z. B. des Rechts auf Erstattung von Strafanzeigen auch durch nicht direkt Geschädigte, und aus ähnlichen Gründen erhalten die Strafverfolgungsorgane von vielen Straftaten keine Kenntnis.

3.3 Abgrenzung der Tatbestände

Wir haben bereits gesehen, daß schon der Begriff Wirtschaftskriminalität schwer zu fassen und kaum klar abzugrenzen ist. Er betrifft nicht nur eine Reihe von verschiedenartigen Deliktsgruppen des Strafrechtes, sondern des „Wirtschaftsrechtes" überhaupt. Dieses Wirtschaftsrecht ist in einem modern ausgebauten Staat sehr komplex und laufenden Wandlungen unterworfen, wie z. B. die Konjunkturbeschlüsse. Sodann hat in den letzten Jahren die internationale wirtschaftliche Zusammenarbeit eine rasche Ausweitung von bilateralen und multilateralen Abkommen zwischen den einzelnen Staaten ergeben, die von einer Flut von Verordnungen und Erlassen gefolgt sind. Schon die Wirtschaftspraxis hat manchmal Mühe, diese laufende Produktion an Rechtssetzung zu verarbeiten. Noch viel schwieriger ist dies für die Strafverfolgungsbehörden und Gerichte, die nicht mitten im täglichen Wirtschaftsgeschehen stehen.

Es ist deshalb nicht verwunderlich, daß zahlreiche Wirtschaftsdelikte schon deshalb unentdeckt bleiben, weil es den Strafverfolgungsbehörden an der nötigen Personalkapazität und an den nötigen Gesetzeskenntnissen mangelt (z. B. über die Strafvorschriften auf dem Gebiete des unlauteren Wettbewerbs, des Fiskalrechtes usw.).

Die Strafbestimmungen aus dem Wirtschaftsstrafrecht sind oft kompliziert formuliert und setzen für die Strafbarkeit des Täters mehr voraus, als dies bei anderen Gesetzen der Fall ist. Erschwerend wirkt sich vor allem aus, daß nicht nur auf den Erfolg, sondern vor allem auf die Absicht und Gesinnung des Täters abzustellen ist. Dies ist naturgemäß ein schwer erfaßbares subjektives Moment.

Nehmen wir zum Beispiel den Tatbestand des Betruges nach StGB Art. 148 Abs. 1:

„Wer in der Absicht, sich oder einen anderen unrechtmäßig zu bereichern, jemanden durch Vorspiegelung oder Unterdrückung von Tatsachen arglistig irreführt, oder den Irrtum eines anderen arglistig benutzt und so den Irrenden zu einem Verhalten bestimmt, wodurch dieser sich selbst oder einen andern am Vermögen schädigt, wird mit Zuchthaus bis zu 5 Jahren oder mit Gefängnis bestraft."

Betrug ist also lediglich dann anzunehmen, wenn das Verhalten des Täters arglistig ist (ganze Lügengebäude, besondere Machenschaften). Die Abgrenzung zwischen einem einfach täuschenden und dem qualifiziert täuschenden, also arglistigen Verhalten im Betrugsfalle ist schwierig. Meistens bewirkt die Schwierigkeit der Abgrenzung zwischen einfach täuschendem und qualifiziert täuschendem Verhalten eine langwierige zusätzliche Untersuchung. Oft muß dann das Verhalten mangels genügender Beweise als einfache Lüge eingestuft werden, was zu Straflosigkeit führt[4].

3.4 Häufige Tatbestände

Folgende Tatbestände des allg. Strafrechts treten bei Wirtschaftsdelikten häufig auf:

Art. 140 Veruntreuung
Art. 147 Veruntreuung und Entzug von Pfandsachen und Retentionsgegenständen
Art. 148 Betrug
Art. 152 Unwahre Angaben über Handelsgesellschaften und Genossenschaften
Art. 158 Verleitung zur Spekulation
Art. 159 Ungetreue Geschäftsführung
Art. 162 Verletzung des Fabrikations- oder Geschäftsgeheimnisses
Art. 163 Betrügerischer Konkurs
Art. 164 Pfändungsbetrug
Art. 165 Leichtsinniger Konkurs und Vermögensverfall
Art. 166 Unterlassung der Buchführung
Art. 251 Urkundenfälschung
Art. 253 Erschleichung einer falschen Beurkundung
Art. 273 Wirtschaftlicher Nachrichtendienst

Die aufgeführten Tatbestände finden sich vorwiegend im StGB im 2. Titel „Strafbare Handlungen gegen das Vermögen". Von den diversen Nebengesetzen seien erwähnt:

Bankengesetz Art. 46 – 48
Gesetz über die Anlagefonds Art. 49 – 52

3.5 Rechtsquellen[5]

Rechtsquellen sind:

– die Gesetze
– Rechtsprechung
– Doktrin

Die Schweiz kennt keine Spezialkodifikation der Wirtschaftsdelikte als besonderes Wirtschaftsstrafrecht, da nur eine besondere Gruppe von Straftatbe-

---

4 Rehberg: Strafrecht III, Delikte gegen den Einzelnen, 1978, Seite 64/65.
5 Schultz a. a. O., Seite 47 und 53 ff.

ständen vorliegt, nicht jedoch ein besonderes Strafrechtssystem. Die allgemeinen Straftatbestände finden sich im StGB, die übrigen in Nebengesetzen. Demgegenüber kennt z. B. die Bundesrepublik Deutschland seit 1976 ein spezielles 1. Gesetz gegen Wirtschaftskriminalität.

Für das Gebiet der Wirtschaftsdelikte sind als schweiz. Rechtsgrundlagen zu erwähnen:

- Vertragliches Völkerrecht
- Bundesverfassung
- Schweiz. Strafgesetzbuch
- Militärstrafgesetzbuch
- Nebenstrafrecht des Bundes in ca. 350 Bundesgesetzen, Bundesbeschlüssen, Verordnungen, Bundesratsbeschlüssen, z. B. Bundesgesetz über das Zollwesen vom 1. 10. 1925
- Bundesgesetz über das Verwaltungsstrafrecht vom 23. 3. 1974
- Kantonales Strafrecht
  - Übertretungs- oder Polizeistrafrecht
  - Verwaltungsstrafrecht
  - Steuerstrafrecht, schließt z. B. eidgenössisches Recht (Betrug, Urkundenfälschung) aus[6]
  - Einführungsgesetze zum StGB

Für die grundsätzlichen Fragen der Stellung der einzelnen Rechtsquellen zueinander verweise ich auf die allgemeine Strafrechtsdogmatik[7].

3.6 Strafuntersuchung

Wirtschaftsstraftäter nutzen die Gestaltungsmöglichkeiten der geltenden Wirtschafts- und Rechtsordnung, welche sie mißbräuchlich verwenden. Die Täter verursachen hohe materielle Schäden, sie gehen ohne Gewaltanwendung vor. Ihre Taten sind schwer erkenn- und nachweisbar. Für die Strafverfolgung von Wirtschaftsdelikten stellen sich deshalb ganz besondere Probleme. Ich werde im Kapitel 14 etwas ausführlicher auf den Problemkreis zurückkommen.

Hier möchte ich lediglich auf zwei Problemkreise hinweisen:

- Die häufig internationale Begehung der Wirtschaftsdelikte
- Umfang und Komplexität der Strafuntersuchung

---

6 Schultz a. a. O., Seite 67, vgl. BGE 84 IV 167.
7 Hauser/Rehberg; Strafrecht I, Verbrechenslehre, 3. Auflage, 1983. Rehberg: Strafrecht II, Strafen und Maßnahmen, 2. Auflage 1977. Rehberg: Strafrecht III, Delikte gegen den Einzelnen, 1978. Schultz: Einführung in den Allgemeinen Teil des Strafrechts, 2 Bde., 2. Aufl. 1977. Stratenwerth: Schweizerisches Strafrecht, Besonderer Teil, 2 Bde., 2. Auflage 1978.

In letzter Zeit vermerken wir immer deutlicher den Trend, daß die moderne Wirtschaftskriminalität zunehmend internationale Zusammenhänge aufweist. Entsprechend der wirtschaftlichen Entwicklung folgt die Wirtschaftskriminalität den heute durchaus üblicherweise weit auseinanderliegenden Geschäftssitzen von Kunden, Lieferanten und Zwischenhändlern, unterschiedlichen Nationalitäten von Mutter- und Tochterfirmen sowie komplexen internationalen Finanzierungsabwicklungen. Liberale Wirtschaftsordnungen bieten auch den Wirtschaftsstraftätern besonders günstige Entfaltungsmöglichkeiten.

Diese Internationalisierung der Begehung gerade der schwersten Wirtschaftsdelikte, die internationale Zusammenarbeit bei Schwindel, Betrug, Urkundenfälschung, Bestechung, Wirtschaftsspionage, etc. erschweren die Strafverfolgung beträchtlich. Die bestehenden internationalen Rechtshilfeabkommen – übrigens nicht zwischen allen Staaten – stammen zu einem großen Teil aus früheren Jahrzehnten und verlangen teilweise einen langwierigen Dienstweg über lokale Justizbehörden, nationale Justizbehörden, Außenministerium, Botschafter, Außenministerium des andern Landes, Justizministerium des andern Landes, lokale Justizbehörden. So kann einem ein Untersuchungsbeamter gegenüber einem internationalen Wirtschaftsdelinquenten vorkommen wie ein Radfahrer gegenüber einem Düsenjäger. Außerdem stoßen die Rechtshilfeabkommen immer wieder auf Barrieren, z. B. auf dem Gebiete der Wirtschaftsspionage, der Konkurrenzdelikte, der Fiskaldelikte u. a.

4. Wirtschaftsstraftäter

Praktiker und Wissenschafter sind sich einig, daß es den typischen Wirtschaftstäter nicht gibt[1]. An der schwierigen Erfaßbarkeit der Wirtschaftstäter mag es liegen, daß bis heute kaum vertiefte soziologische oder kriminologische Untersuchungen zur Täterpersönlichkeit von Wirtschaftsstraftätern vorliegen. Ansätze dazu finden sich aus dem Blickwinkel der klassischen Kriminologie für die USA bei Sutherland, ein von der Soziologie herkommender Kriminologe, der sich jedoch mehr für Begriff und Beschreibung des „white collar crime" als für die Persönlichkeit des Wirtschaftsstraftäters interessiert hat. Ansätze finden sich in der Bundesrepublik bei Geerds, Gemmer, Mergen, Schäfer, Zirpins/Terstegen u. a.[2].

4.1 Kriminogene Umwelt

Die neuen Kriminalstatistiken der Schweiz zeigen einen starken Anstieg der Vermögensdelikte (Diebstahl, Einbruch, Raub, Veruntreuung, Betrug u. a.) von 1954 mit 8000 Verurteilungen auf 12 000 Verurteilungen 1980. Dabei haben sich der einfache Diebstahl praktisch verdoppelt, der sogenannte qualifizierte Diebstahl (bandenmäßig begangen) verdreifacht, die Raubdelikte vervierfacht. Einbruch- und Einschleichdiebstähle zeigen eine weiterhin stark zunehmende Tendenz.

Die Wirtschaftsdelikte sind statistisch nicht spezifisch erfaßt. Der Betrug zeigt eine gleichmäßige Frequenz. Die Kriminalität wächst erfahrungsgemäß dort, wo vorrechtliche Barrieren wie Religion, Moral, Sitte und Anstand fallen. Der materialistische Zeitgeist zeigt sich bei der Zunahme von Eigentumsdelikten wie z. B. von Diebstählen (Mofas, Autos, Kassettenradio und andere Statussymbole der heutigen Zivilisation). Sodann sind die Hochkonjunkturkinder (Altersklasse 1950 – 1970) inzwischen ins deliktsfähige Alter gekommen. Sie wurden in der Familie und der Umgebung früh an die Statussymbole der Wohlstandsgesellschaft gewöhnt: Ferien am Meer, Autos, Einfamilienhäuser,

---

1 Franzheim: Kriminogene Faktoren der Wirtschaftskriminalität, in Kriminalistik 6/80, Seite 278, mit Verweisen auf Schmid, ZStrR 1976.
2 Vgl. Aufstellung bei Rimann: Wirtschaftskriminalität, Die Untersuchung bei Wirtschaftsdelikten, 1973, Seite 74 ff.

Zweitwohnung usw. Sie sahen weniger von Anständigkeit, Redlichkeit, Selbstbeherrschung, höheren Lebenszielen und ähnlichen „überholten Qualitäten". Die Jagd nach materiellen Gütern, Sozialprestige und Lebensgenuß ließ vielen Eltern wenig Zeit für die Erziehung und Betreuung ihrer Kinder. Solche Eltern sind meist erstaunt, wenn ihr Nachkomme eines Tages vor Gericht steht wegen Mitbeteiligung an einer jugendlichen Diebesbande, wegen Mofadiebstahl, Automatenknacken oder gar Drogengeschichten.

Zusätzlich hat die moderne Industriegesellschaft mit ihrer wachsenden Verstädterung und Anonymität sowie einer steigenden Mobilität die bisherigen Kontrollstrukturen von Familie, Nachbarschaft, Quartier und Gemeinde abgebaut. Schon Lacassagne meinte: „Jede Gesellschaft hat die Rechtsbrecher, die sie verdient."

Mergen stellte 1974 in einer Darstellung der Täterpersönlichkeit von Wirtschaftsdelinquenten fest, daß die heutige Gesellschaft in Richtung Wirtschaftsdelinquenz kriminogen und die Wirtschaftskriminalität systemimmanent ist[3]. Die Wirtschaftskriminalität paßt auch nicht in das traditionelle Konzept der Kriminalität und mobilisiert nicht die entsprechenden Abwehrmechanismen, vornehmlich aus folgenden Gründen:

1. weil die Tat sich nicht selbst indiziert, sondern unter der Tarnung einer an sich belanglosen Handlung geschieht;

2. weil die durch das Wirtschaftsverbrechen erstrebten Ziele (Gewinn, Status, Prestige, Macht) für jeden Bürger einfühlbar sind und die Mittel und Wege, diese Ziele zu erreichen, der negativen emotionalen Besetzung entbehren;

3. weil der Täter in den meisten Fällen zu der Schicht der integrierten Bürger gehört, wenn er nicht sogar einen hohen Sozialstatus genießt;

4. weil das Opfer der Verbrechen entweder nicht konkretisiert werden kann (Sozial- und Wirtschaftsordnung), oder weil das Opfer selbst Merkmale des Täters zeigt;

5. weil alles darauf hinzeigt, daß die Wirtschaftskriminalität systemimmanent ist und sich auf dem Wege befindet, sich noch weiter in die Gesellschaft zu integrieren.

Tiedemann weist darauf hin, daß nahezu jede im Wirtschaftsleben tätige Person unter bestimmten Voraussetzungen zum Wirtschaftstäter werden kann[4].

---

3 Mergen: Wirtschaftsverbrechen und Wirtschaftsverbrecher, in: Aktuelle Beiträge zur Wirtschaftskriminalität, Schriftenreihe Schimmelpfeng, Band 4/1974, Seite 14 und 26.
4 Tiedemann, zitiert bei Franzheim a. a. O. Seite 283, Anmerkung 1

4.2 Sozialstatus der Wirtschaftsstraftäter

Die Öffentlichkeit nimmt üblicherweise nur von den großen Wirtschaftskriminalfällen Kenntnis, bei denen meist Angeklagte von einem höheren sozialen Status vor Gericht stehen. Das Bild der Wirtschaftsstraftäter ist einseitig in Richtung „große Haie" verzerrt. Weit häufiger sind jedoch kleinere Fälle.

Kaiser stellt allerdings für die Bundesrepublik fest, daß eine führende Schicht von 1 bis 2 Prozent (leitende Angestellte, Beamte, freie Berufe wie Architekten, Ärzte, Rechtsanwälte, Steuerberater u. a. oder Unternehmer) der gegenwärtig 26 Millionen Erwerbstätigen im Bundesgebiet die meisten Wirtschaftskriminellen stellt[5]. Außerdem waren 1981 in der BRD in den 3102 Ermittlungsverfahren rund 85% der Hauptbeschuldigten im Zusammenhang mit ihrer Tätigkeit in Unternehmen erfaßt worden. Dabei handeln die Täter nicht immer aus reiner Bereicherungsabsicht. Tatmotiv ist oft das Streben, ein in eine Krise geratenes Unternehmen mitsamt seinen Arbeitsplätzen zu retten[6].

Die bedeutenderen Wirtschaftsstraftäter sind in der Mehrzahl Persönlichkeiten von angesehenem sozialem Status, der ihnen jedoch weniger durch ihre Qualitäten als durch die Macht ihres vorhandenen oder vorgetäuschten Besitzes zukommt. Sie bejahen im Innersten die Vorherrschaft der materiellen Werte und liegen damit im Trend der modernen materialistischen Welt. Sie tragen ihre Macht gerne zur Schau.

In einem ersten Ansatz haben Zirpins/Terstegen 1963 bei den „wirtschaftlichen Bereicherungsdelikten" 3 Tätergruppen beschrieben[7]:

Oberschicht:
Führende Schicht in singulären gesellschaftlichen Stellungen und im Besitz von Einfluß und Macht, obere Zehntausend.
Motiv: Durchwegs Machtstreben; Genußstreben ist bereits finanziell gesättigt.
Durchwegs kein Schuldgefühl. Unter günstigen Umständen resozialisierbar.

Mittelschicht:
Leitende Schicht in gehobenen wirtschaftlichen Stellungen und im Besitz von Einfluß, guter Mittelstand.
Motiv: Sicherheitsstreben und Genußstreben überwiegt; oft schlechtes, zuweilen gespaltenes Gewissen.

---

5 Kaiser: Kriminologie, 1983, Seite 293.
6 Wassermann: Kritische Überlegungen zur Bekämpfung der Wirtschaftskriminalität, in Kriminalistik 1/1984, Seite 24.
7 Zirpins/Terstegen: Wirtschaftskriminalität, Erscheinungsformen und ihre Bekämpfung, 1963, Seite 89.

Unterschicht:
Geführte Schicht, die sogenannten kleinen Leute; in der Regel ohne Einfluß.
Motiv: Notabwehr und Genußstreben. Oft geringes Schuldgefühl. „Eigene
Armeleutemoral."

4.3 Tätertypen

Karl Jaspers charakterisierte 1931 die Wirtschaftstäter als „situationsbewuß-
te, rücksichtslose Individuen, welche die Menschen nach ihren Durchschnitts-
eigenschaften kennen und darum erfolgreich behandeln, die bereit sind, sich
spezialistisch zu einer Virtuosität zu steigern, ohne Muse unbesinnlich zu leben, schlaflos von ihrem Vorwärtswollen behext sind. Weiter ist die Gewandt-
heit, sich beliebt zu machen, erforderlich; man muß überreden, ja bestechen
– dienstfertig sein, unentbehrlich werden – schweigend hintergehen, etwas
und nicht zu viel lügen ..."[8].

Mergen stützt sich auf eine allerdings auch nach eigener Beurteilung nicht re-
präsentative Untersuchung von Wirtschaftsstraftätern und kommt zu folgender generellen Beschreibung der Persönlichkeit[3]:

„Beim Wirtschaftsverbrecher sind manche Eigenschaften wie Besitzstreben
und Habsucht, Raffgier, Kontaktschwäche, Egozentrismus, Mangel an
Fremdwertgefühlen, Mißtrauen, Interesseneinengung quantitativ hypertro-
phiert. Normal ausgeprägt und durch entgegenstehende Kräfte aufgewogen
sind fast alle diese Eigenschaften jedem Menschen eigen. Viele sind ihm nicht
nur nützlich, sondern unentbehrlich, um in der Gesellschaft existieren zu können.

Die Wirtschaftsverbrecher sind in ihrem Egozentrismus bindungsunfähig.
Zwar wollen sie andere Menschen fest an sich binden und sich untertan machen, ohne sich jedoch auch selbst zu binden. Von sich aus geben sie nichts
her. Wirtschaftsdelinquenten haben keine Freunde; ihre Beziehungen zum anderen Geschlecht sind oberflächlich; sie können nur nehmen und sind unfähig, auch zu geben. Ihre „Geschäftsfreunde" sind Geschäftsverbindungen und
nicht Freundschaften. Der Wirtschaftsverbrecher zeigt in der Regel keine grob
pathologischen Symptome. Er tendiert dahin, zum normalen Bürger zu werden und sich als solcher zu integrieren. Dabei kommt ihm die derzeitige, ir-
gendwie als neurotisch anzusehende Gesellschaftsstruktur mit ihrer materiali-
stisch angenommenen Wertewelt entgegen. Die Charakteristika des Wirt-
schaftsverbrechers als Individuum finden sich in gleicher Qualität in der Ge-
samtgesellschaft wieder."

---

8 Jaspers: Die geistige Situation der Zeit, Berlin 1931.

Mergen beschreibt den Wirtschaftsstraftäter als meistens dynamisch, beweglich und tatenfreudig. Ihr egozentrischer Optimismus macht sie gefahrenblind, so daß sie Risiken unbesehen in Kauf nehmen. Hemmende Argumente werden als lästig abgetan. Solche vitalen Menschen überzeugen leicht andere und setzen sich durch, indem sie andere überfahren.

Der Wirtschaftsstraftäter ist raffiniert, meistens intelligent, selten gebildet. Seine Intelligenz ist auf direkte Erfolge eingestellt und begrenzt. Seine kombinatorischen Fähigkeiten übertreffen die abstrahierenden und die Phantasie arbeitet stets eingleisig. Seine Betätigung liegt vordergründig in der Wirtschaft, gleich welchen Beruf er erlernt hat. Bleibt er in seinem erlernten Beruf, dann wird der Beruf Mittel zum Zweck und skrupellos ausgenützt (z. B. Ärzte, Rechtsanwälte, Ingenieure).

Wirtschaftstäter vermögen das Verwerfliche ihres Tuns kaum einzusehen. Im Gegenteil, sie fühlen sich, wenn sie vor Gericht gestellt werden, ungerecht behandelt. Ihre Taten sehen sie mehr als Pech im Geschäft, eventuell als Verschwörung der bösen Umwelt, der Konkurrenten, der Banken etc. denn als kriminelle Tat.

Die sozialen Konstellationen und die psychologischen Persönlichkeitsmerkmale des Wirtschaftstäters machen seine große Gefährlichkeit aus. Starke kriminelle Kapazität und starke Anpassungsfähigkeit sind gepaart mit einem nach außen hin sozialen Gehabe und Teilnahme am gesellschaftlichen Leben. Kernsymptom des Wirtschaftskriminellen ist seine unkontrollierte Gier nach materiellem Gewinn. Sie ist eine echte Sucht, und der Gewinnsüchtige versteigert sich in immer größere kriminelle Unternehmungen. Der Reiz der Spannung wird zum Bedürfnis. Er steht mit diesem Stimulus des Ungewissen und des Gewinns einem Spieler recht nah.

Tiedemann stellt in seinem Gutachten an den 49. Deutschen Juristentag 1972 drei Gruppen von Wirtschaftsverbrechern vor, und folgt dabei einer alten kriminologischen Typologie:

— Berufstäter (bereichern sich ausschließlich auf kriminelle Weise und treten in immer neuen Gewerbezweigen auf);
— Situationstäter (gelangen aus wirtschaftlicher Not oder aus Gewinnstreben nach anfänglich seriösem Betriebs- und Geschäftsgebaren in den Bereich der Kriminalität;
— Gelegenheitstäter (treiben im Großen und Ganzen innerhalb der Legalität resp. der „Grenzmoral", lassen sich aber gelegentlich auf kriminelle Handlungen und Geschäfte ein, um einen leichten, hohen zusätzlichen Gewinn zu erzielen.

Franzheim beschreibt neuerdings folgende Tätertypen[9]:

„1. Der labile Situations- und Gelegenheitstäter

Es gibt verschiedene Typen von Kaufleuten, die nur in gewissen Situationen kriminell werden. Solche Täter würden in Zeiten der Hochkonjunktur und einer günstigen Situation ihrer Branche nicht zu Straftätern werden.

2. Der echte und parasitäre Wirtschaftsbetrüger

Diese Täter gründen z. B. Schwindelfirmen, die so konzipiert sind, daß sie selbst bei Eintreten extrem günstiger wirtschaftlicher Konstellationen nach einiger Zeit zusammenbrechen müssen.

3. Die Hasardeure

Diese gründen Unternehmen ohne oder mit ganz geringem Eigenkapital. Die Lücken in der Kapitalausstattung verdecken sie durch Bilanzkosmetik. Diese Täter meinen, unter besonders günstigen Umständen könnten diese spekulativen Geschäfte für sie noch günstig ausgehen.

4. Die Angestellten wirtschaftskrimineller Unternehmen

Neben dem ungetreuen Angestellten, der das Vertrauen seines Arbeitgebers mißbraucht und Geld unterschlägt, ist der Angestellte als Teilnehmer von Wirtschaftsstraftaten der Unternehmen involviert und wird zum Mittäter oder Gehilfen ihrer kriminellen Vorgesetzten."

Gemmer stellte 1967 fest, daß es sich bei Wirtschaftsstraftätern meist um Intelligenztäter handelt[10]:

„Der Wirtschaftsstraftäter von Niveau, nur dieser soll angesprochen werden, paßt sich wie kaum ein anderer Verbrechertyp den jeweiligen Gegebenheiten an. Sein Ziel sucht er sowohl bei der Tatausführung als auch bei deren Verschleierung zu erreichen, indem er wechselweise als großzügiger Chef und Unternehmer, als blendender Verhandlungspartner oder guter Gesellschafter, als gesetzestreuer Kaufmann, als scharfer Rechner oder als unerbittlicher Verfechter von Treu und Glauben gibt.

Er zeigt sich devot, vergeßlich, überlastet, beklagt seine unverschuldeten kaufmännischen Mißerfolge, macht sein Personal oder seine juristischen Berater für Schäden verantwortlich, verspricht selbstverständlich die Wiedergutma-

---

9 Franzheim: a. a. O. Seite 282.
10 Gemmer: Die Technik des Wirtschaftsstraftäters, in Kriminalistik 1967, S. 281.

chung und weist die Absicht einer Täuschung weit von sich. Erst ganz zuletzt, wenn er sich in die Enge gedrängt sieht, ergreift unser „Freund" aus der untersten Schublade die Requisiten für eine Rolle, die er sicher nur ungern spielt, aber nicht weniger gut beherrscht, die Rolle des widerrechtlich Verfolgten und untröstlich Beleidigten.

Er droht mit seinen Verbindungen zu höchsten Stellen, mit Dienstaufsichtsbeschwerden, Verwaltungsklagen, mit Regreßansprüchen, wegen Geschäftsoder Rufschädigung mit Strafanzeigen gegen Kriminalbeamte, Staatsanwälte oder Richter und macht diese Drohungen auch wahr, sofern es in seine Pläne paßt. Damit lenkt er die Aufmerksamkeit von sich und seiner Handlungsweise auf das, wie er offen oder zwischen den Zeilen behauptet, rechtsstaatswidrige Vorgehen der Strafverfolgungsorgane oder anderer Behörden. Er will Verwirrung und Einschüchterung, Verzögerung oder Vereitelung des Verfahrensabschlusses, Verschleierung der Sachzusammenhänge oder Beeinflussung der Öffentlichkeit erreichen, und es gelingt dies ihm nicht selten auch, zumal er sich in aller Regel die Unterstützung erfahrener juristischer Berater leisten kann.

Die besondere Fähigkeit des Wirtschaftsstraftäters besteht bekanntlich darin, daß er es besser als jeder andere Verbrechertyp versteht, seine Absichten wie überhaupt sein kriminelles Verhalten so zu verdecken, daß es nicht nur seinem Opfer, sondern auch den mit der Strafverfolgung befaßten Organen schwer fällt, dieses Verhalten überhaupt oder in seinem vollen Umfang, in seinen tatsächlichen Zusammenhängen und speziell in seinem strafrechtlichen Gehalt zu erkennen."

Gemäß Geerds zeigen die Wirtschaftskriminellen in Bezug auf Psyche und Intelligenz eine zum Teil durch den sozialen Habitus bedingte überdurchschnittliche Urteilsfähigkeit, Sprachgewandtheit und nicht selten geradezu schauspielerische Fähigkeiten[13]. Interessant ist, daß die wirtschaftliche Lage vieler Wirtschaftskrimineller gut oder zumindest durchschnittlich ist. Man begaunert also andere nicht, um die eigene wirtschaftliche Not zu lindern, sondern um noch mehr zu verdienen, noch reicher zu werden, respektive um noch einen höheren Standard und Ansehen zu erreichen.

4.4 Statistik

Schweiz

In der Schweiz fehlen genügend umfassende Täterstatistiken. Interessante Hinweise gibt jedoch Schmid, welcher 100 Wirtschaftsstraftäter erfaßte, die

1958 – 1974 die Zürcher Strafjustiz mit Deliktsbeträgen von über Fr. 100 000 beschäftigten. Nachfolgend einige Auszüge[11]:

- 48 Täter lebten in gestörten familiären Verhältnissen (geschieden, getrennt).
- 31 Täter delinquierten als Organe oder Angestellte einer Bank oder einer andern mit Publikumsgeldern arbeitenden Finanzgesellschaft, 12 davon an der Spitze des Unternehmens. 9 hatten keinerlei Ausbildung im Finanz- und Bankwesen.
- 32 Täter mißbrauchten Aktiengesellschaften (Schwindelgründungen, Aushöhlungen, Verletzung der Buchhaltungsvorschriften, Konkursdelikte).
- 67 Täter wollten sich primär bereichern.
- 33 Täter versuchten eine Notlage wie der drohende Zusammenbruch der Firma zu bewältigen.
- 42 Täter zeigten als Nebenursache mangelnde Fähigkeiten oder Überforderung.
- 16 Täter waren der Spekulations- und Spielsucht verfallen.
- 9 Täter flohen, aber nur einer vermochte wirklich unterzutauchen.
- 78 Täter gingen eindeutig ruiniert aus den Delikten hervor; 33 Täter gerieten selbst und 47 mit von ihnen geführten Gesellschaften in Konkurs.
- 48 Täter waren bereits bei Begehung ihrer Straftaten überschuldet; es gelang keinem Täter, sich durch die Delikte zu sanieren.
- 13 Täter konnten sich soweit feststellbar über die Deliktsphase hinaus bereichern.
- 49 Täter waren Einmaltäter.
- 51 Täter waren Wiederholungstäter, davon 38 Angehörige der Finanzunterwelt, 10 Hochstapler und 3 „gewöhnliche Rückfalltäter".

Schmid schließt daraus, daß es den typischen Wirtschaftsstraftäter nicht gibt, so wenig wie es das typische Wirtschaftsdelikt gibt.

Als Hinweise und ersatzweise für die fehlenden schweizerischen Angaben sollen die nachfolgenden Statistiken aus der Bundesrepublik Deutschland dienen. Die Angaben beruhen auf einer Untersuchung aus dem Jahre 1974[12].

---

11 Schmid, Niklaus: Der Wirtschaftsdelinquent – seine Motive und sein Arbeitsfeld, in Der Schweizer Treuhänder 3/77, Seite 4 ff. Vgl. auch die vollständige Untersuchung von Schmid: Der Wirtschaftsstraftäter. Ergebnisse einer Zürcher Untersuchung. Folgerung für Prävention und Repression der Wirtschaftsdelikte, in ZStR 1976, Seite 51 ff.
12 Berckhauer: Die Strafverfolgung bei schweren Wirtschaftsdelikten, Freiburg 1981, Seite 60 ff.

Bundesrepublik Deutschland

Die Untersuchung umfaßt 740 Tatverdächtige, von denen 736 auf die nachfolgenden sieben Deliktgruppen entfielen:

Betrug als Hauptdelikt (§ 263)	203
Untreue (§ 266)	96
UWG-Verstöße (UWG)	114
einfache Konkursdelikte (Ko)	92
Konkursvergehen in Zusammenhang mit andern Tatbeständen (Ko u. a.)	79
Verstöße gegen die RVO (RVO)	67
Steuer- u. Zolldelikte	85

Geschlecht

Weibliche Tatverdächtige sind mit 13% bei den Wirtschaftsdelikten ebenso unterrepräsentiert wie bei der Gesamtkriminalität. Lediglich bei den Konkursdelikten erreicht der Prozentsatz der weiblichen Tatverdächtigen gegen 18%[12]. Der tiefe Anteil dürfte jedoch – so Geerds[13] – nicht auf einer anlagemäßig bedingten Redlichkeit des weiblichen Geschlechtes beruhen, sondern Folge der geringeren Deliktchancen berufstätiger Frauen sein, welche viel seltener als Männer in kriminell besonders gefährdete Positionen gelangen.

Alter

Während gerade bei Vermögensdelikten in besonderem Ausmaße junge Erwachsenen und in neuerer Zeit auch Jugendliche beteiligt sind (Mofadiebstähle) treten bei Wirtschaftsdelikten die 30 bis 49jährigen am häufigsten auf: Anteil von 51% bei den Betrugsdelikten und von 73% bei den Konkursdelikten bei einem Anteil der Altersgruppe an der Gesamtbevölkerung von nur 41% (1974). Vergleiche die nachfolgende Tabelle auf Seite 41.

Dies hängt wohl damit zusammen, daß es bei Wirtschaftsdelikten weniger auf Kraft und Unternehmungslust, sondern mehr auf Erfahrung, Menschenkenntnis, vor allem aber auf eine höhere soziale Stellung ankommt. Jugendlichen und jungen Erwachsenen fehlt weitgehend die dafür notwendige soziale Stellung, die verantwortliche Position im Geschäftsleben, die man erst als Erwachsener mittleren Alters zu erlangen pflegt.

Eine Besonderheit bildet der vergleichsweise hohe Anteil der 20–29jährigen von ca. 24% bei den Betrugsdelikten. Offenbar stehen deliktsrelevante soziale

---

13 Geerds: Probleme der Wirtschaftskriminalität und ihrer Bekämpfung, in Kriminalistik 1968, Seite 304, unter Berufung auf Zirpins/Terstegen.

Das Alter der Tatverdächtigen [14]

| Deliktsgruppen | Alter der Tatverdächtigen | | | | | | |
| | 20 – 29 | | 30 – 49 | | 50 und mehr | | insgesamt | |
	abs.	%	abs.	%	abs.	%	abs.	%
263	32	23,7	69	51,1	34	25,2	135	100
266	3	3,8	56	70,9	20	25,3	79	100
KO	1	1,7	37	62,7	21	35,6	59	100
KO u. a.	3	4,5	46	68,7	18	26,9	67	100
UWG	12	13,2	65	71,4	14	15,4	91	100
RVO	5	8,3	40	66,7	15	25,0	60	100
AO	5	6,3	57	72,2	17	21,5	79	100
insgesamt	61	10,7	370	64,9	139	24,4	570	100

$Chi^2 = 46,41$ $df = 12$ $p < 0.0000$

Handlungsräume für Betrüger früher offen als bei anderen Wirtschaftsdelikten.

Nationalität

Ausländer sind mit ca. 9% (Anteil an der Bevölkerung 1974 ca. 7%) leicht überrepräsentiert. Gegenüber der Beteiligung der Ausländer an der Gesamtkriminalität mit ca. 13% ist dies gering.

Familienstand

72% aller Tatverdächtigen sind verheiratete, nur 24% ledig, geschieden oder leben getrennt, (übrige keine Angaben). Bei den verheirateten Frauen beträgt der Anteil nur 59%.

Ausbildungsniveau

Die nachfolgende Tabelle beruht auf einer neueren Untersuchung von 1983 [15]. Sie zeigt, daß die größte Zahl der Tatverdächtigen ein gutes bis sehr gutes Ausbildungsniveau aufweist. 77% haben eine oder mehrere Lehren beendet und/oder an einer weiterführenden Schule ein Diplom erlangt. Weitere 15% haben studiert.

---

14 Berckhauer: Die Strafverfolgung bei schweren Wirtschaftsdelikten, Freiburg 1981, Seite 60 ff.

15 Vgl. Anschluß- und Vertiefungsuntersuchungen zur bundesweiten Erfassung von Wirtschaftsstraftaten nach einheitlichen Gesichtspunkten, Forschungsbericht Teil II und III, Freiburg im Breisgau, 1983.

Das Ausbildungsniveau der Beschuldigten

(Statistik 1983, angepaßte Schätzung aufgrund eines etwas abweichenden Erhebungsrasters)

Deliktsgruppen	handwerklich abs.	%	kaufmännisch abs.	%	Erlernte Berufsart akademisch abs.	%	sonstige abs.	%	keine Angaben abs.	%	Insgesamt abs.	%
Betrug	292	25,7	387	34,0	166	14,6	61	5,4	230	20,2	1136	100
Untreue	93	17,1	208	38,2	81	14,9	55	10,2	108	19,8	545	100
Bestechung	10	7,0	67	46,9	27	18,9	18	12,6	21	14,7	143	100
Insgesamt	395	21,7	662	36,3	274	15,0	134	7,4	359	19,7	1824	100

Es zeigt sich wie bei der Altersverteilung, daß der Betrug von allen Wirtschaftsdelikten am meisten durch alle Schichten verbreitet ist, d. h. weniger als andere Wirtschaftsdelikte bestimmte potentielle Tätergruppen wegen unzureichender Ausbildungsqualifikation oder mangels Lebenserfahrung von der Tatbegehung ausschließt.

Die lückenhaften Statistiken und die zum Teil voneinander abweichenden Beschreibungen der Wirtschaftsstraftäter zeigen, daß auch hier noch ein weites Feld zur Vertiefung der Untersuchungen über die Wirtschaftskriminellen brach liegt. Zusammenfassend kann man feststellen, daß eine Mehrzahl kleiner Wirtschaftsstraftaten begangen werden, und die Öffentlichkeit ebenso wie die Forschung die darin verwickelten „kleinen Wirtschaftsstraftäter" kaum registriert. Bei einem kleineren Teil der Wirtschaftsstraftäter handelt es sich um Intelligenztäter, meistens im Zusammenhang mit großen Wirtschaftskriminalfällen.

2. TEIL

Erscheinungsformen

5. Betrugsdelikte

5.1 Problemkreis

Die Abgrenzung der Betrugsdelikte, welche zur Wirtschaftskriminalität zu rechnen sind, ist ebenso schwierig wie die Definition der Wirtschaftskriminalität selbst. Wir haben in Kapitel 2 folgende Begriffsumschreibung zugrunde gelegt: „Wirtschaftsdelikte sind Verbrechen und Vergehen, die sich auf dem Gebiet des kaufmännischen und wirtschaftlichen Verkehrs überhaupt ereignen, die in Mißbrauch des auf diesem Gebiet herrschenden Vertrauensprinzipes erfolgen und die über eine Schädigung von Einzelinteressen hinaus das Wirtschaftsleben wie die Wirtschaftsordnung stören und gefährden."

Wir beschränken uns also auf die Darstellung eines nicht ganz sauber abgrenzbaren Bereichs innerhalb der Betrugsfälle, auf welche obige Begriffsumschreibung zutrifft.

Betrugsdelikte sind normalerweise mit andern Tatbeständen gekoppelt. Meistens besteht Idealkonkurrenz (ein Sachverhalt fällt unter mehrere Straftatbestände). Insbesondere tauchen immer wieder folgende Tatbestände gekoppelt mit Betrugsdelikten auf:

- Unterlassung der Buchführung (StGB Art. 166)
- Urkundenfälschung (StGB Art. 251)
- Arglistige Täuschung/boshafte Vermögensschädigung (StGB Art. 149)
- Unwahre Angaben über Handelsgesellschaften (StGB Art. 152)
- Ungetreue Geschäftsführung (StGB Art. 159)
- Veruntreuung (StGB Art. 140)
- Leichtsinniger Konkurs (StGB Art. 165)
- Betrügerischer Konkurs (StGB Art. 163)

5.2 Wirtschaftliche Bedeutung

Das moderne Wirtschaftsleben, insbesondere das Kreditgeschäft, beruht auf Vertrauen. Betrugsdelikte, die viele Wirtschaftssubjekte mit hohen Schadensummen betreffen, können einen mittelbaren oder unmittelbaren Schaden für die ganze Volkswirtschaft bewirken.

Mit den schon in Kapitel 1 formulierten Vorbehalten ist die nachfolgende Betrugsstatistik zu lesen[1]:

Betrugsstatistik Schweiz (1982)

Hauptstraftat gemäß Art. 148 StGB

Art. 148 Ziff. 1	1457 Verurteilungen
Ziff. 2	160
Ziff. 3	0
	1617

Häufigkeit der Anwendung von Art. 148 StGB (in allen Straffällen vorkommender Einzeltatbestand des Betrugs).

Art. 148 Ziff. 1	2152 Anwendungen
Ziff. 2	210
Ziff. 3	4
	2366

5.3 Rechtsgrundlagen

Strafrecht

Allgemein ausgedrückt ist Betrug eine in unrechtmäßiger Bereicherungsabsicht durch Irreführung einer Person bewirkte Vermögensschädigung[2].

---

1 Vgl. Kapitel 1, Anmerkung 10 für Erläuterungen zur Statistik.
2 Rehberg: Strafrecht III, Delikte gegen den Einzelnen, 1978, Seite 64.

Im StGB ist der Betrug in Art. 148 geregelt:
Der Täter muß folgende Kausalkette von Geschehnissen anstreben:

Kausalkette beim Betrug

(gemäß Rehberg, BGE 101 IV 117)

Irreführendes Verhalten des Täters
durch Vorspiegeln oder Unterdrücken
von Tatsachen
↓
Irrtum des Getäuschten
„Irrender"
↓
Bestimmung des Getäuschten zu einer
Vermögensdisposition („Verhalten")
↓
Vermögensschaden beim Getäuschten
oder einem Dritten
↓
Bereicherung des Täters oder eines
Dritten

„Arglistig" ist ein ganzes Lügengebäude, oder einfache Lügen, die nur mit besonderer Mühe auf ihre Richtigkeit überprüft werden können;

Der Vorsatz muß sich auf alle objektiven Tatbestandsmerkmale und den Kausalzusammenhang beziehen (BGE 102 IV 89); Eventualvorsatz genügt.

Wirtschaftsdelinquenten versuchen häufig, ihr Verhalten mit wirtschaftlichen Überlegungen zu begründen und verneinen jegliche Betrugsabsicht. Der Nachweis der subjektiven Seite des Tatbestandes ist schwierig.

Privatrecht

Zivilrechtlich relevant sind insbesondere die Artikel über den Vertrag (OR Art. 1 ff.), die einzelnen Vertragsverhältnisse (OR Art. 184 ff.), vertragliche oder außervertragliche Schädigung (OR Art. 41 ff. oder Art. 97 ff.), Verantwortlichkeitsansprüche gegen Organe von Gesellschaften (OR Art. 754 ff.) und die Bestimmungen über die Buchführung (OR Art. 957 – 964).

5.4 Luftgeschäfte

Bei Luftgeschäften versucht der Täter möglichst viel Kredit oder Waren zu erhalten, die er dann abschöpft. Im meist danach folgenden Zusammenbruch der Firma bleiben den Gläubigern nur wenig Aktiven, die zudem häufig schwer realisierbar sind.

Luftgeschäfte erfüllen normalerweise den Tatbestand des Betruges. Sie sind meistens gekoppelt mit betrügerischem Konkurs, ungetreuer Geschäftsführung, Urkundenfälschung, Unterlassung der Buchführung und unwahre Angaben über Handelsgesellschaften.

Standardfall Luftumsätze

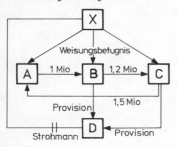

Fall 2: Luftumsätze

Sachverhalt:

X kontrolliert 3 Gesellschaften, A, B + C, welche als Handels- und Finanzierungsgesellschaften funktionieren. Auf Veranlassung von X, der nur über Strohmänner in Erscheinung tritt, führen nun diese Gesellschaften umfangreiche Buchtransaktionen durch, denen keine effektiven Geschäfte zugrunde liegen. Beispielsweise verkauft A an B imaginäre Waren für 1 Mio., wonach B diese mit Gewinn an C weiterveräußert. Damit werden in den Gesellschaften beeindruckende Umsätze und Gewinne ausgewiesen. Durch Aufwertung imaginärer Aktiven können auch die Bilanzen entsprechend verbessert werden.

Mit solchen Unterlagen eines augenscheinlich gut laufenden Geschäfts werden nun möglichst viele fremde Mittel, meist Kredite, in die Gesellschaften gepumpt und entweder direkt oder über eine ebenfalls über Strohmänner kontrollierte Strohfirma D und allfällige weitere Strohfirmen unter irgendwelchen Titeln abgeschöpft (Saläre, Spesen, Kommissionen, Provisionen, Kundengeschenke, Garantiekommissionen, Vermittlungsprovisionen, nicht belegbare Schmiergeldzahlungen usw.).

Im schließlich eintretenden Konkurs der Gesellschaft A werden auch die Gesellschaften B und C mitgerissen. Barmittel sind praktisch keine mehr vorhanden, Warenlager oder andere Aktiven sind nur in bescheidenem Ausmaß vor-

handen. Die Drittgeldgeber kommen zu großen Verlusten. Natürlich verliert X im Konkurs auch seine Beteiligungen an den Gesellschaften A, B und C. Er hat sich aber in viel größerem Umfange über Direktentnahmen bei den Firmen A, B und C oder Gewinnabschöpfung bei der Gesellschaft D schadlos halten können.

Analyse des Sachverhaltes

- Strohmänner zur Tarnung des Drahtziehers
- vorgeschobene Gesellschaft D, geführt von Strohmännern, schöpft als „Vermittler" usw. Mittel ab
- Luftgeschäfte mit hohen Scheinumsätzen und imaginären Warenlagern
- Blanko- oder Warenkredit
- Herausziehen von Geld

Strafrechtliche Beurteilung

- *StGB Art. 163 Betrügerischer Konkurs*
- *StGB Art. 167 Bevorzugung eines Gläubigers*
- *StGB Art. 148 Betrug*
- *StGB Art. 159 Ungetreue Geschäftsführung*
- *StGB Art. 251 Urkundenfälschung,*
- *evtl. StGB Art. 253 Erschleichung einer falschen Beurkundung.*

Fall 3: Lederhandel

Sachverhalt

H. hat mit gefälschten Aufträgen, Rechnungen und Bilanzen die Möglichkeit großer Geschäfte, vor allem im Handel mit Lederwaren zwischen Italien und Deutschland vorgegaukelt, wobei effektiv ein Lederwarenlager von minderem Wert vorhanden war. Mit diesen Unterlagen gelang es ihm, bei verschiedenen Geldgebern, darunter namhaften Banken, insgesamt rund 34 Mio. Franken zu erhalten. Er gewährte überdurchschnittlich hohe Verzinsungen und Gewinnbeteiligungen und bezahlte diese anfänglich auch. Wenn irgendwo Löcher entstanden, wurden sie durch Aufnahme neuer Schulden gestopft.

Um seine Kreditwürdigkeit zu beweisen, unterhielt H. einen Lastzug und das genannte Warenlager, die er für seine Luftgeschäfte gar nicht brauchte. Ferner zahlte er ca. Fr. 85 000. – Steuern für ein Einkommen, das er nicht hatte. H. zahlte ferner beträchtliche „Kommissionen", um sich von „Geschäftspartnern" die Seriosität seiner Geschäfte bescheinigen und damit zu neuen Kredi-

ten verhelfen zu lassen. Der effektive Konkursverlust, den sich 116 Gläubiger zu teilen hatten, betrug ca. 9 Mio. Franken[3].

Analyse des Sachverhaltes

- Vorzeigbares, aber übersetzt bewertetes Lederwarenlager
- Luftgeschäfte mit gefälschten Aufträgen und Rechnungen
- Gefälschte Bilanzen
- Erhöhung der Kreditwürdigkeit durch zu besichtigenden Lastenzug, Warenlager und fingiertes hohes Einkommen mit entsprechenden Steuerzahlen (öffentliches Steuerregister in Zürich)
- Waren-, Zessions- und Blankokredite aufgrund der guten Unterlagen, überdurchschnittlicher Verzinsung und Gewinnbeteiligungen
- „Kommissionen" für gute Auskünfte über den Täter und seine Geschäfte
- Herausziehen von Geld

Strafrechtliche Beurteilung

Das Zürcher Obergericht bescheinigte dem 38jährigen Kaufmann H. beschränkte Zurechnungsfähigkeit, Verhältnisblödsinn und unterdurchschnittliche Intelligenz und verurteilte ihn wegen Betruges, Urkundenfälschung und leichtsinnigen Konkurses zu 7 Jahren Zuchthaus, auf die fast 3 Jahre Untersuchungshaft angerechnet wurden.

Außerdem beschloß das Gericht die Überweisung der Akten an das Steueramt zur Prüfung der Frage, ob die merkwürdig vertrauensseligen Geldgeber von H. sich der Steuerhinterziehung schuldig gemacht haben.

5.5 Gründungsschwindel

Beim Gründungsschwindel plant der Täter schon bei der Gesellschaftsgründung Betrug und betrügerischen Konkurs.

Typischer Sachverhalt

Der Täter gründet eine neue Firma, meistens eine AG oder GmbH, ohne große eigene Mittel. Das meist beeindruckende hohe Aktienkapital von mehreren hunderttausend Franken wird größtenteils durch Sacheinlagen aufgebracht. Diese Sacheinlagen (Waren, Immaterialgüterrechte, Einrichtungen oder Immobilien) werden zu einem stark übersetzen Preis bewertet, und dem Sachein-

---

3 Neflin: Wirtschaftskriminalität, Eine Warnung vor Schwindlern und Betrügern, 1971, Seite 31.

leger (meistens der Täter) werden entsprechend Aktien zugeteilt und allenfalls noch ein Kontokorrentguthaben gutgeschrieben. Da der Sacheinlagevertrag zwischen dem Täter und der von ihm beherrschten Firma abgeschlossen wird und keine Prüfungskognition des Handelsregisteramtes oder des Gründernotares für die Bewertung besteht, ist dieses Vorgehen möglich.

Der Täter bezweckt, möglichst kreditwürdig zu erscheinen. Mit einer beeindruckenden Bilanz und schmückender Darstellung der Zukunftschance des Geschäftes werden nun Gelder von Dritten aufgenommen und allenfalls Lieferantenkredite ausgenützt. Statt eine vernünftige Geschäftstätigkeit auszuüben werden diese Mittel systematisch aus der Gesellschaft abgeschöpft, z. B. für Kommissionen, Saläre, Spesen des Täters, allenfalls Rückzahlung seines Darlehens aus der überhöhten Sacheinlage.

Sind alle Kredite erschöpft und die flüssigen Mittel aufgebraucht, läßt der Täter die AG in Konkurs gehen. Das verbliebene Warenlager bringt dann meist einen nur geringen Erlös, die Gläubiger haben das Nachsehen.

Der Schaden, der durch solche Gründungsschwindel mit nachfolgendem Konkurs angerichtet wird, ist beträchtlich. Direkt kommen Geldgeber und Lieferanten sowie allenfalls die Arbeitnehmer, die Behörden (für Gebühren, AHV, Steuern usw.) zu Schaden. Indirekt können die hohen Verluste bei Gläubigern zu Nachfolgekonkursen oder zu Nachlaßverträgen führen, also eine Art Kettenreaktion von weiteren Zusammenbrüchen bewirken. Sodann wird das Vertrauen im Geschäftsverkehr erschüttert und der offensichtliche Mißbrauch der öffentlichen Register führt zu einer weiteren Verunsicherung.

Beim Gründungsschwindel sind meistens neben dem Tatbestand des betrügerischen Konkurses auch der Tatbestand des Betrugs, der ungetreuen Geschäftsführung, Urkundenfälschung, Erschleichen einer falschen Beurkundung und Verletzungen der Bestimmungen über die Buchführung erfüllt.

Fall 4: Fineuran Trust

Sachverhalt

Noch auf der Grundlage des alten Anlagefondsgesetzes hatte F. anfangs der sechziger Jahre die Fineuran Trust Gruppe wie folgt aufgebaut:

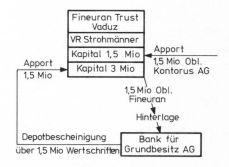

Praktisch ohne Bargeld, aber mit 1,5 Mio. Franken Obligationen der Kontorus AG in Vaduz (praktisch ein Nonvaleur) als Sacheinlage wurde der Fineuran Trust Vaduz gegründet. Damit war er bereits konkursreif, da nur vorgetäuschte Aktiven (die Kontorus-Obligationen) vorhanden waren. Trotzdem gab er Miteigentumszertifikate an Anleger ab. Sodann gab der Fineuran Trust für 1,5 Mio. Franken Obligationen aus, die er bei der Bank für Grundbesitz hinterlegte. Diese Bank stellte ihrerseits eine Bestätigung aus, daß der Fineuran Trust bei ihr für 1,5 Mio. Franken Wertschriften hinterlegt habe.

Damit wurde eine weitere Sacheinlage von 1,5 Mio. konstruiert und das Kapital des Fineuran Trusts auf 3 Mio. erhöht. Mit dieser beeindruckenden Bilanz gelang es, weitere Geldgeber zu finden und Zertifikate zu plazieren, respektive als Sicherheiten für andere Kredite zu hinterlegen. F. und seine Drahtzieher schöpften im Hintergrund wacker Gelder ab. Im Vordergrund stand ein illustrer Verwaltungsrat mit reiner Strohmannfunktion.

Nachdem sich im Konkurs zeigte, daß den 14 Mio. Passiven nur ca. Fr. 1000 Aktiven gegenüberstanden, beschloß die Gläubigerversammlung 1965 gegen F. und Mitverantwortliche Strafanzeige wegen betrügerischen und leichtsinnigen Konkurses einzuleiten. F. wurde 1965 verhaftet[4].

Analyse des Sachverhaltes

- Strohmänner im Fineuran Trust
- Apport-Gründung mit Nonvaleurs
- Herausgabe von Obligationen zur Kreditbeschaffung
- erneuter Apport mit Depotbescheinigung der eigenen Obligationen
- Aufnahme von Fremdgeldern aufgrund der aufgebauschten Bilanz
- Herausziehen der flüssigen Mittel durch die Täter

Strafrechtliche Beurteilung

- StGB Art. 163 Betrügerischer Konkurs
- StGB Art. 148 Betrug
- StGB Art. 152 nicht anwendbar, da Vaduzer Gesellschaft
- StGB Art. 251 Urkundenfälschung
- StGB Art. 253 Erschleichung einer falschen Beurkundung
- StGB Art. 166 Unterlassung der Buchführung

Das Zürcher Obergericht verurteilte F. 1970 wegen gewerbsmäßigem Betrug in der Höhe von 4,45 Mio. Franken, wiederholter und fortgesetzter Urkundenfälschung, Erschleichung falscher Beurkundungen und Unterlassung der

---

4 Pletscher: Anlagefonds-Betrügereien, in Kriminalistik 3/1972, Seite 133 ff.

Buchführung mit 4 Jahren Zuchthaus. Der Mitangeklagte erhielt 18 Monate Gefängnis.

Typische Merkmale des Gründungsschwindels

Die mir bekannten Fälle von Gründungsschwindel weisen nahezu identische Merkmale auf:

- Eine Gesellschaft wird mit überhöhten Sacheinlagen und wenig Barmitteln gegründet.
- Die Bilanz wird mit allen Mitteln aufpoliert, um möglichst kreditwürdig zu erscheinen (Höherbewertung von Aktiven).
- Aufgrund der Bilanz und der offerierten Sicherheiten (Warenlager, hinterlegte Obligationen, Hypotheken) werden Fremdmittel aufgenommen.
- Die Täter entziehen der Gesellschaft diese Mittel unter diversen Titeln.
- Im Konkurs sind praktisch keine verwertbaren Aktiven, insbesondere keine Barmittel mehr vorhanden.

5.6 Serienbetrug

Beispiel für das Normalgeschäft

Ein Geschäftsmann kauft 100 Musikboxen und übernimmt den Generalvertrieb Schweiz. Er vermietet oder verkauft einzelne Musikboxen an interessierte Abnehmer und bezieht dafür eine Mietgebühr, Umsatzbeteiligung oder/und den Verkaufspreis. Der Mieter/Käufer − meist nebenamtlich tätig − läßt die Musikbox an einem geeigneten Ort (Restaurant usw.) aufstellen und besorgt die technische Wartung, die Aktualisierung des Plattenbestandes mit neuesten Hits und das laufende Inkasso.

Kriminelle Anwendung

In den 1970er Jahren fanden die Musikautomaten rasch große Verbreitung. Diesen Boom nutzten Betrüger, die einer ganzen Serie von Leichtgläubigen solche Musikkästen unter phantastischen Gewinnangaben vermieteten oder verkauften.

Fall 5: Automaten-Gasser

Die Firma Gasser Automatic AG vertrieb Musikautomaten und Spielautomaten.

„Wenn Sie alle 3 bis 6 Wochen einige Minuten Zeit haben, dann melden Sie sich per Telefon oder schicken Sie den untenstehenden Bon an Automatic AG, Hauptgasse 27, 2560 Nidau", lockte Gasser ab 1974 in Inseraten seine Opfer an. Wer sich meldete, bekam Besuch von einem Gasser-Vertreter, der Nebenverdienst bis zu tausend Franken oder noch mehr im Monat versprach.

Zu den entsprechenden Vertragsformularen legten die Gasser-Leute jeweils ein Kreditformular der Schweizerischen Volksbank. Die Gasser-Kunden merkten oft erst nach Vertragsabschluß, daß sie sich statt des versprochenen Arbeitsvertrags einen Kleinkredit eingehandelt und das derart gepumpte teure Geld sogleich für eine Musikbox oder für einen Spielautomaten an Gasser weitergegeben hatten.

Das böse Erwachen kam für die Gutgläubigen dann aber vollends, wenn sie ihren Automaten erstmals „leeren" wollten: Mancher Gasser-Kunde mußte nämlich feststellen, daß er für 10 000 Franken oder noch mehr eine alte „Rock Ola" gekauft hatte, die auf dem Automatenmarkt kaum noch 1000 Franken gebracht hätte. Und vor allem: Die Automaten brachten bloß einen Bruchteil der erhofften monatlichen 1000 Franken, so daß die Betrogenen oft nicht einmal die Kleinkreditraten zahlen konnten. Die derart Geprellten klagten ihr Leid ab Ende 1974 zu Dutzenden dem „Schweizerischen Beobachter". Die Zeitschrift brachte die Sache an den Tag, und 1975 flog das unsaubere Geschäft auf.

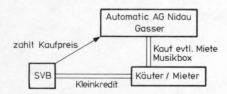

Strafrechtliche Beurteilung

Gasser selbst wurde des gewerbsmäßigen Betrugs in 91 Fällen sowie sechs weiterer Delikte für schuldig befunden und zu fünf Jahren Zuchthaus sowie 30 000 Franken Buße verurteilt. Neun seiner ehemaligen Angestellten erhielten kleinere Gefängnisstrafen und Bußen. Insgesamt verteilte das Gericht unter die 10 Angeklagten 16 Jahre und 7 Monate Gefängnis – größtenteils unbedingt. Bußen im Gesamtbetrag von 35 900 Franken wurden ausgesprochen. Die Gerichtskosten beliefen sich auf gegen 50 000 Franken. Während der sechs Jahre dauernden Voruntersuchung hatten die Untersuchungsrichter 54 Bundesordner mit 14 000 Seiten Akten gefüllt.

In seiner Urteilsbegründung dankte der Gerichtspräsident der Presse für ihre Aufklärungsarbeit: „Die Gasser-Kunden waren oft unerfahren und hilflos. Ihre Information durch die Presse hat nichts mit einem Eingriff ins Verfahren zu tun. Im Gegenteil: Aufklärung der Öffentlichkeit verdient in solchen Fällen Anerkennung"[5].

Fall 6: Vermögensanlagen-Betrug mit Schachtel-Immobiliengesellschaft

Die Täter unterhielten in der Bundesrepublik Deutschland, der Schweiz und Liechtenstein, in Österreich, Spanien, Luxemburg und England mindestens 15 Firmen, die teilweise nur in der Form von Briefkästen, Firmenmänteln und Bankkonten bestanden. Manchmal wickelte sich zwischen ihnen jedoch ein reger, manipulierter Geschäfts- und Kapitalverkehr ab. Einer der Täter verfügte in Spanien über rund 200 000 m² küstennahes Land, das er für ca. 0,50 – 0,60 DM per m² erworben hatte. Nach strategisch ausgearbeitetem Plan brachten die Täter diese 200 000 m² in fünf nacheinander gegründete Aktiengesellschaften spanischen Rechts ein. Papiermäßig verfügten sie nun über fünf Firmen mit jeweils 200 000 m², insgesamt also 1 Million m² Land. Mit einem Erschließungs- und Bebauungsplan für touristische Bauvorhaben setzten sie den Quadratmeterpreis je nach Lage auf 9 bis 11 DM fest. Nach Druck entsprechender Aktien gründeten sie in Luxemburg eine Firma, in die sie die fünf spanischen Firmen mit einem Aktienkapital von 9 bis 11 Mio. DM einbrachten. Eine renommierte luxemburgische Bank, von der Seriosität der Gründer und Firmen überzeugt, stellte den Verwaltungsrat. Nach einer großangelegten Werbeaktion interessierten sie eine Anzahl international bekannter Bau- und Touristikunternehmen, die auch bereit waren, sich jeweils mit Millionenbeträgen zu beteiligen.

Rechtzeitig eingeleitete Ermittlungen ließen das Unternehmen platzen, bevor ernsthafter Schaden entstanden war[6]. Die beiden Haupttäter wurden 1973 zu je 6 Jahren Freiheitsstrafe verurteilt.

---

5 Tages-Anzeiger vom 8. 6. 82.
6 Berk: Gedanken zur kriminalpolizeilichen Strafverfolgung überregionaler und internationaler Wirtschaftsverbrechen, in Aktuelle Beiträge zur Wirtschaftskriminalität, 1974, Seite 34 ff.

5.7   Kreditbetrug

5.7.1 Wechsel- und Checkreiterei

Wechsel und Checks stehen als Instrumente des Zahlungsverkehrs unter speziellen, stark formalisierten internationalen Regeln (vgl. OR Art. 990 – 1144). Durch Diskontierung kann ein Wechsel vor Fälligkeitsdatum zu Geld gemacht werden.

Kriminelle Anwendung

Durch gegenseitigen Wechseltausch von reinen Finanzwechseln ohne eigentlichen Geschäftsvorfall entstehen sogenannte „Reitwechsel", die als Kreditinstrument mißbraucht werden können.

Vereinfachter theoretischer Fall einer Wechselreiterei:

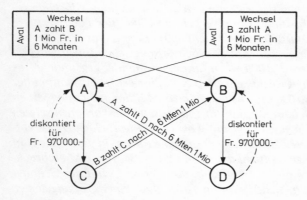

Resultat

A und B haben mit 2 Rittwechseln sich Kredit für 6 Monate von Fr. 1,940 Mio verschafft

A und B vereinbaren den Austausch von je einem gezogenen Wechsel (Tratte) über Fr. 1 Mio., zahlbar in 6 Monaten. Durch den Wechseltausch haben sowohl A wie B je Fr. 1 Mio. Schuld und Guthaben auf das Fälligkeitsdatum der Wechsel in 6 Monaten. Sowohl A wie B suchen nun einen Bürgen, der den Wechsel avaliert. Dann diskontieren sie − wieder unabhängig voneinander − den Wechsel bei einem Financier oder einer Bank und erhalten je nach Diskontsatz Bargeld, in unserm Falle bei 6% Zins ca. Fr. 970 000 pro Wechsel. A und B haben sich damit für 6 Monate Kredit für 1 940 000 Franken verschafft.

Fall 7: Checkreiterei R.

R. unterhielt bei 37 Banken Kontokorrentkonten und erhielt entsprechende Checkhefte. 1961 – 1973 machte er von diesen Konti Bezüge von ca. 470 Mio. Franken. Dazu kommt ein weiterer Umsatz von ca. 400 Mio. Franken aus Barauszahlungen bei anderen Banken, bei denen er kein Konto unterhielt.

Fast alle der in den 13 Jahren über 6000 ausgegebenen Checks waren nicht gedeckt. Seine Methoden gemäß Einvernahme: „Ich begab mich z. B. zur SKA Zürich und ließ mir verschiedene Checks, gezogen auf andere Banken, die ich vorgängig vom kommenden Bezug orientiert hatte, auszahlen. Mit dem erhaltenen Geld begab ich mich zum Schalter gegenüber und zahlte einen Teil des Geldes wieder auf meine Konten bei den bezogenen Banken ein. Die Banken hatten somit ihr Geld wieder."

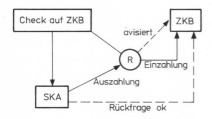

Ein anderes Mal kündigte R. einer Bank, auf die er einen Check ziehen wollte, telefonisch an, daß er eine größere Einzahlung machen würde. Da die bezogene Bank Guthaben bei R. hatte, willigte sie vielfach in eine neuerliche Checkbelastung ein, weil sie auf die schon lange ausstehenden versprochenen Zahlungen hoffte. Oft hielt R. jedoch die Zahlungsversprechung nicht ein.

So hielt R. den Verwalter einer kleinen Landsparkasse hin und erreichte sogar noch eine Erhöhung des Überzugs seines Kontokorrentkontos. Als der 62jährige Verwalter trotz Weisung seines Verwaltungsrates die Position R. nicht abbauen konnte und auf weitere Versprechungen von R. hin sogar seine Privatersparnisse von ca. Fr. 63 000 für R. geopfert hatte, verübte er Selbstmord. Aus seinem Abschiedsbrief an den VR:

„Ich bin am Ende und wußte keinen Ausweg mehr. R. hat mir das Grab geschaufelt. Er ist ein Betrüger. Allein im Monat Juni hat er mich mit unwahren

Angaben um mehr als 400 000 Franken betrogen, die ich zu Lasten der Bank ausbezahlt habe. Lassen sie ihn verhaften."

Einige Banken akzeptierten jeden auf sie gezogenen Check von R., obwohl dafür keine genügende Deckung vorhanden war. Traf dann der Check per Post bei ihnen ein, setzten sie R. eine Frist von 2 – 4 Tagen zur Deckung. R. blieb nichts anderes übrig, als einen weiteren Check, jedoch über einen größeren Betrag auf diese Bank zu ziehen, um damit den alten Check auszulösen. Sobald er im Besitze des zweiten ausbezahlten Checkbetrages war, konnte er den ersten durch Einzahlung abdecken.

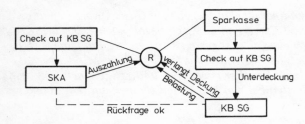

Für die Banken war der Umsatz interessant: Die Spesen, Gebühren, Sollzinsen und Kommissionen beliefen sich für 23 Banken auf ca. 2 Mio. Franken.

Sodann betrieb R. Wechselreiterei. Nach Ablauf eines Wechsels löste er ihn nicht ein, sondern stellte einen neuen auf einen höheren Betrag lautenden Wechsel aus. Keinem Wechsel lag ein kaufmännisches Geschäft zu Grunde. In einigen Fällen ließ R. die Wechsel von einem Geschäftsfreund „per Aval" unterzeichnen. Als der Geschäftsfreund keine weitere Wechsel mehr avalieren wollte, drohte R., die Wechsel zum Inkasso (und zu Protest) gehen zu lassen, wenn ihm der Geschäftsfreund die alten Wechsel am Fälligkeitstag nicht durch neue Wechsel oder neue Avale ersetzen würde. (Der Geschäftsfreund hätte in diesem Falle die fälligen Beträge zahlen müssen.) So avalierte der Geschäftsfreund gezwungenermaßen immer neue Wechsel. Beim Zusammenbruch verlor er ca. Fr. 600 000 auf Grund seiner Wechselbürgschaften.

In einzelnen Fällen griff R. zu plumpen Fälschungen, indem er z. B. nachträglich auf bereits avalierten Wechseln den Betrag von 5000 auf 105 000 Fr. abänderte und den Betrag in Worten erst nachträglich einsetzte.

1973 ging R. mit ca. Fr. 7 Mio. Passiven und max. Fr. 400 000 Aktiven Konkurs. Unter den Geschädigten befanden sich vor allem Banken, Financiers und Firmen[7].

---

7 Messerli in Tages- Anzeiger vom 25. 10. 76, Seite 49.

Analyse des Sachverhaltes

– Luftgeschäfte mit großem Umsatz
– Kreditwürdigkeit erlangen
– ungedeckte Checks
– Zwangslage der Gläubiger, weitere Kredite/Avale zu geben
– Wechselbetragfälschungen

Strafrechtliche Beurteilung

Das Geschworenengericht des Kantons Zürich verurteilte 1976 R. wegen wiederholten und gewerbsmäßigen Betrugs in der Höhe von 11 Mio. Franken, wiederholter und fortgesetzter Urkundenfälschung, Erschleichen von Falschbeurkundungen und Veruntreuung, leichtsinnigen Konkurses und Vermögensverfall sowie wegen Unterlassung der Buchführung zu 9 Jahren Zuchthaus.

5.7.2 Akkreditivbetrug

Fall 8: Afrikanischer Konsul (Akkreditivbetrug)

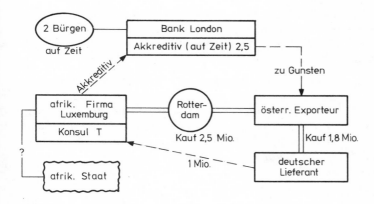

Der Wirtschaftskriminelle K., Mittäter auch bei anderen Betrugsdelikten, war unter ominösen Umständen Generalkonsul einer jungen afrikanischen Republik geworden. Als solcher gründete er eine Firma, die er mit wohlklingendem Namen als Tochterfirma eines halbstaatlichen Unternehmens eben dieser Republik deklarierte. Seine „Partner" beauftragte er, für das nunmehr von ihm vertretene Land gebrauchtes militärisches Gerät zu vermitteln.

Die Täter veranlaßten einen deutschen Lieferanten, für knapp 300 000 DM gebrauchtes technisches Gerät zu beschaffen, welches der Lieferant für 500 000 DM anbot. Nun aber weigerten sich – gemäß K. – die Afrikaner, direkt aus der Bundesrepublik einzukaufen, angeblich weil sie diplomatische Verwicklungen befürchteten. Sodann behauptete K., die Auftraggeber bestünden darauf, aus diesem Geschäft mindestens 1 Million für konspirative Zwecke freizubekommen. Die Täter veranlaßten deshalb den deutschen Händler zu einer entsprechenden Preiserhöhung.

Man fand nun einen österreichischen Exporteur, der interessiert und der bereit war, das Gerät aus der Bundesrepublik Deutschland für 1,8 Mio. DM zu übernehmen und für 2,5 Mio. DM an die Afrikaner weiterzuverkaufen.

Die afrikanische Tochterfirma in Luxemburg bestätigte umgehend, das Gerät besichtigt zu haben und für 2,5 Millionen DM abnehmen zu wollen. Für den österreichischen Zwischenhändler bestand also keinerlei Risiko.

Es wurde Zahlung mittels Akkreditiv vereinbart. Der Generalkonsul eröffnete nun, angeblich namens seiner afrikanischen Regierung, bei einer Londoner Bank ein befristetes Hauptakkreditiv über 2,5 Mio. DM zugunsten des österreichischen Zwischenhändlers, das laut Vertragsgestaltung mit Lieferung und Übernahme des Gerätes im Hafen Rotterdam fällig werden sollte. Nachdem die Londoner Bank die Bereitstellung der 2,5 Mio. bestätigt hatte, überwies die österreichische Firma den Kaufpreis von 1,8 Mio. DM an ihren deutschen Lieferanten. Dieser behielt den ihm zustehenden Betrag von rund 500 000 DM und händigte dem „Herrn Generalkonsul und seinen Geschäftsfreunden" 1,3 Mio. DM für den erwähnten geheimen Zweck aus.

Zug um Zug wurde nun das Gerät verladen und nach Rotterdam transportiert. Hier aber verzögerte sich die Übernahme wegen manipulierter Unstimmigkeiten in den Fracht- und Akkreditivdokumenten sowie wegen angeblicher Transportschäden so lange, bis das Deckungsakkreditiv bei der Londoner Bank nach Fristablauf verfiel. Der österreichische Zwischenhändler saß nun auf dem mit 1,8 Mio. bezahlten Gerät fest, das schon beim Einkauf mit knapp 300 000,– DM nur noch Schrottwert hatte.

Die Täter bestritten nicht nur jegliche Betrugsabsicht, sondern auch, von dem deutschen Händler 1,3 Mio. DM bekommen zu haben. Da dieses Geld natürlich nicht quittiert worden war, mußte ihnen das Gegenteil erst bewiesen werden.

Erst Abklärungen in London erbrachten übrigens den Beweis, daß zwar die manipulierten Unstimmigkeiten in den Fracht- und Akkreditivdokumenten die vertragsgemäße Abwicklung und Übernahme des Gerätes verhinderten, daß darüber hinaus aber das Deckungsakkreditiv bei der Londoner Bank *überhaupt nicht zur Auszahlung kommen konnte, da der „Generalkonsul" die 2,5 Mio. DM gar nicht erst anzuschaffen beabsichtigte. Wenn die Bank trotzdem die Bereitstellung bestätigte, so lag das daran, daß Londoner „Geschäftsfreunde" vorübergehend eine entsprechende Bürgschaft übernommen hatten, und zwar mit der vertraglichen Absicherung, daß das Akkreditiv lediglich deklaratorischen Charakter haben und nicht fällig werden würde.*

In diesem Fall gelang es, fast die gesamten Schrift-, Telegramm- und Fernschreibunterlagen, die zwischen der Bundesrepublik Deutschland, Afrika, England und Österreich gewechselt worden waren, sicherzustellen[6].

Analyse des Sachverhaltes

- Waffengeschäft mit großen Gewinnmargen
- Nimbus der Diplomatie und der Geheimen Staatssache
- Preiserhöhung wegen „Spezialabgaben"
- befristetes Akkreditiv mit nur „deklaratorischem" Charakter und bedingter Bürgschaft von Geschäftsfreunden
- Zahlung der „Spezialabgaben" vor Lieferung
- Verzögerungsmanöver bei der Auslieferung der Ware bis zum Ablauf des befristeten Akkreditivs

Strafrechtliche Beurteilung

Auf schweizerische Rechtsnormen übertragen, liegen vor:

- StGB Art. 148 Betrug
- evtl. StGB Art. 251 Urkundenfälschung
- evtl. StGB Art. 312 Amtsmißbrauch
- evtl. StGB Art. 314 Ungetreue Amtsführung

5.8 Strafrechtliche Erfaßbarkeit

Der Betrugstatbestand von StGB Art. 148 scheitert häufig an der subjektiven Seite des Tatbestandes: „... Absicht, sich oder einen andern unrechtmäßig zu bereichern ... arglistig irreführt."

Für den Wirtschaftskriminellen bestehen seine Handlungen immer nur in der ehrbaren Absicht, normale, vielleicht etwas risikoreiche Geschäfte zu tätigen, auch zum Wohle seines betrogenen Kunden.

Zum Teil scheitert eine Strafverfolgung daran, daß sich Betrogene, die selbst zweifelhafte Geschäfte tätigen, nicht als Geschädigte melden, resp. keine genügenden Auskünfte erteilen.

Dabei ist auch davon auszugehen, daß beim Handel mit faulen Papieren mit hohen Einschlägen der Geschädigte kaum als gutgläubig angesehen werden kann. Er weiß, daß er ein sehr risikoreiches Geschäft eingeht.

Arglist und Vorsatz sind beim Betrug schwer beweisbar. Vielfach weichen deshalb die Anklagebehörden auf weniger schwer beweisbare Tatbestände aus: Ungetreue Geschäftsführung, unwahre Angaben über Handelsgesellschaften, leichtsinniger Konkurs usw.

Oftmals könnte nur eine komplette Übersicht, d. h. eine konsolidierte Betrachtungsweise der Geschäftsabwicklungen, Klarheit darüber verschaffen, wer am Schluß von den Transaktionen profitiert hat. Das ist jedoch wegen der Komplexität solcher Wirtschaftskriminalfälle meistens nicht möglich.

5.9 Zivilrechtliche Erfaßbarkeit

Wenn auch die zivilrechtliche Verfolgung der genannten Betrugsdelikte fast ebenso mühsam, zeitraubend und kostenintensiv ist, wie die strafrechtliche Verfolgung, läßt sich durch geschickte Anwälte doch manchmal ein Teil des Schadens decken. Während über den Haupttäter meist auch der Konkurs verhängt ist, oder über seine Vermögensverhältnisse keine genauen Auskünfte erhältlich sind, bieten sich Mittäter und Gehilfen sowie die Organe der betroffenen Gesellschaften für Schadenersatzforderungen an.

So ergeben sich aus den bestehenden Vertragsverhältnissen allenfalls Forderungen auf Waren oder Geld, die über Zwangsvollstreckungsverfahren habhaft gemacht werden können. Günstig ist die Ausgangslage natürlich, wenn mit einem Arrest bereits Hand auf gewiße Vermögensstücke des Schuldners gelegt ist und/oder Bankgarantien und Bürgschaften bei Nicht-Leistung des Schuldners in Anspruch genommen werden können.

Es ist danach Sache der Bürgen/Garantiegeber, sich am Wirtschaftskriminellen schadlos zu halten.

Gegen Organe von Gesellschaften, insbesondere Verwaltungsräte, Bevollmächtigte, Direktoren und Kontrollstellen steht der Weg der Verantwortlichkeitsklage nach OR Art. 754 offen. Gemäß OR Art. 759 haften sämtliche Verwaltungsräte solidarisch für einen eingetretenen Schaden. Zwar sind solche Prozesse schwierig und dauern mehrere Jahre, in letzter Zeit konnten jedoch vermehrt Erfolge verbucht werden.

Ebenso zeigt sich bei den Gerichten eine verschärfte Praxis gegenüber der Verantwortlichkeit von Kontrollstellen, die leider nach gültigem Recht immer noch durch Nichtfachleute besetzt sein können.

6. Treubruchdelikte

6.1. Problemkreis

Unter den Sammelbegriff „Treubruchdelikte" fallen diejenigen Delikte, die durch eine besondere Vertrauensstellung des Täters ermöglicht werden:
- aus einem vertraglichen Treueverhältnis (z. B. bei einer Treuhandgesellschaft, Wertschriftendepotstelle, Bank, Pfandverwahrungsstelle usw.);
- aus der qualifizierten Stellung des Täters als Vormund, Rechtsanwalt, Bankier, Beamter, Beauftragter usw.;
- aus der Stellung als Angestellter und/oder Organ einer Firma, (z. B. als Verwaltungsrat, Kontrollstelle, Direktor, Prokurist usw)[1].

Ich werde nach folgender Gliederung vorgehen:
- Buchhaltungs- und Bilanzdelikte
- Veruntreuung
- Ungetreue Geschäftsführung
- Bestechung und Korruption

6.2 Buchhaltungs- und Bilanzdelikte

6.2.1 Allgemeines

Die Buchhaltung ist für den Kaufmann und für den Betrieb eine wesentliche Grundlage der Geschäftätigkeit. Die Buchhaltung gibt Aufschluß über das Umlauf- und Anlagevermögen und über die Verbindlichkeiten.

---

1 Sutherland: White Collar Criminality, in American Sociological Review 5/1940, S. 1 – 12, zit. bei Teufel, Der Buchhaltungs-Defraudant, in Kriminalistik 11/1971, S. 575. Sutherland zählt die Unterschlagung und unerlaubte Verwendung von Geldmitteln ausdrücklich zur „white collar criminality". Veruntreuungen, begangen von angestellten Buchhaltern, gehören auch nach den Richtlinien für den kriminalpolizeilichen Nachrichtenaustausch bei Wirtschaftsdelikten in der Bundesrepublik eindeutig zur Wirtschaftskriminalität.

6.2.2 Wirtschaftliche Bedeutung

Es gibt weder Statistiken noch einigermaßen zuverlässige Schätzungen bezüglich Schadensummen der Buchhaltungs- und Bilanzdelikte. In den bekanntgewordenen Wirtschaftsstraffällen mit komplexem Sachverhalt tritt diese Deliktform meistens verbunden mit anderen Straftatbeständen auf.

6.2.3 Rechtsgrundlagen

Privatrecht

Soweit Buchfälschungen zu einem mittelbaren oder unmittelbaren Schaden führen, wird der Täter für vertragliche oder außervertragliche Schädigung schadenersatzpflichtig.

Gemäß OR Art. 957 bis 964 über die kaufmännische Buchführung hat eine im Handelsregister eingetragene Firma diejenigen Bücher ordnungsmäßig zu führen, die nach Art und Umfang ihres Geschäftes nötig sind, um die Vermögenslage und die mit dem Geschäftsbetriebe zusammenhängenden Schuld- und Forderungsverhältnisse sowie die Betriebsergebnisse der einzelnen Geschäftsjahre festzustellen. Damit läßt das schweiz. OR einen breiten Ermessensspielraum für Buchführung und Bilanzierung. Allerdings verlangen eine Reihe von Bestimmungen in Nebengesetzen zusätzliche Angaben in der Buchhaltung, so z. B. betreffend Sozialabgaben (AHV-Gesetzgebung), Umsatzsteuer (WUST-Gesetz), Buchführung und Bilanzierung bei Banken (BankG) und bei Anlagefonds (Anlagefondsgesetz). Zusätzlich hat die Bücherrevisionspraxis weitere Usanzen geschaffen.

In der Bundesrepublik Deutschland schreiben Handelsgesetzgebung und Fiskus die Buchführung und Bilanzierung bis in viele Details vor.

Strafrecht

In StGB Art. 325 wird die ordnungswidrige Führung der Geschäftsbücher unter Strafe gestellt.

Falls die Delikte im Geschäftsbetrieb einer juristischen Person begangen werden, finden gemäß StGB Art. 326 die Strafbestimmungen auf die Direktoren, Bevollmächtigten, die Mitglieder der Verwaltungs- oder Kontrollorgane Anwendung.

Gemäß StGB Art. 251 wird auch die Urkundenfälschung, gemäß StGB Art. 254 die Unterdrückung von Urkunden unter Strafe gestellt.

6.2.4 Kriminelle Anwendung

Die Unterlassung der Buchführungspflicht oder/und Fälschung von Buchhaltung und Bilanz treten vielfach als Vorbereitungs- oder Deckungshandlung für andere Wirtschaftsdelikte auf, z. B. Veruntreuung, ungetreue Geschäftsführung, Betrug, Bestechung.

6.2.4.1 Veruntreuung durch Buchhalter

Eine Firma bringt im allgemeinen ihrem Buchhalter ein besonders hohes Maß an Vertrauen entgegen. Der Treuebruch eines Buchhalters kann nach seiner Tatausführung und Tatauswirkung geeignet sein, über die Schädigung von Einzelinteressen hinaus auch das Wirtschaftsleben und die Wirtschaftsordnung zu stören oder zu gefährden. Buchhaltungsdelikte sind als Hauptursache von Konkursen jedoch eher selten.

Häufig ist der Fall, in welchem der Buchhalter der Firma seine Veruntreuungen durch buchhalterische Manipulationen deckt. Besonders heikel ist die Stellung des Buchhalters, wenn Bestechungsgelder bezahlt werden, die der Buchhalter unter irgendwelchen Titeln abbuchen muß. Unredliche Angestellte können daraus Nutzen ziehen, indem sie die tatsächliche Höhe der Bestechungsgelder verfälschen und den Mehrbetrag selbst abschöpfen.

Post unterscheidet bei der Behandlung von Tat und Täter zwischen unverdeckten und verdeckten Unterschlagungen. Bei der unverdeckten Unterschlagung eignet sich der Täter das Geld an und flüchtet sogleich, z. B. Kassenboten, Kassierer. Bedeutungsvoller ist die Unterschlagung, bei der es zu buchhalterischen Verschleierungen oder Fälschungen als Deckungshandlung kommt[2].

6.2.4.2 Technik der Buchhaltungsfälschung

Buchhalterisch wird ein tatsächlicher Geschäftsvorfall falsch gebucht (Falschbuchung) oder es wird ein nicht existierender Geschäftsvorfall verbucht (Luftbuchung). Falschbuchungen oder Luftbuchungen lassen sich sowohl auf Bestandskonten wie auch auf Aufwands- und Ertragskonten durchführen. Gewisse Sachkonten eignen sich für Deckungshandlungen besonders, wie z. B. das Konto „uneinbringliche Forderungen". Ähnlich frisieren kann man die Abschlußunterlagen für die Bilanz und Gewinn- und Verlustrechnung, die Lohnkonti und dazugehörige Hilfsaufzeichnungen, kaufmännische Hilfsbü-

---

2 Teufel a. a. O., in Kriminalistik 12/1971, S. 630.

cher, z. B. Kassenbücher, Bankbücher, Wareneingangs- und Warenausgangs-konti, sowie allfällige sonstige Hilfsbücher z. B. Umsatzsteuer u. a.

Zu den Techniken des Buchfälschers gehören u. a.:

– echte Belege verfälschen und mit überhöhten Ausgaben- oder verminder-ten Einnahmebeträgen verbuchen.
– echte Belege zweimal oder mehrmals verbuchen, um einen kassenmäßigen Überschuß zu erhalten.
– absichtliche Additions-, Übertragungs- und sonstige Rechnungsfehler.
– die Änderung verbuchter Zahlen.
– die Änderung ganzer Konten oder Teile der Buchführung.

Die Revisionspraxis zeigt, daß Stornierungen (Annullierung einer Buchung) besonders häufig kriminell mißbraucht werden.

6.2.4.3 *Bilanzmanipulation*

Die wirtschaftlichen Verhältnisse und die gesetzlichen Regelungen lassen eine breite Grauzone für Bilanzmanipulationen offen. Neben einem durchaus be-rechtigten Interesse der Firmenleitung an einem mehrjährig kontinuierlichen Gewinnausweis mit Steueroptimierung können solche Bilanzmanipulationen ebenso wie Buchfälschungen als Vorbereitungs- und Deckungshandlungen für Delikte dienen. Erfahrungsgemäß sind vor allem manipulierfähig:

• Waren, Vorräte

Bei der Bewertung der Warenlager besteht ein großer Ermessensbereich. Das von gewissen Firmen zur Bilanzverbesserung angewandte LIFO-Verfahren (last in – first out) dürfte problematisch sein: Alte Vorräte werden zum sei-nerzeitigen hohen Gestehungspreis inventiert und die inzwischen eingetretenen Wertverluste wegen Preiszerfall am Weltmarkt nicht erfaßt.

Bei Halbfabrikaten ist schwer feststellbar, ob eine bestimmte Ware zu 70% oder 85% fertiggestellt ist.

Fakturierungen vor oder nach dem Bilanzstichtag erschweren die Feststellung, was per Bilanzstichtag wirklich vorhanden war und wem gehörte.

Auf Grund günstiger Verträge mit Unterlieferanten können Gewinne von noch gar nicht an die Abnehmer abgelieferten Waren konstruiert werden.

• Angefangene Arbeiten, Entwicklungsaufwand

Wie bei Halbfabrikaten ist es in einem Dienstleistungsbetrieb ebenso schwie-rig, die angefangenen Arbeiten auf einen bestimmten Stichtag zu schätzen.

Sind die Ingenieurarbeiten schon zu 70% oder zu 85% geleistet? Wieviel Gewinn- oder Verlustmarge bleibt im Falle eines Pauschalpreises für die Restarbeit?

Aktivierter Entwicklungsaufwand kann auch Unterbeschäftigung und Verluste der Firma verschleiern: Arbeitsstunden werden aktiviert, die nicht für Kundenarbeiten oder Produkte weiter verrechnet werden können.

Bei der Umlegung des Entwicklungsaufwandes auf Produkte können zu Lasten der Gewinnmarge die ersten Maschinen einer Serie belastet werden oder für die nächsten Jahre jede Maschine gleichmäßig. Noch heikler wird die Bilanzierung bei staatlich subventionierten mehrjährigen Entwicklungsaufträgen, z. B. in der Flugzeug- und Rüstungsindustrie.

- Wertberichtigung

Bei nicht gleichzeitigen Bilanzdaten in einer Unternehmensgruppe können manipuliert werden: Verrechnungspreise für Produkte und Leistungen, Gemeinkostenanteile, Entwicklungskosten, Lizenzgebühren, Zinsen, Gewährung gegenseitiger Bürgschaften zur Vermeidung von Wertberichtigungen, Verschieben von Warenlager und Halbfabrikaten sowie Übernahme der zu verkaufenden Produkte durch eine andere Konzerngesellschaft usw.

- Kreditversicherung

Kurz vor Abschluß des Geschäftsjahres umgeht man notwendige Wertberichtigungen durch Abschluß einer Kreditversicherung.

- Verkauf, Leasing

Die Leasinggeschäfte haben stark zugenommen. Dies hat teilweise auch zu Bilanzverbesserungen durch Verkauf bestehender Anlagen und Gebäude weit über dem Buchwert an Leasinggesellschaften und Rückleasing an die Firma geführt, was den Ausweis entsprechender Buchgewinne erlaubt.

- Kreditoren

Die Bilanz kann durch Nichterfassen von Kreditoren am Bilanzstichtag verbessert werden.

Einen besonderen Trick erfanden einzelne Erdölfirmen: Sie übertrugen ihre niedrigverzinslichen alten Schulden zum Nennwert an einen speziell für diesen Zweck gegründeten Trust. Dann übertrugen sie diesem Trust einen nominell gleich hohen Betrag von Staatsobligationen mit deckungsgleichen Fälligkeits- und Zinsbedingungen. Weil inzwischen der Zinssatz des Dollars stark gestiegen war, konnten sie diese Obligationen unter dem Nominalwert kaufen (sogenanntes „in-substance defeasance-System"). Exxon wies 1982 für eine einzige derartige Transaktion diesen Discount zwischen Nominalwert der alten Schulden und tieferem Preis der Staatspapiere mit ca. $ 132 Mio. aus.

- Pensionsrückstellungen

Durch ungenügende Pensionsrückstellungen kann die Rechnung verbessert werden. Zusätzlich ist diese Rückstellung durch Veränderung des Pensionskassenzinsfußes manipulierbar.

Eine Merkwürdigkeit in der Bundesrepublik Deutschland ist anzumerken: Das bedeutende Risiko der Entlassungsabfindungen (Sozialpläne) kann in der Bilanz steuerlich erst erfaßt werden, wenn die Sozialpläne bereits verabschiedet sind. Die Firma darf also in guten Zeiten keine steuerlich abzugsfähigen besonderen Rückstellungen für Sozialpläne bilden.

6.2.5 Fälle

Fall 9: Klassische Buchhaltungsfälschung

Ein ungetreuer Buchhalter hatte, um nachträglich Verlustgeschäfte für die Firma konstruieren zu können, mit großem Geschick an zwei Stellen ganze Seiten herausgeschnitten und durch neu eingeklebte ersetzt. Damit Linierung und Form genau stimmten, hatte er passend numerierte Seiten der gleichen Bücher benutzt (an die Stelle von Seite 27 war die Seite 127 gebracht, so daß nur die 1 wegzuradieren war)[3].

Fall 10: Buchhaltungschef

Ein junger deutscher Kaufmann arbeitete als Grenzgänger bei einer Computerfirma in Basel. 1980 wechselte er als Leiter der Buchhaltung zu einer Basler Importfirma. Nach etwa einem Jahr begann er, sich Firmengelder anzueignen, wobei er sich eines einfachen Tricks bediente: Zahlungsanweisungen und Checks, die er mit korrekten Aufträgen durch die zeichnungsberechtigten Vorgesetzten hatte unterschreiben lassen, „ergänzte" er nachher durch Zahlungsaufträge zu seinen Gunsten. Innert anderthalb Jahren verschaffte er sich so rund 1,7 Mio. Franken, wobei er in einzelnen Fällen für die Revisionsfirma „Belege" für die von ihm veranlaßten Zahlungen fabrizierte.

---

3 Jenny/Niedermayer, Fälschung und Verschleierung in der Buchhaltung, 1963, zit. bei Teufel a. a. O., in Kriminalistik 12/1971, S. 631.

Strafrechtliche Beurteilung

Das Basler Strafgericht verurteilte den Täter wegen Betrugs, Veruntreuung und Urkundenfälschung, jeweils wiederholt und fortgesetzt begangen, zu zweieinhalb Jahren Gefängnis und Landesverweisung für 5 Jahre, letztere bedingt erlassen. Die Schadenersatzforderung des Arbeitgebers in der Höhe von über einer Mio. Franken wurde auf den Zivilweg verwiesen. Der Gerichtspräsident bemerkte, daß das erhebliche Ausmaß der Betrügereien durch eine gewisse Fahrlässigkeit des Arbeitgebers erleichtert worden sei[4].

6.3 Veruntreuung

6.3.1 Wirtschaftliche Bedeutung

Unsere liberale marktwirtschaftliche Wirtschaftsordnung beruht auf dem Prinzip von Treu und Glauben. Ebenso bildet ein Betrieb, besonders der Klein- und Mittelbetrieb, eine Art große Familie, in der meistens ein langjähriges gegenseitiges Vertrauensverhältnis besteht. Viele Leute haben besonders qualifizierte Vertrauensposten, aufgrund ihrer Berufstätigkeit (Steuerberater, Unternehmensberater, Rechtsanwalt, Treuhänder, Bankier usw.) oder als Behördemitglied (Vormundschaftsbehörde, Gemeindekassier, Genossenschaftskassier usw.). Wahrscheinlich könnte die Wirtschaft ohne diese Leute nicht funktionieren. Entsprechend schwerwiegend wiegt eine Veruntreuung eines solchen „Vertrauensmannes".

Leider sind Umfang und totale Schadenssumme der Veruntreuungen statistisch nicht erfaßbar, da viele derartige Delikte nie publik werden.

6.3.2 Rechtsgrundlagen

Privatrecht

Privatrechtliche Grundlage für die Tätigkeit eines „Vertrauensmannes" ist je nach seiner Berufstätigkeit und Stellung:

- Arbeitsvertragsrecht (OR)
- Auftragsrecht, speziell Treuhandvertrag
- Allgemeines Vertragsrecht,
- Kreditauftrag
- Maklervertrag

---

4 Tages-Anzeiger vom 19. 8. 1983.

- Agenturvertrag
- Geschäftsführung ohne Auftrag
- Prokura und andere Handlungsvollmachten
- Hinterlegungsvertrag
- Bürgschaft
- Gesellschaftsrecht, insbesondere Artikel über die Organe der Gesellschaft
- Kaufmännische Buchführung (OR Art. 967 bis 964).

Strafrecht

Strafrechtlich ist die Veruntreuung in StGB Art. 140 erfaßt.

6.3.3 Kriminelle Anwendung

Die Möglichkeiten kriminellen Mißbrauchs der bevorzugten Stellung als „Vertrauensmann" sind vielfältig. Zu große Vertrauensseligkeit, mangelhafte Betriebsorganisation, insbesondere eine ungenügende Buchhaltungsüberwachung und kriminogene Handlungen des Treugebers/Geschäftsinhabers erleichtern die kriminelle Ausnützung der Treuestellung. Eine besonders gefährdete Lage entsteht, wenn der „Täter in Vertrauensstellung" weiß, daß bei einer allfälligen Strafanzeige auch Delikte des geschädigten Geschäftsherrn/Auftraggebers selbst zum Vorschein kommen könnten.

Fall 11: Höherer Bankangestellter

St. hatte als Finanzchef einer Bankniederlassung in Bülach 1980 mit fremdem Geld große Börsentermingeschäfte getätigt, wobei er für seine Transaktionen ein Nummernkonto auf den Namen eines Freundes benützte. Diese Termingeschäfte brachten zwar einen Gewinn, aber St. investierte auch mehr als 1,2 Mio. Franken im Optionenhandel, wo er erhebliche Verluste erlitt. Der Täter versuchte, mit fiktiven Mutationsblättern die steigenden Verluste zu vertuschen. Verluste bilanzierte er als ordentliche Lombardkredite. Als im November 1980 die Delikte bekannt wurden, erbrachten die Optionen nur noch ca. Fr. 250 000. Zusammen mit einem unberechtigten Barbezug von Fr. 37 000 ergab sich eine Deliktsumme von Fr. 830 000.

Strafrechtliche Beurteilung

Die I. Strafkammer (Wirtschaftsstrafkammer) des Obergerichtes des Kantons Zürich verurteilte den Täter wegen Veruntreuung i. S. von StGB Art. 140 Ziff. 1 Abs. 1, Urkundenfälschung i. S. von StGB Art. 251 Ziff. 1 Abs. 1 und 2 und ungetreuer Geschäftsführung i. S. von StGB Art. 159 Abs. 1, alle Delikte wiederholt und fortgesetzt begangen, zu 18 Monaten Gefängnis bedingt unter Anrechnung der Untersuchungshaft von 34 Tagen.

6.3.4 Strafrechtliche Erfaßbarkeit

Die Dunkelziffer ist bei Veruntreuungen hoch:

Über die nicht zur Aufdeckung gelangenden umfangreichen Veruntreuungen können nur vage Vermutungen geäußert werden. Zahlreiche Veruntreuungen werden nur durch Zufall entdeckt. Viele Veruntreuungen werden unter der Hand erledigt. Von Hentig bemerkt dazu, daß Banken die Strafuntersuchung scheuen. Sie wollen nicht geschädigt sein, obwohl sie schweren Schaden erlitten haben. Wahrscheinlich wird die Mehrzahl der Veruntreuungsfälle durch Entlassung des Täters abgeschlossen, ohne daß es zur Anzeige kommt[5].

Veruntreuungsfälle werden aus verschiedenen Gründen selten angezeigt:

− Die Geschädigten befürchten die Gefährdung ihrer eigene Kreditwürdigkeit. In einigen Fällen haben bekannt gewordene Unterschlagungen die Banken und Lieferanten zu Krediteinschränkungen veranlaßt und erst dadurch die schon durch die Unterschlagungen geschädigte Unternehmung in den Zusammenbruch getrieben.
− Die Geschädigten befürchten, der Beschuldigte plaudere Betriebsgeheimnisse aus. Viele Unternehmer haben eine geradezu panische Angst vor polizeilichen Untersuchungen in ihrem Betrieb. Es gibt beispielsweise amerikanische Gesellschaften, die dem strikten Grundsatz folgen, unehrliche Angestellte nicht anzuzeigen.
− Die Geschädigten befürchten, daß bei einer Strafuntersuchung eigene kriminelle Handlungen (z. B. Steuerbetrug, Konkurrenzdelikte) erkannt werden.

6.4 Ungetreue Geschäftsführung

6.4.1 Wirtschaftliche Bedeutung

Wesentliche Grundlage unserer Wirtschaftsordnung ist das Prinzip von Treu und Glauben im Geschäftsverkehr, das gegenseitige Vertrauen im Geschäftsleben. Die Hinweise auf S. 67 über die Veruntreuung gelten auch hier.

---

5 Von Hentig: Die unbekannte Straftat, Berlin 1964.

6.4.2 Rechtsgrundlagen

Die bei der Veruntreuung genannten privatrechtlichen Verhältnisse sind auch Grundlage für das Verhältnis zwischen Täter und Geschädigtem.

Strafrecht

Strafrechtlich kommt StGB Art. 159 zur Anwendung.

Der Täter muß Geschäftsführer sein (BGE 102 IV 92). Als Geschäftsführer gilt dabei auch der „de facto Leiter", welcher einen Strohmann vorschiebt, und selbst aus dem Hintergrund die Geschäfte steuert.

Auch Strohmänner fallen wie jedes Mitglied eines kollektiven Geschäftsführungsorgans, das allein oder mit andern Mitgliedern ungetreue Geschäftsführung begeht, unter StGB Art. 159 (vgl. BGE 105 IV 106).

Subjektiver Tatbestand

Wie bei der Veruntreuung ist Vorsatz oder dolus eventualis (BGE 86 IV 12) notwendig. Bereicherungsabsicht ist hingegen nicht notwendig, sonst wäre StGB Art. 140 Veruntreuung oder StGB Art. 314 ungetreue Amtsführung gegeben. Idealkonkurrenz besteht mit StGB Art. 145 Sachbeschädigung und Art. 143 Sachentziehung[6].

Gesetzeskonkurrenz besteht allenfalls mit Strafbestimmungen in Spezialgesetzen wie AHV-Gesetz Art. 87 (Nichtabliefern von beim Personal eingezogenen AHV-Beiträgen wäre nach allg. Strafrecht Veruntreuung oder ungetreue Geschäftsführung). Gemäß BGE 82 IV 137 entfällt jedoch StGB Art. 159 und AHV-Gesetz Art. 87 geht vor („lex specialis derogat lege generale" in BGE 88 IV 134).

6.4.3 Fälle

Fall 12: Gleichnis vom ungerechten Verwalter

Hochstrasser erwähnt den klassischen Fall im biblischen Gleichnis vom ungerechten Verwalter:

„Er sprach zu seinen Jüngern: Es war ein reicher Mann, der hatte einen Verwalter. Dieser wurde bei ihm angeschuldigt, daß er seine Güter veruntreue. Er rief ihn zu sich und sprach zu ihm: Was muß ich da hören von Dir? Gib Rechenschaft von Deiner Verwaltung: Du kannst nicht länger Verwalter sein.

---

6 Hochstrasser in seinem Vortrag vom 1. 12. 1966, vgl. Hochstrasser, Die ungetreue Geschäftsführung, in Kriminalistik 1967, S. 155.

Der Verwalter sprach bei sich: Was soll ich tun, da mein Herr mir die Verwal-
tung nimmt? Graben kann ich nicht, zu betteln schäme ich mich. Ich weiß,
was ich tue, damit sie mich in ihre Häuser aufnehmen, wenn ich von der Ver-
waltung abgesetzt bin. Er rief also die Schuldner seines Herrn einen nach dem
andern herbei und sprach zum Ersten: Wieviel schuldest Du meinem Herrn?
Er antwortete: Hundert Krüge Oel. Da sprach er: Nimm Deinen Schuld-
schein, setze Dich geschwind und schreibe fünfzig. Dann sprach er zu einem
Andern: Wieviel bist Du schuldig? Er antwortete: Hundert Malter Weizen.
Zu diesem sagte er: Nimm Deinen Schuldschein und schreibe achtzig. – An-
erkennend sprach der Herr von dem treulosen Verwalter: Er hat klug gehan-
delt; denn die Kinder dieser Welt sind gegenüber ihresgleichen klüger als die
Kinder des Lichts. Und ich sage Euch: Macht Euch Freunde mit dem trügeri-
schen Mammon, damit sie Euch, wenn es zu Ende geht, aufnehmen in die ewi-
gen Wohnungen[7]."

Die Interpretation dieser Stelle aus dem Lukasevangelium bereitet den Theo-
logen bis auf den heutigen Tag erhebliches Kopfzerbrechen. Für einen schweizerischen Juristen ist der Fall einfacher: Es liegt ungetreue Geschäftsführung
nach StGB Art. 159 vor, denn die Tatbestandsmerkmale sind erfüllt:

Die Sorgepflicht wegen vertraglicher Bindung: Dienstvertrag, eventuell Auftrag.

Die gewisse Machtstellung: Der Verwalter hat Vollmacht, Schulderlasse zu gewähren.

Vermögensschaden: Der Geschäftsherr büßt einen Teil seiner Guthaben ein.

Die subjektive Voraussetzung: Der Verwalter handelt vorsätzlich.

Die rechtswidrige Handlung: Wir empfinden das Verhalten des Verwalters ohne weiters als stoßend und strafwürdig[8].

Fall 13: Höherer Bankbeamter

Der auf S. 68 erwähnte Fall 11 enthält wegen Überschreitens der internen
Kompetenzen durch den Bankbeamten (Geschäftsreglement und interne Wei-
sungen der Bank) auch den Tatbestand der ungetreuen Geschäftsführung.

Für die strafrechtliche und die zivilrechtliche Erfaßbarkeit gilt das auf S. 69
Gesagte. Art. 159 ist vielfach eine Art Auffangtatbestand, wenn andere Straftatbestände wie Betrug, Veruntreuung usw. nicht greifen.

---

7 Das Gleichnis vom ungerechten Verwalter, Lukas 16, 1 – 9, zit. bei Hochstrasser a. a. O.,
  S. 99.
8 Hochstrasser a. a. O., S. 99.

6.5 Bestechung und Korruption

6.5.1 Problemkreis

Die Grenze zwischen Erlaubtem und Unerlaubtem ist beim Problemkreis Bestechung und Korruption fließend. Die im Wirtschaftsleben notwendigen Tätigkeiten, z. B. der Verkauf, geraten rasch in einen Grenzbereich, über den nicht gerne gesprochen wird.

Das Wirtschaftsleben und vor allem Handels- und Finanzgeschäfte beruhen auf Beziehungen zwischen vielen Personen. Der Vorteil von guten Beziehungen bei der Geschäftsabwicklung ist allgemein bekannt. Solche Beziehungen werden deshalb gepflegt, z. B. mit Geschenken, Einladungen, Empfehlungen bei andern Personen, Dienstleistungen usw.

Durch die ständig komplizierter werdende Reglementierung des Geschäftslebens durch den Staat, z. B. im Baurecht, Export, Konjunktursteuerungsbereich, und durch supranationale Wirtschaftsorganisationen wie die EG, kommt dem Ermessen der zuständigen Behördenmitglieder immer größere Bedeutung zu. In Zweifelsfällen hängt es von den betreffenden Behörden oder einzelnen Beamten ab, ob überhaupt, zu vernünftigen Bedingungen und zeitgerecht die notwendigen Bewilligungen, Unterlagen usw. vorliegen.

Im Rahmen der Verkaufstätigkeit ist die Vermittlungsprovision üblich und im Prinzip erlaubt. Zum Teil arbeiten die festangestellten Vertreter auf Provisionsbasis (Provision vom Umsatz oder pro Stück). Ebenso erhält jedoch der Vermittler eines Geschäftes eine Provision, sei es, daß er als Agent, Mäkler oder gelegentlich den Abschluß von Verträgen nachweist. Vertreter können bis zu 30% auf den Verkaufspreis provisionsberechtigt sein, bei der Vermittlung von Architektur- und Ingenieurarbeiten sind bis 10% des Auftragsvolumens üblich, im Bereiche des Anlagenverkaufs bis 15% des Verkaufspreises. Bei Liegenschaften sind nach dem Tarif der eidg. Immobilientreuhänder Sätze bis zu 3% des Verkaufswertes und bei der Kreditvermittlung bis 2% des vermittelten Kreditbetrages gängig.

6.5.2 Rechtsgrundlagen

Privatrecht

Anspruch auf Vermittlungs- und Abschlußprovision haben ausdrücklich gemäß OR Art. 412 der Mäkler und gemäß Art. 418 lit. g der Agent.

Das Gesetz für die Handelsreisenden sowie allgemeines Arbeitsvertragsrecht sehen eine entsprechende Regelung in OR Art. 322 lit. b für einen Festangestellten ebenfalls vor. Auch kann durch freie vertragliche Vereinbarung eine Provision abgemacht werden (meist im Auftragsrecht).

Strafrecht

Bezüglich Amtspersonen stellt StGB Art. 288 die (aktive) Bestechung, StGB Art. 315 die passive Bestechung sowie Art. 316 die Annahme von Geschenken unter Strafe. Eventuell sind auch StGB Art. 314 ungetreue Amtsführung und Art. 312 Amtsmißbrauch betroffen. Organe und Angestellte von privaten Firmen fallen nicht unter diese Strafnormen.

Auf Spezialgesetze wie BankG, Versicherungsgesetz, UWG usw. gehe ich nicht ein.

6.5.3 Kriminelle Anwendung

Bei der Bestechung stehen einander zwei Partner gegenüber: Der eine, welcher besticht (aktive Bestechung), der andere, welcher bestochen wird (passive Bestechung). Die aktive Bestechung hat in den meisten Fällen irgendeinen buchhalterischen Niederschlag (Geschäftsunkosten, Verkaufsunkosten, Werbespesen), die passive Bestechung meistens nicht, da der Bestochene die empfangenen Bestechungsgelder, Sachleistungen oder Dienstleistungen illegal entgegennimmt und deshalb meistens auch nicht verbucht.

„Wer gut schmiert, fährt besser" sagt eine Volksweisheit. Offenbar waren „Schmiergelder", sprich Bestechung immer von Bedeutung.

Die Geschäftspraxis zeigt ein zwiespältiges Verhalten, indem eine Unternehmensleitung beim Einkauf den eigenen Angestellten oder Beauftragen die Entgegennahme von Bestechungsmitteln verbietet, dagegen zur Verkaufssteigerung manchmal die aktive Bestechung zuläßt oder gar fördert.

Am Rande sei vermerkt, daß teilweise Provisionen mit Schmiergeldercharakter sogar steuerlich abzugsfähig sind.

Krähe unterscheidet Schmiergelder nach:

– Entgelt für eine Gegenleistung des Empfängers (Provision)
– Entgelt für eine bestimmte Gegenleistung des Empfängers
– Geschenk
– Keine erkennbare Gegenleistung, soll nur günstige Atmosphäre schaffen[9]

Der Kreis der Bestecher umfaßt Lieferanten, Vertreter bzw. Reisende, die Waren und Dienstleistungen des Lieferanten anbieten, Konkurrenten, Käufer, politische Interessenten.

---

9 Krähe, in Schmalenbachs Zeitschrift für Betriebswirtschaftliche Forschung, 4/1964, S. 202.

Die Motive für die Bestechung sind je nach Täter verschieden: Der Lieferant eines Unternehmens resp. dessen Vertreter oder Reisender will in der Regel den Umsatz mit einem Kunden erhöhen oder überhaupt ermöglichen. Dies kann z. B. auch dadurch geschehen, daß eine Kundendelegation gratis zur Besichtigung einer Anlage an den Hauptsitz gebracht wird. Ebenso werden Qualitäts- oder Mengenreklamationen durch Bestechung verhindert. Der Unternehmer will sich im Wettbewerbskampf durch Bestechung Vorteile verschaffen. Er will z. B. über den Konkurrenten erfahren, welche billigeren Einkaufsquellen er hat, zu welchen Preisen er verkauft, welche Werbeaktion er plant usw. Im Extremfall wird er mit „Handgeldern" gute Verkäufer und Angestellte abwerben wollen.

Mittel der Bestechung sind Bar-, Sach- oder Dienstleistungen. Die Bestechung kann in ungetarnter Form erfolgen, indem man dem Bestochenen Bargeld oder Geschenke unmittelbar gibt. Daneben gibt es jedoch eine Reihe verdeckter Möglichkeiten:

- Dem Begünstigten wird der Bezug von Waren unter Preis angeboten.
- Man baut ihm zu verbilligten Preisen durch eine befreundete Firma z. B. eine Eigentumswohnung oder ein Haus.
- Man bietet ihm eine verbilligte Wohnung an.
- Man vermittelt oder gibt verbilligte Kredite oder Kredite ohne ausreichende Sicherheit oder ohne Zins oder Tilgungsvereinbarung.
- Man stellt ihm ein Geschäftsauto (evtl. mit Fahrer) zur Verfügung oder gibt ihm die Möglichkeit, Privatfahrten mit dem Geschäftsauto durchzuführen.
- Man offeriert ihm einen Ferienaufenthalt für die Familie oder Ferienreisen zusammen mit dem Bestecher.
- Man sorgt für teure, angenehme Unterhaltung.
- Man offeriert verbilligte oder unentgeltliche Fachberatung (z. B. Architekt, Steuerberater).

Geschäfte in Entwicklungsländern

In vielen Ländern, vor allem Entwicklungsländern, ist die Korruption sozusagen im Alltag integriert. Ohne Hilfe eines mit den Lokalverhältnissen vertrauten hochgestellten Vermittlers (Sponsor) oder eines hohen Beamten wird die Geschäftstätigkeit einer Firma häufig unzumutbar behindert, wenn nicht verunmöglicht. Der schweiz. Exporteur sieht sich also unter Umständen vor die Alternative gestellt, die „landesüblichen Provisionen" zu zahlen oder das Geschäft an die Konkurrenz zu verlieren[10].

---

10 Z. B. Nigeria, zit. in Neue Zürcher Zeitung vom 3./4. 3. 83.

In neuerer Zeit machen einzelne Länder zwar einen Versuch mit Anti-Korruptionsgesetzten (z. B. Saudiarabien, Iran), ein Erfolg ist jedoch noch nicht absehbar. Mit einer internationalen Antikorruptions-Regelung ist zur Zeit nicht zu rechnen.

Fall 14: SBB-Beamter

Ein klassisches Beispiel von Bestechlichkeit zeigt der folgende Sachverhalt:

Im Jahre 1973 kamen die Schweiz. Bundesbahnen und ein Architekt überein, ein großes Grundstück zu erwerben und nach dessen Teilung gemeinsam mit vier Wohnblöcken zu überbauen, wobei diesem Architekten die Erstellung der Bauten und die Lieferung der Fertigelemente übertragen werden sollte. Die Verhandlungen, die seitens der SBB vom zuständigen Sachbearbeiter B. und seinem Vorgesetzten geführt wurden, verliefen vorerst reibungslos. Deswegen, und auf Anraten des B., ordnete der Architekt bereits die Produktion der Fertigelemente an und kaufte entsprechende Mengen Armierungseisen. Als später B. für die Bereinigung und den Abschluß des Vertrages die Alleinvollmacht erhielt, gerieten die Verhandlungen wegen belangloser Nebenpunkte ins Stocken. Es wurde immer deutlicher, daß B. seine Stellung als Druckmittel mißbrauchte und darauf ausging, den Vertragsabschluß von einer persönlichen Provision abhängig zu machen. Der Architekt wollte sich nicht darauf einlassen, bot dem B. aber dennoch den Betrag von Fr. 10 000.– an, ohne sich durch eine schriftliche Schuldanerkennung zu verpflichten. Gestützt auf dieses Zahlungsversprechen unterzeichnete B. den Vertrag. Zur Zahlung der Provision kam es nicht. Der Architekt erstattete Anzeige bei der SBB, die eine Untersuchung gegen B. einleitete.

Analyse des Sachverhaltes

– Alleinvollmacht des SBB-Sachbearbeiters
– Verzögerung des Vertragsabschlusses
– Bestechungsangebot

Strafrechtliche Beurteilung

Das Obergericht des Kantons Bern verurteilte B. 1978 u. a. wegen vollendeter Nötigung zu einer Gefängnisstrafe.

Die gegen dieses Urteil erhobene Nichtigkeitsbeschwerde wurde vom Bundesgericht in dem Sinne gutgeheißen, daß nur versuchte Nötigung, nicht vollendete Nötigung vorliege (BGE 105 IV 120).

Eher verblüffend ist der nachfolgende Fall.

Fall 15: Gefängniswärter (Bundesrepublik Deutschland)

Ein Rechtsanwalt zahlte eine Vermittlungsprovision von 50% an einen Gefäng-
nisaufseher für jeden neu eingelieferten Untersuchungshäftling, der dem
Rechtsanwalt als Mandant zugeführt wurde[11].

Im nachfolgenden Fall liegt keine Bestechung vor, da es sich um Privatfirmen
handelt. Es liegt jedoch ein typischer und im Wirtschaftsleben häufig vorkommender Fall von zweifelhaften Rabattgutschriften vor.

Fall 16: Polysarfall

Die Manager des in kanadischem Staatsbesitz befindlichen Gummi- und Pla-
stikkonzerns Polysar Ltd. bezahlten über ihre Tochterfirma in Fribourg Ra-
batte an Kunden auf deren Schweizer Bankkonten. Die Schweizer Verwal-
tungsräte hatten keine Kenntnis von den umstrittenen Geschäftspraktiken, die
etwa wie folgt funktionierten: Polysar schloß mit einem Kunden einen Liefer-
vertrag ab und fakturierte den vollen Preis. Gewisse Kunden und deren Ver-
treter verlangten von der schweizerischen Verkaufsfirma Polysar, daß ein Teil
der vereinbarten Mengenrabatte oder Kommissionen ihnen oder ihrem Vertre-
ter auf dessen Schweizer Bankkonto überwiesen werde. Eine interne Untersu-
chungskommission der Polysar Ltd. prüfte die Vorgänge in Fribourg und
übergab den Bericht der kanadischen Regierung. Gesamthaft seien in 5 Jahren
Rabatte und Kommissionen von 4,8 Mio. kan. Dollar an 13 Kunden und 14
Vertreter ausgerichtet worden.

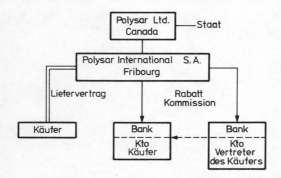

---

11 Zit. bei Neflin, Wirtschaftskriminalität, Eine Warnung vor Schwindlern und Betrügern, 1971,
     S. 74.

Analyse des Sachverhaltes

- Nebenabreden zum Liefervertrag
- Abwicklung über Schweizer Bankkonto
- Geschäftsinteresse Verkäufer/Käufer

Strafrechtliche Beurteilung

- nach schweiz. StGB kein Straftatbestand
- evtl. Steuerhinterziehung und Devisenvergehen in einem ausländ. Staat.

Fall 17: Sosnowski

Wie schon früher erwähnt, existiert die Wirtschaftskriminalität auch in den sozialistischen Ländern: Sosnowski, ehemals Generaldirektor eines staatlichen Möbelkombinats in der UdSSR, war schuldig befunden worden, Bestechungsgelder im Betrag von 107 000 Rubel angenommen zu haben (etwa 400 000 Franken nach dem offiziellen Umrechnungskurs).

Sosnowski wurde 1975 zum Tode verurteilt und durch Erschießen hingerichtet [12].

---

12 Tages-Anzeiger vom 25. 2. 77.

7. Insolvenzdelikte

7.1 Problemkreis

Der Begriff „Insolvenzdelikte" faßt die Pfändungs- und die Konkursdelikte zusammen. Wir wollen einige typische Konkursdelikte analysieren und daraus ein Deliktschema ableiten. Die Pfändungsdelikte spielen im Rahmen von großen Wirtschaftsdelikten eine unbedeutende Rolle, da meist nicht die hohen Schadensummen und großen Gläubigerzahlen wie bei Konkursen vorliegen. Ich behandle die Pfändungsdelikte deshalb nur kurz.

Das Bundesgesetz über Schuldbetreibung und Konkurs vom 11. April 1889 (SchKG) ist ein kompliziertes Gesetz. Viele und komplizierte Verfahrensvorschriften, Sonderregelungen und Kreisschreiben erschweren die Übersicht. In der Wirtschafts- und Rechtspraxis spielt das SchKG eine bedeutende Rolle, geht es doch um die Durchsetzung von Ansprüchen. Ein gewonnener Prozeß nützt wenig, wenn der obsiegende Gläubiger schließlich wegen Zahlungsunfähigkeit der Gegenpartei doch leer ausgeht.

7.2 Konkursverfahren

Um die Insolvenzdelikte verständlich zu machen, müssen wir kurz die Zwangsvollstreckungsverfahren des SchKG darstellen. Um aber die Zwangsvollstreckung, also Pfändung und Konkurs, zu verstehen, muß man vorerst die Insolvenz begreifen.

Die Insolvenz (Zahlungsunfähigkeit)

Ein Schuldner kann aus verschiedenen Gründen zahlungsunfähig (insolvent) sein:

Liquiditätsmangel (sog. Illiquidität), Überschuldung oder beides.

Beispiel für Illiquidität

Der Schuldner S kann dem Gläubiger G ein Darlehen von 10000 Franken am Fälligkeitsdatum nicht zurückzahlen. S ist jedoch nicht überschuldet. Die Situation kann gelöst werden durch

- Verlängerung (sog. Prolongation)
- Novation der Schuld
- Stundung
- Ablösung durch neuen Gläubiger (Forderungsübernahme)
- Ablösung durch neuen Schuldner (Schuldübernahme)
- Betreibung auf Pfändung

Beispiel für Verlust ohne Überschuldung

Verlust von über 50% des Aktienkapitals einer Finanz AG nach Verlust einer Beteiligung.

Aktiven		Passiven	
Kasse	1	Bank	2
Darlehen	5	Kreditoren	6
Beteiligungen	3	Aktienkapital	4
Verlust	3		
Total	12	Total	12

Zwar ist über 50% des Aktienkapitals, aber nicht das ganze Kapital verloren; die Firma ist nicht überschuldet. Gemäß OR Art. 725 Abs. 1 muß die Generalversammlung orientiert werden.

Beispiel für Überschuldung

Die Finanz AG macht weitere Beteiligungsverluste, die über Bank und Kreditoren mit fremden Mitteln finanziert werden.

Aktiven		Passiven	
Kassa	1	Bank	2
Darlehen	5	Kreditoren	6
Beteiligungen	1	Aktienkapital	4
Verlust	5		
Total	12	Total	12

Gemäß OR 725 Abs. 2 ist ein Status zu erstellen. Der Status ergibt folgendes (bei willkürlich angenommenen Schätzungswerten):

Status

Aktiven		Passiven	
Kassa	1	Bank	2
Darlehen	4	Kreditoren	8
Beteiligungen	0		
Unterbilanz	5		
Total	10	Total	10

Es liegt eine Unterbilanz (Überschuldung) von 5 Mio. vor. Gemäß OR 725 Abs. 3 ist die Bilanz beim Richter zu deponieren, falls nicht sofortige Sanierungsmaßnahmen ergriffen werden und beispielsweise Nachschüsse der Aktionäre, Verzichtserklärungen von Kreditoren u. ä. im Umfange von über 5 Mio. vorgelegt werden.

Zwangsverwertungsverfahren

Ich greife nur kursorisch einige Punkte heraus und verweise im übrigen auf die SchKG-Fachliteratur[1].

Verweigert eine natürliche oder juristische Person eine geschuldete Zahlung, so wird auf dem Wege der Schuldbetreibung die Zwangsvollstreckung durchgeführt, welche auf Geldzahlung oder Sicherheitsleistung gerichtet ist. Beiliegendes Schema zeigt Ihnen den grundsätzlichen Ablauf der ordentlichen Konkursbetreibung:

---

1 Büchi: Grundzüge des schweizerischen Schuldbetreibungsrechts, 1. Band, 1975. Amonn: Grundriß des Schuldbetreibungs- und Konkursrechts, 3. Aufl., 1983.

Ordentliche Konkursbetreibung

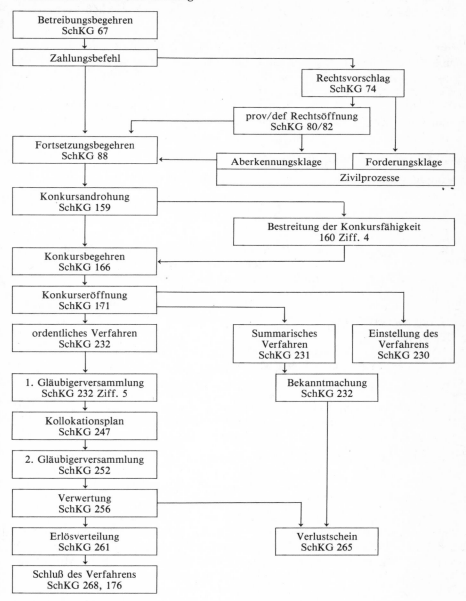

Betreibungsbegehren
SchKG 67

Zahlungsbefehl

Rechtsvorschlag
SchKG 74

prov/def Rechtsöffnung
SchKG 80/82

Fortsetzungsbegehren
SchKG 88

Aberkennungsklage

Forderungsklage

Zivilprozesse

Konkursandrohung
SchKG 159

Bestreitung der Konkursfähigkeit
160 Ziff. 4

Konkursbegehren
SchKG 166

Konkurseröffnung
SchKG 171

ordentliches Verfahren
SchKG 232

Summarisches
Verfahren
SchKG 231

Einstellung des
Verfahrens
SchKG 230

1. Gläubigerversammlung
SchKG 232 Ziff. 5

Bekanntmachung
SchKG 232

Kollokationsplan
SchKG 247

2. Gläubigerversammlung
SchKG 252

Verwertung
SchKG 256

Erlösverteilung
SchKG 261

Verlustschein
SchKG 265

Schluß des Verfahrens
SchKG 268, 176

Am Beispiel unseres Falles zeigen wir die Abwicklung des Konkursverfahrens. Dabei beschränken wir uns auf die für Konkursdelikte kritischen Verfahrensteile.

Mit der Konkurseröffnung über die als Beispiel gewählte Finanz AG wurde eine Konkursverwaltung bestimmt, nehmen wir an das zuständige Konkursamt am Firmendomizil. Dieses führt das weitere Verfahren gemäß SchKG Art. 197 ff. U. a. geht es um Feststellung der Aktiven und der Schulden sowie die Sicherung der Aktiven. Nehmen wir an, daß sich keine Veränderungen zum seinerzeitigen Status ergeben haben und der Kollokationsplan (SchKG Art. 219) wie folgt aussieht:

Forderungen: (in Mio. Franken)

Pfandgesichert (Bank)	2 (Pfandwert nur 1)
1. – 4. Klasse	1
5. Klasse	7
Total	10

Da sich bei der Pfandverwertung herausstellt, daß der Pfandwert nur 1 Mio. beträgt, fällt 1 Mio. der pfandgesicherten Forderung in die 5. Klasse und der Kollokationsplan sieht für die Verteilung wie folgt aus:

	Forderung	Konkursdividende
pfandgesichert (Bank)	1	1
1. – 4. Klasse	1	1
5. Klasse inkl. ungedeckte Forderung der Bank von 1 Mio.	8	3
Total Forderung	10	Total Aktiven 5

Die Konkursdividende für die Gläubiger 5. Klasse beträgt also 3 auf 8 Mio. = ca. 37,5%. Die pfandgesicherte Forderung wird im Umfang des Pfandwertes von 1 Mio. voll gedeckt, ebenso die Forderungen 1. – 4. Klasse.

Die Aktionäre verlieren ihr Kapital zu 100%.

7.3 Wirtschaftliche Bedeutung

Umfang und Bedeutung der Insolvenzen ist leider in den letzten Jahren deutlich angestiegen. Der Grund liegt vor allem in der verschlechterten Wirtschaftslage mit der Rezession von 1973 und der bis heute spürbaren Rezession von 1979. Die Insolvenzschäden wurden 1982 in der Schweiz auf 2 Mrd. Franken geschätzt, in der Bundesrepublik auf 24 Mrd. DM[2].

---

2 Aus Novinform CREDIT MANAGER Information, April 1983.

Konkursstatistik Schweiz

(nur im Handelsregister eingetragene Firmen)

	1977	1978	1979	1980	1981	1982	1983
Konkurseröffnungen	1003	955	902	967	967	1162	1344
Bestätigte Nachlaßverträge	177	123	133	96	92	126	130

Betreibungsstatistik Schweiz

(Gesamtzahlen)

	1977	1978	1979	1980	1981	1982	1983
Total Zahlungsbefehle in Mio.	1,24	1,18	1,19	1,16	1,21	1,28	1,37
Total Pfändungsvollzüge in Hunderttausend	432	413	441	439	443	480	500

7.4 Rechtsgrundlagen

Grundlage für die Zwangsvollstreckung bildet das Bundesgesetz über Schuldbetreibung und Konkurs vom 11. 4. 1889, mit Abänderungen, einschließlich des Bundesgesetzes betreffend Revision des SchKG vom 28. 9. 49 sowie eine Reihe von Nebengesetzen, Verordnungen, Reglementen, Beschlüssen und Kreisschreiben.

Strafrechtlich finden sich Regelungen im 19. Titel des StGB (Übertretungen in StGB Art. 323 und 324 betreffend Ungehorsam des Schuldners im Betreibungs- und Konkursverfahren sowie Ungehorsam dritter Personen im Betreibungs- und Konkursverfahren) und im 2. Titel (strafbare Handlungen gegen das Vermögen):

StGB Art. 163 betrügerischer Konkurs
StGB Art. 164 Pfändungsbetrug
StGB Art. 165 leichtsinniger Konkurs und Vermögensverfall

Weniger häufige Delikte

StGB Art. 167 Bevorzugung eines Gläubigers
StGB Art. 147 Veruntreuung und Entzug von Pfandsachen
StGB Art. 166 Unterlassung der Buchführung

Gemäß StGB Art. 172 Abs. 1 finden bei juristischen Personen die Strafbestimmungen auf die Direktoren, Bevollmächtigten, die Mitglieder der Verwaltungs- oder Kontrollorgane und die Liquidatoren Anwendung.

StGB Art. 168 Stimmenkauf
StGB Art. 169 Verfügung über gepfändete, mit Arrest belegte oder amtlich
aufgezeichnete Sachen
StGB Ar. 170 Erschleichung eines gerichtlichen Nachlaßvertrages

Als Spezialität

StGB Art. 152 Unwahre Angaben über Handelsgesellschaften und Genossenschaften durch den Liquidator.

Übertretungen

StGB Art. 323 Ungehorsam des Schuldners im Betreibungs- und Konkursverfahren
StGB Art. 324 Ungehorsam dritter Personen im Betreibungs- und Konkursverfahren.

Diverse Artikel aus dem 15. Titel (strafbare Handlungen gegen die öffentliche
Gewalt), welche bei Ungehorsam bei Zwangsvollstreckung zur Anwendung
kommen können:

StGB Art. 285 Gewalt und Drohung gegen Behörden und Beamte
StGB Art. 286 Hinderung einer Amtshandlung
StGB Art. 289 Bruch amtlicher Beschlagnahme
StGB Art. 290 Siegelbruch
StGB Art. 292 Ungehorsam gegen amtliche Verfügungen

7.5 Kriminelle Anwendung

In vielen Konkursfällen zeigt es sich, daß sich schon lange eine Überschuldung
abzeichnete, jedoch immer gewagter geschäftet und immer unseriöser finanziert wurde, so daß der finanzielle Zusammenbruch nur hinausgeschoben, der
Schaden aber um ein Vielfaches vergrößert wurde.

Meistens ist ein großer Teil der Bilanzaktiven bereits unter Eigentumsvorbehalt, wofür im Konkursfalle Aussonderung beantragt wird. Aber auch die
Aussonderungsgläubiger sind in vielen Fällen gegen Verluste deshalb nicht geschützt, weil der Unternehmer seine Rechte nicht achtet oder ohne Rücksicht
auf Eigentumsvorbehalte und Sicherungsübereignungen über die ihm zu treu-
en Händen belassenen Maschinen, Warenvorräte, Einrichtungsgegenstände

(z. B. im Leasing) zum Teil zu Schleuderpreisen verfügt und zur Sicherung abgetretene Forderungen rigoros einzieht. Immer häufiger läßt sich feststellen, daß buchstäblich bis zur letzten Sekunde gewirtschaftet wird und enormen Verbindlichkeiten ein lächerlicher Restwarenbestand gegenübersteht, der kaum ausreicht, um die Verfahrenskosten zu decken.

Je mehr es dem Ende zugeht, in desto schnellerer Folge werden die Lieferanten gewechselt. Während ein Teil der insolventen Geschäftsleute aus dem Erlös dieser meist betrügerisch erlangten neuen Lieferungen wenigstens noch alte Verbindlichkeiten begleicht, schaffen andere das Geld beiseite, um sich auf diese Weise meist durch Einschalten von Strohmännern, einer Strohgesellschaft oder der Ehefrau, zum Nachteile der Gläubiger eine neue Existenz aufbauen zu können.

Nach dieser oftmals geübten Praxis meldet der Ehemann den Konkurs seiner Firma an, während die Ehefrau unter ihrem Namen einen neuen Betrieb eröffnet, in dem der verschuldete Ehemann als Geschäftsführer oder Angestellter tätig ist. Natürlich bezieht er ein Gehalt, das nur so hoch ist, daß es die pfändungsfreie Grenze nicht überschreitet. Mit Zustimmung der Gläubiger mit Eigentumsvorbehalt werden selbst noch nicht voll bezahlte Einrichtungen und Warenvorräte, Maschinen, Autos usw. in die neue Firma übernommen, so daß rein äußerlich für den Uneingeweihten eine Änderung nicht einmal erkennbar ist. Daß dieses Gebaren nicht nur unmoralisch, sondern strafrechtlich erfaßbar ist, stört die Eigentumsvorbehaltsverkäufer nicht. Für sie ist die Rücknahme bereits genutzter Maschinen wertlos. Ihnen geht es meist darum, daß der neue Besitzer die Verbindlichkeiten des Gemeinschuldners übernimmt und die fälligen Raten weiterhin zahlt.

Beim klassischen, geplanten Konkursdelikt passiert kurz folgendes:

Gründung einer Gesellschaft, Hineinpumpen von Fremdgeldern, Aushöhlung durch Abzug von Geldern für sich oder für vom Täter beherrschte Gesellschaften, Konkurs. Eine unrühmliche Rolle spielen dabei die sogenannten leeren Aktiengesellschaften oder „Aktienmäntel". Sie können dank früherem Handelsregistereintrag als alte und somit seriöse Gesellschaften gelten und umso leichter zu Krediten kommen und zur Abwicklung von wirtschaftskriminellen Manövern benützt werden. Tatsächlich üben diese Gesellschaften keine Tätigkeit aus, sondern bestehen nur noch aus einem Aktienmantel, der vereinfacht bilanzmäßig etwa wie folgt aussehen könnte:

Bilanz der Mantel AG

Aktiven		Passiven	
Darlehen an Aktionär	1	Aktienkapital	1
	1		1

Der Eigentümer dieser AG hält 1 Mio. Beteiligung an der AG, die ihm die 1 Mio. als Darlehen wieder zur Verfügung gestellt hat.

Neben diesen „Konkursspezialisten", von denen man manchmal sagt, daß sie mit dem 3. Konkurs Millionär geworden seien, gibt es auch die aus verschiedenen Gründen insolvent gewordenen Geschäftsleute, die sich mit dem Untergang ihres Geschäftes nicht abfinden können. Verbissen bemühen sie sich, das Geschäft wieder in Fahrt zu bringen und sich noch möglichst lange über Wasser zu halten, in der Hoffnung es gehe irgendwann einmal wieder besser. Nur zu oft lassen sie sich dabei auf zweifelhafte oder kriminelle Wege zur Finanzierung ein, greifen zu hochspekulativen Sanierungsmethoden (doppelte Sicherheitsübereignungen und Zessionen, ungedeckte und vordatierte Schecks, Erschleichung falscher Bilanzen und Vermögensaufstellungen zur Erreichung weiterer Kredite). Schlimm wird die Sache besonders dann, wenn sie in dieser „Sanierungsphase" oder „Überbrückungsphase" in die Hände gewissenloser Wirtschaftskrimineller geraten.

Konkursdelikte sind vielfach gekoppelt mit Schwindelgründungen (vgl. Kapitel 5.5). Bei Neugründungen von Aktiengesellschaften oder Kapitalerhöhungen werden Sacheinlagen gemacht, die sich später als überbewertet erweisen. Auf Grund der aufgeplusterten Bilanz erhält man Drittkredite, die dann im Konkurs verloren sind.

Beispiel: Sacheinlage mit Bild

Ein Wirtschaftskrimineller gründete eine Aktiengesellschaft mit einem Aktien-Kapital von Fr. 50 000, – , wobei er anstelle von Bargeld als Sacheinlage ein praktisch wertloses Bild einbrachte. Die AG konnte sich im Hinblick auf das vermeintlich liberierte Aktienkapital Kredit verschaffen, welcher schließlich im Konkurs fast vollständig verloren war.

Insolvenzdelikte sind meist verbunden mit andern Delikten, z. B. Betrug, ungetreue Geschäftsführung, Buchfälschung, Urkundenfälschung, Steuerhinterziehungen u. a. Meist kommen die in Kapitel 1 erwähnten Handlungen vor, wie Einschalten von Strohmännern, Strohfirmen usw.

7.6 Fälle

Fall 18: Privatauto (Pfändungsbetrug)

Sachverhalt

G. arbeitet unregelmäßig und unrentabel in einer ihm gehörenden nicht im Handelsregister eingetragenen kleinen Buchdruckerei für Visitenkärtchen, Formulare, Anzeigen usw. Schließlich wurde er insolvent. Ein Gläubiger versuchte seine Forderung gegen G. einzutreiben. Nach dem üblichen Verfahren: — Inverzugesetzungen des Schuldner — Betreibung — Rechtsvorschlag — Rechtsöffnung — Fortsetzung der Betreibung auf Pfändung — Pfändung (mit Erlaubnis, daß der Schuldner den Betrieb mit den gepfändeten Maschinen weiterführt) kam es zu diversen Abzahlungsvereinbarungen, welche G. alle nicht einhielt.

G. fuhr weiterhin einen großen Amerikanerwagen, der nun ebenfalls gepfändet werden sollte. Dabei stellte sich heraus, daß dieser Privatwagen einem Freund gehörte. Ein über 6 Monate alter entsprechender Kaufvertrag zwischen dem Freund und G. konnte vorgewiesen werden, ebenso eine Quittung für den Kaufpreis von Fr. 6000. Es stellte sich später heraus, daß diese Quittung über 6 Monate vordatiert worden war, und daß der Freund keinen Kaufpreis bezahlt hatte. Beide behaupteten, daß die Weiterbenutzung des Wagens durch G. als Freundesdienst vereinbart worden sei, wobei G. die Kosten für Versicherung, Unterhalt und Benzin übernehme. Auf die Androhung der Pfandverwertung drohte G., eine Stunde vor Eintreffen des Pfändungsbeamten alle Maschinen zu demolieren, indem er Schraubenschlüssel statt Papier durch die Druckwalzen laufen lasse. Sodann werde er den Pfändungsbeamten verprügeln.

Analyse des Sachverhaltes

- Betreibung auf Pfändung
- fiktiver Verkauf des pfändbaren Autos an Freund
- Vordatierung des Kaufvertrages (wegen paulianischer Anfechtungsfrist gemäß SchKG Art. 285 ff.)
- Weiterbenutzung des Autos durch den Schuldner G. „Freundesdienst"
- Drohung mit Zerstörung pfändbarer Gegenstände

Strafrechtliche Erfaßbarkeit

- Art. 251 Urkundenfälschung (Vordatierung Kaufvertrag)
- Art. 147 Abs. 1 Veruntreuung und Entzug von Pfandsachen
- Art. 285 Gewalt und Drohung gegen Behörden und Beamte

87

Sofern Verlustscheine ausgestellt sind:

- Art. 164 Ziff. 1 Abs. 3 Pfändungsbetrug (Vermögen zum Schein vermindern)
- Art. 164 Ziff. 1 Abs. 2 Pfändungsbetrug (Vermögensstücke beschädigt ...)

Fall 19: Kunststoffwerk Horgen AG (KWH)

Sachverhalt

Mit dem leeren Mantel einer inaktiven, nicht mehr Buch führenden Aktiengesellschaft mit einem nicht mehr vorhandenen, jedoch eingetragenen Aktienkapital von Fr. 200 000. – wurde durch bloße Namensänderung eine Firma der Kunststoffbranche gegründet. Die besagte AG-Vorgängerin war übrigens schon früher in diverse Strafverfahren verwickelt gewesen. Die neue AG kaufte als erstes auf Abzahlung zum Preise von Fr. 150 000. – die Produktionsmaschinen einer konkursiten Firma, deren Niedergang übrigens auf die Unrentabilität dieser Maschinen zurückzuführen war. Über einen ersten Reitwechsel beschaffte sich die neue Firma das Geld für die Anzahlung. Das nicht vorhandene Aktienkapital wurde über eine Buchkonstruktion liberiert, indem man die auf Abzahlung gekauften Maschinen um Fr. 200 000. – aufwertete. Obschon das besagte Unternehmen von Anfang an konkursreif war, wurden postwendend Reitwechsel im Rahmen von rund 1 Million Franken ausgestellt und zum Plazieren an äußerst dubiose Elemente ausgegeben, die sich ihrerseits an andere Wechselakrobaten wandten und welche allesamt mit unglaublichen, ja geradezu irrsinnigen Abrechnungen operierten. Natürlich hatte man nicht unterlassen, sofort nach der Neugründung der AG beim Betreibungsamt eine Auszug zu beschaffen (welcher natürlich noch blank war). Der Auszug wurde vervielfältigt und zum besseren Absatz der kriminellen Wechsel mitgeliefert.

Herr X., Bevollmächtigter der KWH wußte, daß Ende Oktober 1967 die KWH infolge ungenügenden Umsatzes nicht in der Lage war, ihre großen Verbindlichkeiten ordnungsgemäß zu regeln. Er sollte dennoch nach eigenem Ermessen und mit Einzelunterschrift diverse Finanzierungen durchführen.

Mit KWH-Wechseln vom 31. Oktober, 20. und 22. November 1967 im Nominalwert von Fr. 70 000. – und drei alten KWH-Akzepten erwarb X. zwei wertlose Schuldbriefe von je Fr. 50 000. – im 4. und 5. Rang, welche auf einer Liegenschaft der Sennefelder Offsetdruck AG hafteten, welche im Dezember 1967 in Konkurs fiel.

Gegen KWH-Akzepte von nominal Fr. 360 000. – beschaffte X. 730 bzw. 830 Holiday-Zertifikate.

In der Zeit vom Februar bis April 1968 setzte er zur Beschaffung von Bargeld KWH-Obligationen in großer Zahl zu ungünstigen Bedingungen in Umlauf, von denen sich zur Zeit der Konkurseröffnung der Gesellschaft (d. h. am 2. Mai 1968) noch mindestens 299 Titel zu Fr. 57 000. – (total Fr. 1 495 000. –) im Umlauf befanden.

Analyse des Sachverhalts

- Strohmänner für Übernahme und Betrieb
- Kauf eines leeren Aktienmantels
- Bilanzmanipulationen durch Aufwertung von Maschinen (OR 960)
- Kreditbeschaffung über Wechsel, Obligationen (OR 978) etc.
- Herausziehen von Geld, Beispiele: Saläre, Spesen, Kundengeschenke, Kommissionen; keine Darlehen, da im Konkurs rückforderbar

Strafrechtliche Beurteilung

- Art. 165 leichtsinniger Konkurs + Art. 172 Abs. 1
- Art. 148 Betrug?
- Art. 159 ungetreue Geschäftsführung?
- Art. 251 Urkundenfälschung?
- Art. 152 unwahre Angaben über Handelsgesellschaften und Genossenschaften?

Das Bezirksgericht Zürich sprach X. am 3. Juli 1972 des leichtsinnigen Konkurses im Sinne von Art. 165 Ziff. 1 in Verbindung mit Art. 172 Abs. 1 StGB schuldig und bestrafte ihn, unter Gewährung des bedingten Strafvollzugs und unter Anrechnung von 16 Tagen Untersuchungshaft, mit drei Monaten Gefängnis.

Das Obergericht des Kantons Zürich bestätigte am 18. März 1975 diesen Entscheid. Eine dagegen eingereichte Nichtigkeitsbeschwerde des X. hat das Kassationsgericht des Kantons Zürich mit Beschluß vom 1. September 1975 gutgeheißen, das Urteil des Obergerichtes vom 18. März 1975 in bezug auf den Angeklagten aufgehoben und die Sache zur Beweisergänzung und Neubeurteilung im Sinne der Erwägungen an das Obergericht zurückgewiesen.

Dieses hat weisungsgemäß die Sache neu beurteilt und eine Verschlimmerung der Vermögenslage der KWH durch Ankauf von Holiday-Zertifikaten verneint. Im übrigen hat es den Schuldspruch bestätigt und die Gefängnisstrafe auf zwei Monate herabgesetzt. Was die restlichen Anklagepunkte betrifft, verweist das Obergericht auf das frühere Urteil vom 18. März 1975.

Der Kassationshof des Schweiz. Bundesgerichtes wies 1976 die eidg. Nichtigkeitsbeschwerde ab.

Fall 20: Ausplündern einer Gesellschaft[3]

Zu einem schon betagten Inhaber eines mittleren Betriebes kam der Abgesandte einer ausländischen Unternehmung und bot ihm Zusammenarbeit, oder noch besser Beteiligung an, um den Betrieb zu modernisieren und die Kapazität zu erhöhen. Einzige Bedingung der ausländischen Firma: Einer ihrer Vertrauten muß die Einzelprokura erhalten und mit allen Vollmachten des Unternehmens ausgestattet werden. Dem alternden Fabrikanten, der sich schon lange zur Ruhe setzen will und sich einen geeigneten Nachfolger wünscht, kommt dieses Angebot gelegen; auch erweckt das forsche Auftreten des smarten Geschäftsmannes sein Vertrauen. Da auch die Bankauskünfte stimmen, ist man bald handelseinig. Der neue Prokurist zieht in das Unternehmen ein, und die Gelder fließen. Alles läuft zunächst nach Wunsch — aber nicht lange. Eines Tages ertappt der Seniorchef seinen neuen Prokuristen dabei, wie er im Namen der Firma eigenwillige Geldgeschäfte macht, die mit dem Betrieb nicht das Geringste zu tun haben. Vor allem verpflichtete der Prokurist die Firma durch von ihm per procura gezeichnete Wechselakzepte.

Der Seniorchef weist darauf dem Prokuristen die Tür und übernimmt selbst wieder die alleinige Geschäftsleitung. Jedoch schon nach kurzer Zeit werden ihm Wechsel präsentiert, die der Prokurist für die Firma akzeptiert hatte und die den Wert des Unternehmens erheblich überstiegen. Der Prokurist hatte diese Wechsel bereits längst im Namen der Firma durch Diskontierung zu Geld gemacht, das er durch Mittelsmänner verschoben hatte.

Das Ende solcher Wirtschaftskriminalfälle: Zusammenbruch des soliden Unternehmens, Vernichtung der Lebensarbeit des Unternehmers, oftmals dessen Selbstmord. Die Gangster haben sich längst ins Ausland abgesetzt.

Analyse des Sachverhaltes

- Die Firma geht gut, der Inhaber hat Nachfolgeprobleme.
- Die Täter offerieren eine Beteiligung zwecks Ausbau und Modernisierung und weisen ihre Finanzkraft mit erschlichenen Bankauskünften nach.
- Ein Täter erhält die Prokura für die Firma.
- Der Täter avaliert Wechsel oder stellt solche aus.
- Die Täter diskontieren die Wechsel und kassieren.
- Die kassierten Beträge werden verschoben.

---

3 Vgl. Neflin, Wirtschaftskriminalität, Eine Warnung vor Schwindlern und Betrügern, 1971, S. 55/56.

7.7 Strafrechtliche Erfaßbarkeit

Mit Bähr läßt sich sagen, daß die Mehrheit der Insolvenzen in ihrem Endstadium krimineller Natur sind. Aus den nachfolgend genannten Gründen werden aber Konkursdelikte nur zu einem kleinen Teil aufgedeckt[4]:

Eine beträchtliche Zahl von Konkursen werden eröffnet und mangels genügender Aktiven sofort wieder eingestellt. Die Strafverfolgungsbehörden erhalten jedoch nur Unterlagen von bearbeiteten Konkurs- oder Vergleichsverfahren. Die größere Zahl dieser sogenannten stillen Insolvenzen findet deshalb nur dann strafrechtliche Berücksichtigung, wenn von irgend einer Seite substanziert Strafanzeige erstattet wird.

Ferner werden eine Anzahl von Konkursanträgen infolge hoher Kostenvorschüsse zurückgezogen. Diese Fälle sinken in den Untergrund der still schwelenden Insolvenzen zurück. Ebenso sieht sich die Masse der Gläubiger außerstande, zu erkennen, daß der konkursite Geschäftspartner sie betrügerisch geschädigt hat. Eine einzelne Betrugsanzeige gegen einen Geschäftsmann hat auch wenig Aussicht auf Erfolg. Selbst wenn die Bezirksanwaltschaft die Untersuchung einleitet, endet ein solches Verfahren nicht selten mit einer Einstellung oder einem Freispruch mangels Beweisen. Man kann die Betrügereien in einem Konkurs gegenüber Lieferanten und Kreditgebern nur dann erfassen, wenn die gesamte Übersicht über den Betrieb vorliegt. Dies stellt jedoch hohe Anforderungen an die Ermittlungsbeamten (vgl. Kapitel 14).

---

4 Bähr: Wirtschaftskriminalität-Sachverständigengutachten, in Kriminologische Schriftenreihe, Band 43, 1969, S. 17 ff.

8. Fiskaldelikte

8.1 Problemkreis

Zu den Aufgabenbereichen einer staatlichen Verwaltung gehören auch die Finanzen. Der Staat tritt dabei gegenüber den Bürgern und den Unternehmen als Fiskus auf, meistens als Nehmender (z. B. Steuern), seltener als Gebender (z. B. Subventionen).

Wir wollen nachfolgend drei Teilbereiche auswählen, die für Fiskaldelikte besonders anfällig sind:

- Der Fiskus als Bezüger von Steuern, Abgaben (WUST, AHV), Zöllen;
- Regelung des eigenen Zahlungsverkehrs mit dem Ausland (Devisengesetzgebung)
- Der Staat als Subventionsgeber, allenfalls über einen Fonds z. B. einen supranationalen Fonds, wie die Agrarkasse der EG

Steuerdelikte sind keine Erscheinungen des modernen Zeitalters. Der Staat war schon früher genötigt, Steuerdelikte unter Strafe zu stellen. Platon hat sich in seinem Werk „Die Gesetze" mit der Frage befaßt, was mit dem Freien zu geschehen habe, der die Beiträge für Opferfeste oder für Kriege nicht leiste. Wir wissen, daß in China schon vor zweitausend Jahren auf Steuerhinterziehung die Todesstrafe stand. Das römische Recht sühnte die schuldhafte Hinterziehung von öffentlichen Abgaben mit Geldstrafen. Nach kanonischem Recht wurde der Steuerdelinquent sogar mit Exkommunikation bestraft. Auch in den ältesten zürcherischen Steuergesetzen finden sich Bestimmungen über Steuerstrafen[1].

Hinterziehung von Steuern und Abgaben schädigt den Staat. Dennoch wird ein Steuerdelikt nicht im gleichen Lichte gesehen wie etwa ein Diebstahl. Das öffentliche Interesse am vollständigen und rechtzeitigen Eingehen der Steuern berührt den einzelnen Bürger nur mittelbar. Demgegenüber entspringen die Strafrechtsnormen des Diebstahles einem Schutzbedürfnis des einzelnen Bürgers.

Zudem erscheint dem Einzelnen die Steuer als Ergebnis eines positivistischen gesetzgeberischen Machwerkes, für das es zwar genügend einleuchtende Argu-

---

1 Zuppinger: Der Steuerbetrug unter Berücksichtigung des zürcherischen Rechtes, in ZStR 1975.

mente wie Steuergerechtigkeit usw. gibt, das sich aber in einer komplexen Fülle von Vorschriften präsentiert. Vielfach werden diese Vorschriften laufend verändert, was dem Einzelnen demonstriert, daß man „es" so oder auch anders regeln kann. Dies fördert die Neigung, das komplexe Normengebilde zum eigenen Vorteil zu strapazieren. Der Kampf gegen den Steueranspruch bekommt etwas von der Herausforderung einer Denksportaufgabe, und der Steuerbetrüger stößt bei Vielen auf Verständnis, da Steuerhinterziehung als Kavaliersdelikt gilt. Die Steuerbehörden ernten ihrerseits bei der Verfolgung und Bestrafung von Steuerdelikten oft mehr Ärger und Verdruß als Erfolg und Anerkennung.

8.2 Steuer- und Abgabedelikte

8.2.1 Wirtschaftliche Bedeutung

Die Steuern stellen meistens die Haupteinnahmequelle des Staates dar. Die gesamten Steuereinnahmen von Bund, Kantonen und Gemeinden betrugen 1981 ca. 37 Milliarden Franken[2].

Eine Ahnung vom Umfang der Steuerhinterziehung ergibt die Steueramnestie von 1969: Damals meldeten die Schweizer Steuerpflichtigen ca. 11,5 Mrd. Franken hinterzogenes Vermögen (Schwarzgeld)[3].

Der Bundesrat machte in seinem Bericht über Maßnahmen zur Bekämpfung der Steuerhinterziehung 1984 u. a. folgende Angaben:

„Nach wie vor ist der Bundesrat nicht in der Lage, die auf Grund der Hinterziehung entstehenden Steuerausfälle einigermaßen zuverlässig zu beziffern. 1980 bis 1982 gingen bei den kantonalen Verwaltungen für die direkte Bundessteuer insgesamt 90 Anzeigen wegen Steuerbetruges ein, der seit einigen Jahren mit Gefängnis oder mit Buße bis zu 30 000 Franken bedroht ist. Allerdings hat die Mehrzahl der Kantone von der Möglichkeit, den Steuerbetrug strafrechtlich zu ahnden, bisher noch keinen Gebrauch gemacht. Trotzdem glaubt der Bundesrat, daß die Zeiten, da schwere Steuervergehen als ‚Kavaliersdelikte' galten, endgültig vorbei sind[4]." Interessant sind einige statistische Angaben aus dem zitierten Bericht:

---

2 Statistisches Jahrbuch der Schweiz, 1983, S. 421.
3 Bericht des Bundesrates über die Steueramnestie 1969 vom 1. 6. 1972.
4 Bericht des Bundesrates über Maßnahmen zur Bekämpfung der Steuerhinterziehung vom
   19. Dezember 1983.

Anzahl der Hinterziehungsverfahren der Direkten Bundessteuern (1982):

Verfahren wegen vollendeter Hinterziehung	1982
Verfahren wegen versuchter Hinterziehung	280
Total Hinterziehungsverfahren	2262

Aufteilung der Hinterziehungsverfahren nach Gruppen von Steuerpflichtigen

Teilt man die Hinterziehungsfälle in die Gruppen „Juristische Personen", „Selbständigerwerbende" sowie „Unselbständigerwerbende und Rentner" auf, ergibt sich folgende Zusammenstellung:

Gruppe	Hinterziehungsfälle		
	Anteil der Gruppe an der Gesamtzahl der Hinterziehungs-verfahren in % (gerundet)	Durchschnittlich nachbesteuerter(s) Gewinn bzw. Einkommen pro Berechnungsjahr und Fall Fr. (gerundet)	Anteil der Gruppe an der Gesamtzahl der Steuerpflichtigen in % (gerundet)
Juristische Person	2	72 300	5
Selbständigerwerbende (inkl. Landwirte)	23	17 000	10
Unselbständigerwerbende und Rentner	75	7 800	85
	100		100

Geht man von den Hinterziehungsfällen aus, so nimmt sich der Anteil der juristischen Personen mit 2 Prozent bescheiden aus im Vergleich zu den Selbständigerwerbenden oder gar zu den Unselbständigerwerbenden und Rentnern. Es gilt aber zu bedenken, daß der Anteil der juristischen Personen an der Gesamtzahl der Pflichtigen der direkten Bundessteuer lediglich 5 Prozent ausmacht, die Unselbständigerwerbenden und Rentner hingegen einen Anteil von 85 Prozent ausweisen.

Für den Kanton Zürich teilte die Kant. Finanzdirektion u. a. mit:

Die von den Steuerbehörden festgestellten Fiskaldelikte haben erneut zugenommen. In den Jahren 1981 und 1982 mußten insgesamt gegen 3427 Steuerpflichtige wegen Steuerwiderhandlung, insbesondere wegen Nichteinreichung der Steuererklärung oder wegen Hinterziehungsversuches, Bußen zwischen 30 und 20 000 Franken ausgefällt werden. In den beiden Jahren wurde zudem gegen 777 Steuerpflichtige ein Nach- und Strafsteuerverfahren durchgeführt. Der Gesamtbetrag der in Nach- und Strafsteuerverfahren veranlagten Staats- und Gemeindesteuern hat im Jahre 1981 rund 8 Millionen, im Jahre 1982 rund 7 Millionen Franken betragen[5].

Interessant ist eine Schätzung im „Der Spiegel" vom 4. 1. 1971, Bundesrepublik Deutschland, wonach 1970 Deutsche Bundesbürger insgesamt ca. 5 Mrd. DM in Steuerparadiese wie Liechtenstein und die Schweiz verschoben.

8.2.2 Rechtsgrundlagen

Verwaltungsrecht

Das Steuer- und Abgabenrecht gehört zum Staats- und Verwaltungsrecht. Es bildet in der Schweiz ein komplexes, sich laufend veränderndes Gesetzeswerk der Gemeinden, Kantone und der Eidgenossenschaft.

Auf Bundesebene bestehen u. a.

- BG über die direkten Steuern von 1940
- BG über die Stempelabgaben von 1973
- BG über die Verrechnungssteuern von 1965

Die einzelnen Kantone haben ihre eigenen Steuergesetze, z. B. Zürcher Steuergesetz von 1951.

Strafrecht

Zum Steuerstrafrecht gehören alle Normen, welche die Aufrechterhaltung der Steuerordnung mittels Strafen bezwecken. Es geht um den „Schutz des staatlichen Steueranspruches" gemäß Steuergesetz und die „Wahrheit und Vollständigkeit bei der Feststellung der zur Herbeiführung der gesetzmäßigen Steuerbelastung wesentlichen Tatsachen"[6].

Die Strafe ist das einzige Mittel, das im Steuerstrafrecht zwecks Einhaltung der Steuerordnung zur Verfügung steht. Wie im gemeinen Strafrecht dienen die Steuerstrafen zunächst der Prävention; sie sollen den Steuerpflichtigen vor einer Verletzung der steuerlichen Pflichten abschrecken. Hinzu kommt die Funktion der Sühne. Dies gilt sowohl für die Kriminalstrafe als auch für die Strafsteuer und die Bußen. Der Strafsteuer kommt zusätzlich Schadenersatz-

---

5 Tages-Anzeiger vom 3. 6. 1983.
6 Zuppinger a. a. O., S. 117/118 mit dort zitierten Autoren.

funktion zu. Im zürcherischen Steuerstrafrecht werden deshalb die gerichtliche Bestrafung wegen Steuerbetruges und die Erhebung einer Strafsteuer kumuliert.

Entsprechend den Objekten, die es zu schützen gilt, unterscheidet die Steuerrechtswissenschaft folgende Steuerdelikte:

- Die Ordnungswidrigkeiten oder Steuerwiderhandlungen. Es handelt sich hier hauptsächlich um die Ahndung der Verletzung von Verfahrenspflichten.
- Die Steuerhinterziehungen oder Steuerverkürzungen, die aufgrund unwahrer Angaben oder durch Verletzung von Verfahrenspflichten erwirkt wurden.
- Die Steuergefährdung (versuchte Steuerhinterziehung).
- Steuerbetrug als das schwerste Delikt, ungenau auch als qualifizierte Steuerhinterziehung bezeichnet[7].

Der Vorbehalt von StGB Art. 335

Das Schweizerische Strafgesetzbuch enthält keine Straftatbestände verwaltungs- oder steuerrechtlicher Natur. In StGB Art. 335 Ziff. 1 Abs. 2 wird die Normierung des Verwaltungsstrafrechtes, soweit es sich nicht um Bundesverwaltungsrecht handelt, und in StGB Art. 335 Ziff. 2 die Legiferierung auf dem Gebiete des kantonalen Steuerstrafrechtes den Kantonen überlassen[8].

Für die im Gesetz über die direkten Steuern geordneten Straftatbestände, die als Übertretungen oder als Vergehen behandelt werden, sind ergänzend die Bestimmungen des StGB heranzuziehen. Denn der Steuergesetzgeber verwies in Steuergesetz § 186 Abs. 1 und 193 Abs. 1 unmittelbar auf das StGB und bestimmte selber die Abweichungen vom eidgenössischen Recht. Diese Gesetzgebung – Steuergesetz einschließlich Verweisungen auf das Schweizerische Strafgesetzbuch – geht als lex specialis der lex generalis – Einführungsgesetz – vor.

Steuerbetrug

Steuerbetrug liegt vor, wenn bei einer Steuerhinterziehung gefälschte, verfälschte oder inhaltlich unwahre Urkunden zur Täuschung gebraucht werden. Der Steuerbetrug ist somit eine qualifizierte Form der Steuerhinterziehung. Ähnliche Wortlaute finden sich im Bundesgesetz über die direkten Steuern

---

7 Zuppinger a. a. O., S. 118/119.
8 Zuppinger a. a. O., S. 115.

(früher Wehrsteuergesetzgebung) Art. 130 bis und bei den meisten Kantonen, z. B. § 192 des Zürcherischen Steuergesetzes. Unklar formuliert liegt nach dem neuen Verwaltungsstrafgesetz Art. 14 Abs. 2 Abgabebetrug vor (gilt für alle übrigen Bundessteuern), wenn der Täter durch sein arglistiges Verhalten bewirkt, daß dem Gemeinwesen unrechtmäßig eine Abgabe vorenthalten wird.

Bezüglich Urkundenfälschung ist zu beachten, daß eine solche zum alleinigen Zweck der Begehung eines Steuerdeliktes gemäß Praxis des Bundesgerichts (z. B. BGE 103 IV 36) nur nach der milderen Spezialbestimmung des Steuerstrafrechtes bestraft wird. Dient jedoch die Urkundenfälschung auch andern als nur steuerlichen Zwecken, so kommt zusätzlich StGB Art. 251 (Urkundenfälschung) zur Anwendung.

8.2.3 Kriminelle Anwendung

Die Unrechtswertung im Steuerrecht leidet darunter, daß der Konflikt meistens nicht auf der Ebene von Fakten und Tatsachen, sondern im Bereiche der Interpretation einzelner Steuervorschriften liegt. Dies gilt ganz besonders bei der sogenannten „Internationalen Steuerflucht". Die Spannweite reicht von klarer Steuerhinterziehung bis zur legalen Ausschöpfungen von Möglichkeiten.

Eindeutige Steuerhinterziehung liegt in den Fällen vor, in denen eine im Inland domizilierte Person entgegen der unbeschränkten Steuerpflicht, der sie ihr gesamtes Einkommen und Vermögen zu unterwerfen hat, ausländische Vermögenswerte und ihre Erträge vorsätzlich nicht versteuert. Zu denken ist beispielsweise an Konten bei ausländischen Banken (zusätzlicher Anonymitätsschutz durch Nummernkonti).

Ein weiteres Beispiel sind Privatpersonen, vor allem Künstler, Industrielle und neuerdings auch Sportprofis, die ihren Wohnsitz aus Hochsteuerländern wie Schweden, Bundesrepublik u. a. in Niedrigsteuerländer wie Monaco verlegen. Der Steuervorteil ist am Beispiel der Bundesrepublik leicht zu sehen. Durch den Wegzug des Steuerpflichtigen entfällt die unbeschränkte Steuerpflicht, die sich auf das Gesamteinkommen und Gesamtvermögen erstreckt. An ihre Stelle tritt die sogenannte beschränkte Steuerpflicht, die nur bestimmte in der Bunderepublik erzielte Einkünfte erfaßt und damit eine erhebliche Steuereinsparung bewirkt. So ist etwa für Kapitalerträge und Lizenzgebühren, die zuvor zum progressiven Steuersatz zu versteuern waren, nach dem Wohnsitzwechsel für Zinsen überhaupt keine und für Couponszinsen, Dividenden und Lizenzgebühren nur noch eine Abzugssteuer von 25% hinzunehmen, die im Verhältnis zur Schweiz durch das Doppelbesteuerungsabkommen sogar noch ganz oder teilweise aufgehoben wird. Die Problematik liegt auf der Ebene der internationalen Freizügigkeit und internationalen Gleichbehandlung[9].

Das nachstehende Schema zeigt das vereinfachte klassische Grundmuster einer Gewinnverschiebung aus der Bundesrepublik in die Schweiz.

Gewinnabschöpfung zwecks Steuerersparnis

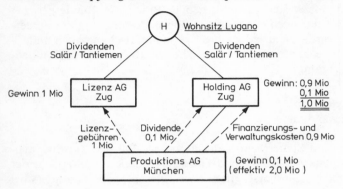

H. gründet in Zug eine Holding AG und eine Lizenz AG als Domizilgesellschaften mit entsprechend niedriger Besteuerung. Die Holding AG übernimmt die Aktien der Produktions AG, die Lizenz AG deren Patente. H. kontrolliert direkt oder über Strohmänner die beiden Zuger Gesellschaften.

Die effektiven Gewinne der Produktions AG werden nun mit allen möglichen Belastungen wie Lizenzgebühren, Finanzierungskosten, Verwaltungskosten u. a. reduziert und in die Zuger Gesellschaften verschoben. Ergebnis: Geringere Steuern in München und geringe Steuern in Zug. Die Steuern in Lugano kann H. beeinflussen, indem er seine Dividendenbezüge verändert.

Fall 21: Spesenrechnung

Der Kellner erhält ein hohes Trinkgeld und stellt dafür eine überhöhte Spesenquittung aus. Damit kassiert entweder der Spesenmacher höhere Spesen bei seiner Gesellschaft und/oder profitiert von höheren Steuerabzügen. Neflin schätzt für die Bundesrepublik, daß so jährlich für 250 Mio. DM an Steuergeldern verloren gehen[10].

---

9 Debatin: Das Steuerstrafrecht im allgemeinen Rechtsbewußtsein, in Wirtschaftskriminalität-Sachverständigengutachten, Kriminologische Schriftenreihe Band 43, 1960, S. 54.

10 Neflin: Wirtschaftskriminalität, Eine Warnung vor Schwindlern und Betrügern, 1971, S. 67.

Fall 22: Bauunternehmer-Steuerfall

In den Jahresrechnungen 1975 – 1977 der von ihm selbst geführten Firma sowie des seinem Freund K. als Geschäftsführer anvertrauten Unternehmens hatte der Hauptangeklagte B. fiktive Rechnungen in den Passiven der Bilanzen sowie fiktive Aufwandposten in den Ertragsrechnungen eingesetzt, um Ertrags- und Kapitalsteuern zu vermindern. Dies tat er in derart massiver Weise, daß er gemäß Berechnungen des Bezirksanwalts nur 16 bzw. 14 Prozent vom Gewinn der beiden Firmen und 10 Prozent seines Privateinkommens versteuerte und damit in drei Jahren total fast Fr. 12 Mio. nicht angegeben hat. Da der 43jährige „Selfmademan", der sich vom gelernten Zimmermann zum erfolgreichen Generalunternehmer mit vier eigenen Firmen und mehreren Beteiligungen emporgearbeitet hatte, nach rezessionsbedingten Rückschlägen wieder über ein Einkommen um Fr. 150 000 und über ein Vermögen von mehreren Millionen verfügte, konnte er den riesigen Nachsteuerbetrag nach kurzer Zeit dem Steueramt abliefern. Um eine noch saftigere Strafsteuer kam er herum, weil bei Entdeckung die Steuereinschätzungen noch nicht rechtskräftig waren.

In die Manipulationen waren zwei außenstehende Firmen verwickelt, eine Haus-Verkaufs GmbH in der Bundesrepublik, die mit Geschäftsführer K. „mitmischelte", und der in Konkurs gegangene Küderli-Konzern, dessen Finanzchef S. dem von B. selbst geleiteten Unternehmen Armierungseisen lieferte und dazu meinte: „Wir haben unseren Kunden hie und da geholfen". Seine Hilfe bestand darin, daß er „rückdatierte Vorausrechnungen" ausstellte, was heißt, daß er zum Beispiel im Dezember 1975 dem B. 23 Rechnungen im Betrag von fast 4,2 Millionen für angeblich geliefertes Armierungseisen stellte, so daß B. diese Schuld gegenüber den Steuerbehörden ausweisen konnte; im folgenden Jahr wurden die finanziellen Verhältnisse dann wieder bereinigt.

Der Bezirksanwalt wertete dies als Urkundenfälschung und Steuerbetrug im Betrag von 2,3 Mio. Fr. für B. bzw. von rund 500 000 Fr. für K. Er beantragte für den Unternehmer B. 20 Monate Gefängnis und 15 000 Fr. Buße, für den Geschäftsführer K. 6 Monate Gefängnis und 10 000 Fr. Buße und für den Finanzchef S. wegen Gehilfenschaft ein Jahr Gefängnis und 1000 Fr. Buße[11].

8.2.4 Strafrechtliche und verwaltungsrechtliche Erfaßbarkeit

Steuer- und Abgabedelikte gegen den eidgenössischen Fiskus sind aufgrund der Strafbestimmungen in den einschlägigen Nebengesetzen erfaßbar, insbe-

---

11 Tages-Anzeiger vom 24. 1. 1981.

sondere das neue Verwaltungsstrafgesetz (VStR) von 1974[12]. Gemäß BGE 104 IV 125 durchbricht eine Steuerstrafuntersuchung gegen Bankkunden das Bankgeheimnis.

Zwischenstaatlich bestehen diverse Doppelbesteuerungsabkommen. Sodann ist das neue Rechtshilfegesetz (IRSG) von 1981 zu beachten[13]. Grundsätzlich schließt zwar die Schweiz die fiskalischen Delikte im weiten Sinne gemäß ISRG Art. 3 Abs. 3 von der Rechtshilfe aus. Als wichtige Ausnahme kann jedoch Rechtshilfe bei Abgabebetrug in einem ausländischen Staat gewährt werden. Der Verweis auf die unpräzise Formulierung des Abgabebetrugs in VStR Art. 14 Abs. 2 hat allerdings Unsicherheit bei der Anwendung geschaffen.

Im Prinzip ist der einzelne Staat, manchmal sogar der Kanton, nur an eigenen Steuereinnahmen interessiert. Er schützt deshalb meistens einen bei ihm korrekt steuernden Steuerhinterzieher aus einem andern Land gegen Fiskaluntersuchungen des andern Landes.

8.3 Zollvergehen

8.3.1 Wirtschaftliche Bedeutung

Zölle bilden eine wichtige Einnahmenquelle des Staates. 1983 betrugen die schweizerischen Zolleinnahmen total 3,4 Mrd. Franken. Die Zölle sind auch ein Mittel der staatlichen Wirtschaftspolitik und ermöglichen in einem gewissen Umfange die Steuerung der Wirtschaft, z. B. durch hohe Importzollschranken für ausländische Produkte. Eine Umgehung schädigt also den Staat in doppelter Hinsicht: Einnahmenausfall und Schädigung inländischer Wirtschaftszweige.

8.3.2 Rechtsgrundlagen

Staats- und Verwaltungsrecht, insbesondere das BG über das Zollwesen von 1925 und die komplexe, sich laufend verändernde Sammlung von Verordnungen, Bundesratsbeschlüssen u. a. sowie internationale Zollfreiabkommen, z. B. EFTA.

---

12 Bundesgesetz vom 23. 3. 1974 über das Verwaltungsstrafrecht (VStR), AS 1974 1857, SR 313.0.
13 Bundesgesetz vom 20. 3. 1981 über internationale Rechtshilfe in Strafsachen (Rechtshilfegesetz (IRSG)), AS 1982 846, SR 351.1 und Verordnung vom 24. 2. 1982 über internationale Rechtshilfe in Strafsachen (Rechtshilfeverordnung (IRSV)), AS 1982 878, SR 351.1.

Fall 23: Dieselöl

Die Kollektivgesellschaft A, Brennstoffe und Transporte, im Kanton Zürich, befaßte sich seit Jahren mit Warentransporten und nebenbei mit dem Handel mit Brennstoffen. A. war Gesellschafter und zugleich verantwortlicher Geschäftsführer der Firma.

Infolge Geschäftsrückganges geriet die Firma in eine angespannte Finanzlage. Um den Betrieb aufrechterhalten zu können, entschloß sich A. anfangs 1977 zu finanziellen Einsparungen, indem er für die über ein Dutzend firmaeigenen Dieselfahrzeuge anstelle von teurem Dieselöl teilweise niedrig verzolltes, preislich bedeutend günstigeres Heizöl verwendete. Zu diesem Zweck ließ er die bei Lieferungen an die Kundschaft in den Fahrzeugzisternen zurückgebliebenen Heizölrestmengen regelmäßig in den mit einer Zapfsäule verbundenen Dieselöltank ab. Ab dieser Zapfsäule wurden dann jeweils die Fahrzeuge mit dem Heizöl betankt. Zur Verschleierung der Heizölmißbräuche setzte A. in den gemäß Art. 20 der Zollvorschriften periodisch bei der Oberzolldirektion einzureichenden Formularen „Meldungen an die Eidg. Oberzolldirektion über den Verkehr mit Heizöl" fiktive Lieferungen an Heizölkunden ein.

Innert 4 Jahren verwendete A. insgesamt mindestens 240 000 Liter zollbegünstigtes Heizöl mißbräuchlich zu motorischen Zwecken. Auf dieser Menge lasteten an hinterzogenen Einfuhrabgaben ca. Fr. 133 000. – Zoll/Zollzuschlag sowie ca. für Fr. 10 000. – stat. Gebühr und Warenumsatzsteuer.

Das Bezirksgericht Pfäffikon (Zürich) erkannte 1980 A. schuldig

- in Anwendung der Art. 14 Abs. 2 und 3, 21 und 73 ff. VStrR einer Widerhandlung im Sinne des Bundesgesetzes vom 22. März 1974 über das Verwaltungsstrafrecht,
- in Anwendung der Art. 52 und 53 WUStB einer Widerhandlung gegen den Bundesratsbeschluß vom 29. Juli 1941 betreffend die Warenumsatzsteuer,
- in Anwendung der Art. 74 Ziff. 11, 75 und 82 Ziff. 2 ZG einer Zollwiderhandlung im Sinne des Zollgesetzes vom 1. Oktober 1925.

Das Urteil lautete auf 6 Monate Gefängnis mit bedingtem Strafantritt bei einer Probezeit von 3 Jahren und eine Buße von Fr. 40 000. – [14].

---

14 Urteil des Bezirksgerichtes Pfäffikon ZH von 1980, nicht publiziert.

8.4 Devisenvergehen

8.4.1 Wirtschaftliche Bedeutung

Für Länder mit einer teilweisen Zwangsbewirtschaftung ist die Kontrolle des internationalen Zahlungsverkehrs von großer Bedeutung. Damit soll das Abfließen eigener Gelder ins Ausland verhindert oder die Verschuldung in Fremdwährungen in festgesetzten Grenzen gehalten werden.

Die Schweiz als Land mit traditionell freiem Zahlungsverkehr hat erst in neuerer Zeit einzelne Bereiche im Devisenverkehr gesetzlich geregelt.

8.4.2 Rechtsgrundlagen

Staats- und Verwaltungsrecht, z. B. Devisenverordnungen. In der Schweiz zum Teil Konjunkturdämpfungsmaßnahmen, wie das Anlageverbot für Ausländer von 1973 (Negativzinsen), das im Januar 1979 wieder aufgehoben worden ist. Ähnlich die VO über die Einfuhr ausländischer Banknoten von 1976.

8.4.3 Kriminelle Anwendung

Devisenbeschränkungen führen immer wieder zu entsprechenden Umgehungen im Großen wie im Kleinen. Wie beim Zollvergehen scheint auch hier eine Art „Volkssport" vorzuliegen. Wenn z. B. Schweizer in ein Ferienland reisen, das die Einfuhr eigener Währung verbietet oder limitiert, kauft manch ein Tourist in der Schweiz zu günstigen Kursen „etwas" Noten des Ferienlandes und schmuggelt sie ohne Deklaration ein. Immer wieder bieten internationale große Geschäfte auch Möglichkeiten zu Devisenschiebereien und Ausländer bringen ihr Geld – nach den Gesetzen ihres Heimatstaates verbotenerweise – in die Schweiz in Sicherheit. Zeitweilig tauchten täglich Dutzende von Franzosen oder Italienern mit gefüllten Geldkoffern an den Einzahlungsschaltern von Schweizerbanken in schweizerischen Grenzstädten auf.

Fall 24: Französische Zöllner

Dieser Fall erregte großes Aufsehen, da französische Behörden versuchten, französische Devisendefraudanten unter Verwendung von deliktischen Mitteln in der Schweiz zu eruieren.

*Im November 1979 informierte S., ein Mitarbeiter der Schweiz. Bankgesell-
schaft (SBG), seine Vorgesetzten darüber, daß er von einem Franzosen er-
preßt werde. Er schilderte, daß der französische Zollbeamte R. von ihm die
Auslieferung von Informationen über französische Kunden der SBG verlange.
Einerseits habe man ihm für die Informationen Geld geboten; andererseits
werde ihm für den Fall, daß er nicht mitspielen wolle, von den französischen
Behörden am Ort seiner Zweitresidenz im Elsaß ein Verfahren wegen Auto-
diebstahls angedroht. Kurz nachdem ihn R. zum erstenmal kontaktiert habe,
seien auf dem Grundstück seines Elsässer Hauses gestohlene Wagen gefunden
worden, von deren Herkunft er keine Ahnung habe. Nach dieser Aussprache
informierte S. die Basler Polizei. Die beiden franz. Beamten R. und Sch. fuh-
ren in der Folge mehrmals mit französischen Dienstwagen zu Treffen mit S. in
die Schweiz.*

*In Zusammenarbeit mit der Polizei arrangierte S. auf den 15. April 1980 das
entscheidende Treffen mit den franz. Beamten im Bahnhofbuffet Basel. Wie
mit der Polizei vereinbart, stellte er gegenüber den beiden eine konkrete Geld-
forderung für die gewünschten Informationen. Im Laufe des Treffens wurden
die franz. Zöllner von Bundespolizisten verhaftet[15].*

Fall 25: Schweizer Bankier in Schweden

*Der Genfer Bankier H. hatte in Norwegen und Schweden Geschäfte gemacht.
Ende Oktober 1972 geriet er in Göteborg bei der Flugabfertigung nach Kopen-
hagen in die schwedische Ausreisekontrolle. Die genaue Gepäckdurchsuchung
ergab: 451 200 schwedische und 23 900 norwegische Kronen. Er weigerte sich,
die Geldgeber zu nennen, weil das „nach Schweizer Gesetz schwer bestraft
werde".*

*Unter Berufung auf das Schweizer Bankgeheimnis lehnte es H. auch ab, sein
Notizbuch zu entschlüsseln, in dem hinter den Namen von 50 schwedischen
(plus 50 norwegischen) Geschäftsherren sowie von zehn Damen aus begüter-
ten Familien Angaben in Geheimschrift standen.*

*Nach 25 Tagen Untersuchungshaft durfte sich der Schweizer ohne Reisepaß in
Göteborg wieder frei bewegen. Der Staatsanwalt hatte inzwischen nach den
schwedischen Geldgebern des H. gefahndet und war − anhand der Bandero-
len der bei H. gefundenen Geldbündel − auf eine Göteborger Bank gestoßen.*

*Schließlich erfuhr der Staatsanwalt sechs Namen, darunter den eines Multi-
millionärs, der sich kurz vor der Festnahme von H von der Göteborger Bank*

---

15 Tages-Anzeiger vom 14. 5. 1980.

300 000 Kronen hatte auszahlen lassen. Der behauptete, er habe mit H. nichts zu tun, für das Geld habe er Kunst kaufen wollen, aber noch längst nicht alles ausgegeben. Der Staatsanwalt möge ihn doch besuchen. Als der Staatsanwalt kam, wurden ihm 272 000 Kronen vorgeblättert.

Der Staatsanwalt stellte indesses fest, daß der Millionär dieses Geld erst nach der ersten Einvernahme zusätzlich abgehoben hatte. Er wurde deshalb nochmals vorgeladen. Nach einer Übernachtung in der Zelle gab der Millionär zu, H. 300 000 Kronen ohne Quittung zur Anlage in der Schweiz mitgegeben zu haben.

Mitte Februar verurteilte das Oberlandesgericht in Göteborg H. zu vier Monaten Gefängnis, fünf Jahren Wiedereinreiseverbot und Einzug der 451 200 Kronen.

Der Staatsanwalt glaubt, daß das Urteil ausländische Bankiers vor Schmuggelbeihilfe abschrecken wird [16].

Fall 26: Lireschmuggel (BGE 104 IV 270)

1976 führte der Österreicher R. in 15 Reisen insgesamt 180 Millionen Lire in 1000. –, 2000. – und 5000. – Lirenoten mit seinem Personenwagen von Italien in die Schweiz ein, wo er sie jeweils bei der Bank X. in St. Gallen in 100 000. –, 50 000. – oder 10 000. – Lirenoten umtauschte. Diese führte er dann wieder nach Italien aus und wechselte sie dort erneut in kleinere Lirenoten. Da die Bank die kleinern Lirenoten über ihrem Nennwert entgegennahm, ergab sich für R. aus diesen Transaktionen ein Gewinn.

Die Wechselgeschäfte bei der Bank X. wickelte R. stets mit dem Prokuristen B. ab, dem er jeweils telefonisch mitteilte, welchen Betrag an ausländischen Banknoten er zu welchem Zeitpunkt umzutauschen wünsche. B. stellte aufgrund dieser Meldungen die gewünschten großen Lirenoten bereit, so daß beim Eintreffen des R. in St. Gallen der Geldwechsel in kurzer Zeit abgewickelt werden konnte.

Strafrechtliche Beurteilung

Mit Strafbescheid vom 3. Januar 1977 sprach das Eidg. Finanz- und Zolldepartement (EFZD) R. der vorsätzlichen Widerhandlung gegen Art. 4 des BB vom 8. Oktober 1971 über den Schutz der Währung schuldig [17].

---

16 Weltwoche vom 20. 10. 1972.
17 Lireschmuggel: Nach Art. 1 Abs. 1 und Art. 2 der Verordnung über die Einfuhr ausländischer Banknoten ist es untersagt, ausländische Banknoten im Gegenwert von mehr als Fr. 20 000, –

Es verurteilte ihn zu einer Buße von Fr. 12 000. – . B. wurde der Gehilfenschaft zu den von R. begangenen strafbaren Handlungen schuldig gesprochen und zu Fr. 1000. – Buße verurteilt. 1978 bestätigte der Kassationshof des Schweiz. Bundesgerichtes den gegen R. und B. ergangenen Strafbescheid.

8.5 Subventionsdelikte

8.5.1 Problemkreis

Subventionen sind Zuschüsse des Staates (Fiskus) an natürliche oder juristische Personen im übergeordneten Allgemeininteresse. Subventionen stellen beim Empfänger einen (Teil-)Ersatz für Preise und Erlöse dar. Zweck der Subventionen ist z. B. die Förderung der Landwirtschaft (für Notzeiten), die Exportförderung (zur Auftragsbeschaffung für die Industrie und damit zur Arbeitsplatzsicherung), Verbilligung von Lebensmitteln für untere Einkommen, Förderung der öffentlichen Verkehrsmittel, des Sozialwohnungsbaues usw. Die Subventionsbeschlüsse sind meistens das Ergebnis eines Kompromisses zwischen den interessierten politischen und wirtschaftlichen Kreisen, insbesondere den Interessenverbänden.

8.5.2 Wirtschaftliche Bedeutung

Der fortlaufende Ausbau des Sozialstaates hat in den letzten Jahren die Subventionen und andere Formen der Staatsunterstützung (z. B. Steuererleichterungen, Befreiung von Zöllen) stark anwachsen lassen. 1982 betrug das Total aller Bundessubventionen ca. 5,3 Mrd. Franken.

Bund, Kantone und Gemeinden gewährten zusammen 1982 total für ca. 15 Mrd. Subventionen[18].

8.5.3 Rechtsgrundlagen

Die Rechtsgrundlagen finden sich im Staats- und Verwaltungsrecht mit einer großen Zahl von Bundesgesetzen, Verordnungen und Bundesratsbeschlüssen.

---

pro Person und Vierteljahr in schweizerisches Zollgebiet einzuführen. Widerhandlungen gegen diese Verordnungsbestimmungen sowie Versuch und Gehilfenschaft sind gemäß Art. 4 und 5 des BB strafbar.

18 Statistisches Jahrbuch der Schweiz, 1983, S. 431.

Im internationalen Bereich bestehen zwischenstaatliche bilaterale und multilaterale Abkommen, in der EG mit einer Flut von entsprechenden Erlassen.

8.5.4 Kriminelle Anwendung

Tiedemann unterscheidet

- Erschleichen direkter Subventionen
- Erschleichen indirekter (steuerlicher) Subventionen[19]

Täter kann nur sein, wer durch die unrichtige Behauptung, die Subventionierungsvoraussetzung zu erfüllen, eine Subvention erreicht oder anstrebt. Die Subventionsfolgekriminalität (Delinquenz der Subventionsbehörde) fällt unter die Treubruchdelikte (Unterschlagung, Bestechung u. a.).

Die Subventionsgesetze gewähren unter bestimmten Voraussetzungen einen Anspruch auf die Subvention. Jeder, der sie erfüllt, ist subventionsberechtigt. Die Beziehung zwischen Täter und Opfer (Staat) erfolgt somit ex lege. Ein Subventionsbetrüger hat es daher leichter als der normale Betrüger, der erst die Beziehung zum Opfer herstellen muß. Die Täter sind sich oft nicht bewußt, daß sie delinquieren. Der Bauer, der Landwirtschaftssubventionen beansprucht, meint vielleicht tatsächlich, daß jetzt die Reihe auch einmal an ihm ist, staatliche Gelder ohne Gegenleistung zu erlangen.

Unterstützt werden die Handlungen durch die eigenartige Gestaltung des Täter-Opfer-Verhältnisses. Primäres Opfer der Subventionsdelikte ist die Gemeinschaft, nicht der Einzelne. Zur Durchführung des Subventionsverfahrens setzt der Staat meistens entsprechende Fachgremien ein, z. B. im Landwirtschaftssektor das entsprechende Bundesamt. Diese Behörden unterscheiden sich von der übrigen Verwaltung dadurch, daß sie von ehemaligen Verbandsvertretern durchsetzt sind und Führungspositionen meistens von außen her besetzt werden. Besonders die untere Stufe einer solchen Behörde solidarisiert sich teilweise mit den oft nur emotional ansprechbaren Bauern.

Fall 27: Fleischkontingent (BGE 103 IV 27)

Wegen mengenmäßiger Beschränkung der Einfuhr von Fleisch und Schlachtvieh werden den Einfuhrberechtigten Kontingente nach Umsatz resp. Schlachtzahlen des Vorjahres zugeteilt (Art. 10 Schlachtviehverordnung von 1953, AS 1953, 1172ff.). Die Täter erschlichen sich ein zu hohes Kontingent an billigem

---

19 Tiedemann: Wirtschaftsstrafrecht und Wirtschaftskriminalität, Band 2, S. 76 ff.

Importfleisch, indem sie falsche Schlachtzahlen meldeten. Das billige Import-fleisch versahen sie sodann mit einem gefälschten holländischen Fleischstempel, der bekräftigte, daß das Fleisch von einem holländischen Schlachthof stamme. Ferner verwendeten sie mißbräuchlich den vom eidg. Veterinäramt an die zum Fleischexport nach England berechtigten Schlachthöfe abgegebenen Exportstempel.

Strafrechtliche Beurteilung

Der Kassationshof des Schweiz. Bundesgerichtes bestätigte 1977 die Verurteilung wegen Urkundenfälschung (Art. 251 Ziff. 1 StGB), lehnte aber Leistungsbetrug nach Art. 14 Abs. 1 VStR und Arglistigkeit i. S. von Art. 148 StGB ab.

Das Obergericht des Kantons Luzern verurteilte schließlich am 24. August 1977 den Täter I. wegen gewerbsmäßigen Betrugs (StGB Art. 148 Abs. 2), wiederholter und fortgesetzter Urkundenfälschung (StGB Art. 251 Abs. 1 und 2), Siegelbruch (StGB Art. 290), versuchter Anstiftung zu Urkundenfälschung, fortgesetzter Urkundenfälschung (VStR Art. 15 Abs. 1) und Erschleichen einer Falschbeurkundung (VStR Art. 15 Abs. 2) zu 18 Monaten Gefängnis bedingt mit einer Probezeit von 4 Jahren und mit Fr. 30 000 Buße.

Der Mitangeklagte K. wurde vor allem wegen Urkundenfälschung sogar mit einer Buße von Fr. 300 000 bestraft. 2 Mitarbeiter erhielten kleinere Strafen.

Fall 28: Mehrfachstipendien

Es gelang einem Studenten, gleichzeitig von 3 Stipendienfonds, nämlich einem Fonds des Kantons Zürich, einer Wohngemeindestiftung und einer kulturellen Vereinigung Stipendien zu erhalten, indem er gegenüber jedem Fonds die Bezüge von andern Fonds verschwieg. Das Total erlaubte ihm einen komfortablen Lebenswandel[20].

Im internationalen Bereich spielen insbesondere Exportbeihilfen eine Rolle. Gemäß Tiedemann haben zahlreiche zwischenstaatliche Vertragswerke wegen der Kompromißhaftigkeit und der manchmal dahinterstehenden Euphorie Großbetrügern Tür und Tor geöffnet, weil hinreichende Sicherungen gegen Mißbräuche fehlen. Er erwähnt u. a. folgende.

---

20 Dem Verfasser persönlich bekannter Fall.

Fälle aus dem EG-Bereich

- Brüsseler Ausrichtungs- und Garantiefonds für die Landwirtschaft in der EG.
Exportsubventionen für Drittländerexporte (z. B. nach Österreich). Schätzung: 10 – 20% = 1,3 – 2,6 Mrd. DM Mißbräuche, Straftaten oder Umgehung des Gesetzes, Ausnutzung von Verordnungslücken.

- Schrottausgleichssystem der Europäischen Gemeinschaft für Kohle und Stahl.
Ende 50er Jahre: mehr als die Hälfte aller Subventionszahlungen erschlichen.

- Internationales Kaffeeabkommen,
garantierte den kaffeeproduzierenden Entwicklungsländern für die traditionellen Absatzmärkte hohe Festpreise und ließ freie Preise nur für die Erschließung neuer Märkte zu.

Billiger New Market Kaffee wurde als Kontingentskaffee getarnt nach Europa eingeführt – Kaffeetransitgeschäfte, die nebst Schäden von mehreren Mio. DM auch das Weltmarktgefüge für Rohkaffee zeitweilig erschütterten[21].

8.5.5 Strafrechtliche Erfaßbarkeit

Die strafrechtliche Erfaßbarkeit ist durch die Strafbestimmungen in den entsprechenden Nebengesetzen gegeben. Im StGB selbst fehlen Straftatbestände für Subventionsdelikte.

Meistens ist Subventionserschleichung gekoppelt mit andern Delikten, z. B. Urkundenfälschung, unwahre Angaben über eine Handelsfirma.

---

21 Tiedemann: Internationale und vergleichende Aspekte der Wirtschaftskriminalität, in Aktuelle Beiträge zur Wirtschaftskriminalität, 1974, Seiten 114/115.

9. Wettbewerbsdelikte

9.1 Problemkreis

Die Konkurrenz zwischen einzelnen Wirtschaftssubjekten ist wesentlicher Bestandteil unseres Wirtschaftssystems. Grundsätzlich ist davon auszugehen, daß die Konkurrenz erlaubt ist, jedenfalls in einer freien Marktwirtschaft. In der Schweiz gilt die in Art. 31 der Bundesverfassung garantierte Handels- und Gewerbefreiheit, allerdings mit einer Reihe von Einschränkungen. Diese Einschränkungen sollen Mißbräuche verhindern. In diesem Sinne bestehen Normen über den Markenschutz, Patentschutz, unlauteren Wettbewerb, Kartellmißbrauch usw.

Auch bei den Wettbewerbsdelikten ist der Übergang von Erlaubtem zu Unerlaubtem fließend. Bei der Zuordnung unter die Wirtschaftsdelikte ist immer davon auszugehen, daß das im Wirtschaftsleben zugrunde liegende Vertrauen im kaufmännischen Bereich mißbraucht und die gesamte Wirtschaftsordnung geschädigt wird.

Ein zusätzliches Problem stellt bei den Wettbewerbsdelikten der nationale Chauvinismus dar. Er zeigt sich vor allem bei großen Aufträgen, Forschungsvorhaben und Studienarbeiten, bei denen große finanzielle, wirtschaftliche und allenfalls politische Interessen auf dem Spiel stehen. Nicht selten trifft man hier auf eine Bevorzugung der eigenen Staatsbürger, was im internationalen Rechtsverkehr zu stoßenden Ungerechtigkeiten führen kann. Beispielsweise versucht ein Staat seine eigene Industrie zu schützen, indem er durch wirtschaftliche Maßnahmen oder Einzelentscheide die ausländische Konkurrenz aus dem Rennen wirft. Oder ein Staat unterstützt ähnlich wie bei Fiskaldelikten (Steuerhinterziehung) einen klagenden ausländischen Geschädigten verwaltungsrechtlich, strafrechtlich und zivilrechtlich nur zögernd oder gar nicht.

Ich habe aus der breiten Palette der Wettbewerbsdelikte den Verrat von Geschäftsgeheimnissen und die Wirtschaftsspionage ausgewählt. Sie sind am klarsten zu den Wirtschaftsdelikten zu zählen und zeigen alle wichtigen Elemente, die auch bei den übrigen Wettbewerbsdelikten auftreten.

9.2 Wirtschaftliche und politische Bedeutung

Die Bedeutung der Wettbewerbsdelikte läßt sich nur erahnen. Es existieren keine Statistiken, nicht einmal einigermaßen zuverlässige Schätzungen über den Umfang der jährlichen Schäden für Einzelunternehmen und ganze Volkswirtschaften, die durch Wettbewerbsdelikte verursacht werden. Denken wir an den berühmten Diebstahl des Geheimnisses der Seidenraupenzucht in China, welcher die chin. Volkswirtschaft auf Jahrhunderte hinaus geschädigt hat. Einen Hinweis auf den vermutlich großen Umfang geben die Statistiken. Danach gab es Ende 1982 in der Schweiz

- 237 000 Geschäftsfirmen
- 350 000 eingetragene Marken
-     6 500 angemeldete Patente[1].

Gemäß Schätzungen aus der Bundesrepublik beträgt die Schadensumme im Bereich der Wirtschaftsspionage jährlich etwa 3 – 4 Mrd. DM. 1972 wurden über 300 Fälle verfolgt. Die vermutlich hohe Dunkelziffer ist darin nicht berücksichtigt[2].

In den gegenwärtigen Zeiten verschärften internationalen Wettbewerbes scheint es, daß die Methoden der Unternehmer und Staaten nicht besonders wählerisch sind: Bestechung, Dumping, Marken- und Patentdiebstahl, Lobby und Pressuregroups, Einschalten von Regierungsstellen zur Hilfestellung, Verknüpfung mit Kreditgewährungen, Wirtschaftshilfe, Militärhilfe, direkte politische Druckausübung usw.

Die Wirtschaftsspionage scheint normaler Bestandteil des Konkurrenzkampfes geworden zu sein. So weisen beispielsweise einzelne große amerikanische Gesellschaften in ihrem Organigramm einen Direktionsbereich Information auf, der neben Öffentlichkeitsarbeit auch professionelle „Business intelligence services" umfaßt[3].

9.3   Unlauterer Wettbewerb

9.3.1 Problemkreis

Der unlautere Wettbewerb gehört systematisch in das Immaterialgüter- und Wettbewerbsrecht. Dieses umfaßt u. a. die Bereiche:

- Patentrecht
- Muster- und Modellrecht
- Waren- und Unternehmenskennzeichenrecht
  (Marke, Ausstattung, Firma)
- Urheberrecht

---

1 Statistisches Jahrbuch der Schweiz 1983, S. 414 und 553.
2 IPZ-Information vom November 1974, Institut für politologische Zeitfragen, Zürich, Seiten 3/4.
3 Vgl. Business Intelligence und Espionage, Greene/Jones/Irwin, 1966.

9.3.2 Rechtsgrundlagen

Aus der großen Zahl von Gesetzen und internationalen Abkommen führe ich nur einzelne Beispiele an:

Schweizerische Gesetze[4]

• Bundesgesetz betreffend den Schutz der Fabrik- und Handelsmarken, der Herkunftsbezeichnungen von Waren und der gewerblichen Auszeichnungen (Vom 26. September 1890; geändert durch Bundesgesetze vom 21. Dezember 1928, 22. Juni 1939, 13. Juni 1951).

• Bundesgesetz betreffend die gewerblichen Muster und Modelle (Vom 30. März 1900, geändert am 21. Dezember 1928) mit Bundesgesetz über die Aufhebung von Artikel 36 des Bundesgesetzes betreffend die gewerblichen Muster und Modelle (Vom 21. März 1956).

• Bundesgesetz über den unlauteren Wettbewerb (Vom 30. September 1943).

Multilaterale und bilaterale völkerrechtliche Verträge

• Pariser Verbandsübereinkunft zum Schutze des gewerblichen Eigentums vom 20. März 1883, revidiert in Brüssel am 14. Dezember 1900, in Washington am 2. Juni 1911, im Haag am 6. November 1925, in London am 2. Juni 1934, in Lissabon am 31. Oktober 1958, in Stockholm am 14. Juli 1967 (PVUe).

• Haager Abkommen betreffend die internationale Hinterlegung der gewerblichen Muster oder Modelle vom 6. November 1925, revidiert in London am 2. Juni 1934 und im Haag am 28. November 1960 (HMA), mit Zusatzabkommen von Monaco vom 18. November 1961.

• Freihandelsabkommen zwischen der Schweizerischen Eidgenossenschaft und den Europäischen Gemeinschaften vom 22. 7. 1972[5].

Besonderheiten des Immaterialgüterrechts

Das Immaterialgüterrecht enthält ein selbständiges System der unerlaubten Handlungen und zugleich Vorschriften, wie sie zu verhindern und wieder gutzumachen sind.

---

4 Erwähnt bei Troller: Kurzlehrbuch des Immaterialgüterrechts, 1972, S. 213.
5 Das Abkommen datiert vom 22. 7. 1972, es trat in Kraft am 1. 1. 1973. Der Text ist veröffentlicht in: Schweizerisches Bundesblatt (1972) 124. Jg. Bd. II 645 – 767, wo auch die Botschaft des Bundesrates an die Bundesversammlung, 653 – 739 und die weiteren Dokumente veröffentlicht sind.

Neben die zivilrechtlichen Bestimmungen ist der umfassende strafrechtliche Schutz gestellt. Der zivil- und strafrechtliche Schutz der Immaterialgüter und jener zur Verteidigung gegen unlauteren Wettbewerb ist gegenüber dem allgemeinen Zivil- und Strafrecht weitgehend verselbständigt. Im System des gewerblichen Rechtsschutzes und Urheberrechts sind die Verletzungen der Immaterialgüterrechte und die wettbewerbsrechtlichen Delikte auseinanderzuhalten.

Ich trete auf die Verletzung von Immaterialgüterrechten nicht ein, sondern beschränke mich auf den unlauteren Wettbewerb i. e. S.

Das Bundesgericht und die herrschende Meinung charakterisieren den unlauteren Wettbewerb als Mißbrauch des freien Wettbewerbs, weil er gegen Treu und Glauben, die guten Sitten oder die anständigen und redlichen Geflogenheiten im Geschäftsverkehr verstoße. Im schweizerischen Recht ist die Charakterisierung als Handeln wider Treu und Glauben im wirtschaftlichen Wettbewerb (UWG Art. 1 Abs. 1) ein Anwendungsfall von ZGB Art. 2, der die Ausübung der Rechte nach Treu und Glauben vorschreibt und Rechtsmißbrauch verbietet. Der Verstoß gegen ZGB Art. 2 und damit auch gegen UWG Art. 1 ist die Verletzung eines Rechtsgebotes und damit eine unerlaubte Handlung. Jede einzelne der gemäß UWG verpönten Handlungen verletzt in irgendeiner Weise den Grundsatz von Treu und Glauben und somit eine Grundnorm des zwischenmenschlichen Verhaltens. Unlauterer Wettbewerb kann nicht nur schuldhaftes, sondern auch bloß objektiv rechtswidriges Verhalten sein[6].

Strafrecht

Strafbestimmungen zum unlauteren Wettbewerb finden sich im Bundesgesetz über den unlauteren Wettbewerb vom 30. September 1943 (UWG). Sie bieten gegen Unlauterkeit im Wettbewerb zivil- und strafrechtlichen Schutz. Der zivilrechtliche Schutz ist sachlich ausgedehnter als der strafrechtliche, indem er als Grundlage in UWG Art. 1 Abs. 1 eine Generalklausel hat, zu welcher die Einzeltatbestände in Art. 1 Abs. 2 lit. a bis h nur eine Exemplifizierung bieten, während der strafrechtliche Schutz ausschließlich auf den Einzeltatbeständen (Art. 13 lit. a bis g) beruht. Zudem setzt der zivilrechtliche Schutz kein Verschulden voraus, der strafrechtliche hingegen ein qualifiziertes Verschulden (Vorsatz).

Die Sachverhalte von UWG Art. 13 lassen sich in vier Hauptgruppen einteilen:

1. Herabsetzung der Leistungen und der Person des Gegners (Art. 13 lit. a).

---

6 Vgl. Troller: Kurzlehrbuch des Immaterialgüterrechts.

2. Irreführung über die eigene Person und die eigenen Leistungen. Ein Unterfall der Irreführung ist die Herbeiführung von Verwechslungen (Art. 13 lit. b, c, d).
3. Bestechung (Art. 13 lit. e und f).
4. Verletzung von Fabrikations- und Geschäftsgeheimnissen (Art. 13 lit. f und g).

Diese einzelnen Tatbestände sind Antragsdelikte, wobei in der Strafuntersuchung die vorsätzliche Begehung zu prüfen ist. Nicht strafrechtlich verfolgt werden aber beispielsweise Vorwürfe der sittenwidrigen Preisunterbietung, der Verleitung zum Vertragsbruch, des Abwerbens von Arbeitskräften. Diese Sachverhalte werden möglicherweise durch die Generalklausel des Gesetzes erfaßt, die aber nur zivilrechtliche, nicht strafrechtliche Bedeutung hat[7].

9.3.3 Kriminelle Anwendung

Strafverfolgungen wegen Herabsetzung (UWG Art. 13 lit. a), Irreführung (UWG Art. 13 lit. b, c, d) und Bestechung (UWG Art. 13 lit. e) sind eher selten.

Von praktischer Bedeutung ist die Geheimnisverletzung (UWG Art. 13 lit. f und g). Danach macht sich strafbar, wer

– Dienstpflichtige, Beauftragte oder andere Hilfspersonen zum Verrat oder zur Auskundschaftung von Fabrikations- oder Geschäftsgeheimnissen ihres Dienstherrn oder Auftraggebers verleitet (lit. f);
– Fabrikations- oder Geschäftsgeheimnisse verwertet oder anderen mitteilt, die er auskundschaftet oder von denen er sonstwie gegen Treu und Glauben Kenntnis erlangt hat (lit. g).

Mit anderen Worten: Strafbar ist das Verleiten zum Verrat von Geheimnissen, die Verwertung oder die Weiterleitung des erlangten Geheimnisses. Voraussetzung ist, wie überall auf der Ebene des Wettbewerbsrechtes, das Vorliegen eines Wettbewerbsverhältnisses. Lit. f und g richten sich also primär nur gegen den Wettbewerber, nicht auch gegen Personen, die außerhalb des Wettbewerbsverhältnisses stehen. Diese letzteren sind nur sekundär, als Gehilfen, erfaßbar.

Zentraler Begriff der beiden Bestimmungen ist das Geschäfts- oder Fabrikationsgeheimnis. Gemeint ist die Geheimniseigenschaft nach außen, gegenüber

---

7 Von Büren: Der Straftatbestand des unlauteren Wettbewerbs und verwandte Tatbestände, in Kriminalistik 1968, S. 99, Troller a. a. O., S. 24 ff.

dem Konkurrenten, nicht etwa intern, gegenüber den Mitarbeitern. Gegenüber den Mitarbeitern mag etwas durchaus offen sein, und doch im Verhältnis zum Konkurrenten geheim. Die heikle Frage ist, welche geschäftsinternen Vorgängen nach außen als geheim, als Geschäfts- und Fabrikationsgeheimnis anzusehen sind. Der Begriff des Geheimnisses kennt Abstufungen. Es gibt die absoluten Geheimnisse und Geheimnisse von nur relativer Art.

Im Rahmen eines Entscheides zur Frage des Konkurrenzverbotes (mit Konventionalstrafe) hatte das Bundesgericht kürzlich auch die Frage des Geschäftsgeheimnisses zu prüfen (BGE vom 17. 5. 83) und hielt dabei fest: „Bei der Prüfung der Frage, ob ein Geschäfts- oder Fabrikationsgeheimnis im Sinne von Art. 340 OR vorliege, war die Vorinstanz zum Ergebnis gekommen, daß die Beziehungen zu den Lieferanten, technische Daten der Fabrikation, die Lieferfristen, die Erfahrungen der Außendienstmitarbeiter, die kalkulatorischen Überlegungen der AG, deren Preisliste und die Resultate von Werbeaktionen solche Geheimnisse darstellen. Der Angeschuldigte hatte also zahlreiche Kenntnisse von Geschäftsinterna, welche die AG geheimhalten wollte."

9.4   Wirtschaftsspionage

9.4.1 Problemkreis

Der Begriff „Wirtschaftsspionage" wird als Sammelbegriff für verschiedene Delikte aus dem Wettbewerbsrecht (UWG) und dem allgemeinen Strafrecht verwendet. Wir beschränken uns hier auf das allgemeine Strafrecht.

9.4.2 Wirtschaftliche Bedeutung

Umfassende Statistiken fehlen. Eine Ahnung vom Umfang der Wirtschaftsspionage ergeben die nachfolgenden Hinweise:

- Umsatz der amerikanischen Werkspionage jährlich rund 1 Mrd. Dollar[8].
- Der jährliche volkswirtschaftliche Schaden durch Wirtschaftsspionage beträgt in der Bundesrepublik 3 – 4 Mrd. DM[9].

In der Schweiz scheint das Schwergewicht bei der wirtschaftlichen und technisch-wirtschaftlichen Spionage zu liegen[10].

---

8 Bergier: Industriespionage, 1970, S. 8.
9 Zybon: Wirtschaftskriminalität als gesamtwirtschaftliches Problem, 1972, S. 33.
10 In JPZ-Information, Wirtschaftsspionage, Nov. 74, S. 4.

Die Kriminalstatistik der Schweiz zeigt folgende Verurteilungen[11]:

	1981	1982
– nach StGB Art. 162	2	0
– nach StGB Art. 273	5	6
– nach UWG Art. 13 (unlauterer Wettbewerb)	18	15

9.4.3 Rechtsgrundlagen

Strafrechtlich gehört die Wirtschaftsspionage einerseits in die Gruppe der „Vergehen und Verbrechen gegen den Staat", andererseits in die Vermögensdeliktsgruppe.

Die wettbewerbsrechtlichen Bestimmungen über Geheimnisverrat (Art. 13 lit. f und g UWG) sind abzugrenzen gegen die außerwettbewerbsrechtlichen Bestimmungen von Art. 162 StGB und Art. 273 StGB.

Art. 162 StGB (Verletzung des Fabrikations- und Geschäftsgeheimnisses). Die Bestimmung wendet sich an Betriebsangehörige, nicht an Konkurrenten. Sie stellt den Verrat von anvertrauten Geheimnissen unter Strafe. Dies setzt eine Geheimhaltungspflicht voraus. Das Vorliegen einer solchen Pflicht kann strittig sein. Noch heikler ist oft die Frage, wie weit eine an sich gegebene Geheimhaltungspflicht die Betriebszugehörigkeit überdauert. Eine generelle Anweisung läßt sich kaum geben. Es kommt auf die Abmachung, auf die Interessenlage, auf die Verhältnisse an. Die Geheimhaltungspflicht kann sich über ein allfälliges Konkurrenzverbot hinaus erstrecken. Geheimhaltungspflicht und Konkurrenzverbot liegen auf verschiedenen Ebenen (BGE 80 IV 22). StGB Art. 162 ist ein Antragsdelikt.

Art. 273 StGB (Wirtschaftlicher Nachrichtendienst)
Die Bestimmung wendet sich gegen Verrat oder Auskundschaftung von Fabrikations- oder Geschäftsgeheimnissen zum Vorteil ausländischer Stellen. Sie ist eingereiht in den 13. Titel „Verbrechen und Vergehen gegen den Staat und die Landesverteidigung". Von Büren weist darauf hin, daß diese Einreihung die überaus heikle Frage aufwirft, wie es sei, wenn der Betriebsinhaber selber das Geheimnis an das Ausland weitergibt. Als Geheimnisträger ist gegenüber dem Ausland auch der Geschäftsinhaber anzusehen; also ist er nicht bloß landesintern, sondern auch nach außen durchaus frei, über sein Geheimnis nach Belieben zu verfügen, m. a. W. es preiszugeben[12].

---

11 Die Strafurteile in der Schweiz 1982, Statistische Quellenwerke der Schweiz; freundliche Angaben des Bundesamtes für Statistik.
12 Von Büren a. a. O., S. 158.

Zu erwähnen sind ferner die speziellen Regelungen in Nebengesetzen über das Berufsgeheimnis verschiedener Berufe, z. B. Anwälte, Ärzte, Pfarrer usw. [13].

9.4.4 Kriminelle Anwendung

Objekte der Wirtschaftsspionage.

Für einen Spion kann grundsätzlich alles interessant sein. Die beiliegende Aufstellung gibt einen Überblick.

Spionageobjekt	Verwendung der Information
Produktaufbau, Produktionsverfahren, Produktionsanlagen, Beschaffungsquellen	Schaffung von gleichwertigen, gleichartigen oder ähnlichen, aber günstigeren Konkurrenzprodukten
Forschungs- und Entwicklungsergebnisse Organisation und Methoden der Forschung	Erkennung künftiger Produkte sowie Abschätzung von Kosten und Erscheinungszeitpunkt Vermeidung eigener zeitraubender und teurer Forschungsarbeiten
Wirtschaftliche Lage	Abrundung der technisch-kommerziellen Daten zur Beurteilung, was praktisch möglich und erreichbar ist. Finanzielle Verflechtungen und Drittinteressen als Indikatoren für zu erwartende Verhaltensweisen
Künftige Aktionen	Eigene Gegenaktionen vorbereiten, Lähmung bzw. Wirkungslosmachung der Aktion durch geeignete Gegenmaßnahmen
Personaldaten und Organisationsdetails	Abwerbung aus der Unternehmung oder Anwerbung für Agententätigkeit

Die Wirtschaftsspionage zielt heute vermehrt auf allgemeine betriebswirtschaftliche Daten, sowie die Firmenstrategie und Politik. Erhält die Konkurrenz beispielsweise genaue Angaben über Strategie und Ziele der Konkurrenz, so kann sie entsprechend frühzeitig reagieren. Wenn beispielsweise eine Großunternehmung eine Verkaufsoffensive plant, kann die Konkurrenz aufgrund

---

13 Z. B. § 14 Zürcher Gesetz über den Rechtsanwaltsberuf vom 3. 7. 1938.

genauer Kenntnisse der Planung ihre Gegenaktion planen und damit ihren eigenen Marktanteil trotz Großaufwand des Konkurrenten halten oder sogar verbessern. In Extremfällen dienen die Angaben z. B. über Produktionsengpässe sogar zur gezielten Sabotage bei Konkurrenten.

Der Täter

Es lassen sich drei Hauptkategorien von Tätern erkennen:

- Die Drahtzieher
- Die bezahlten Spione
- Die fahrlässigen Täter

Die Drahtzieher und Auftraggeber finden sich in Konkurrenzunternehmen, Wirtschaftsinformations- und Marktstudienbüros (die gegen Entgelt einem beliebigen Auftraggeber Informationen liefern) oder in staatlichen Stellen (z. B. Auslandnachrichtendienst).

Unter den bezahlten Spionen finden sich neben Einzelpersonen auch Agenturen mit manchmal mehreren internationalen Niederlassungen, die als Treuhänder, Betriebsberater, Marktforscher, Informationsbüro, Werbeberater, Rechtsberater, Investitionsbüros oder Verbandsorganisationen getarnt sind. So arbeitende Profis greifen vielfach auch zu weiteren kriminellen Mitteln wie Nötigung, Diebstahl und Erpressung, evtl. werden für Einbrüche professionelle Verbrecher angeheuert.

Unter den fahrlässigen Tätern finden sich

- der Stellensuchende, der beim Vorstellungsgespräch Geheimnisse seiner früheren Firma preisgibt;
- Vertrauensangestellte, die dem gezielten Charme einer angesetzten Schönen oder einem „Freund" erliegen;
- der Schwätzer, der aus reiner Angeberei oder in der Hitze der Diskussion im Restaurant oder in der Bahn vertrauliche Details aus seiner beruflichen Tätigkeit ausplaudert.

Fall 29: Frauenknecht/Mirage

Der im mittleren Kader der Maschinenfabrik Sulzer tätige Angestellte Frauenknecht hat während 17 Monaten rund 200 000 Teilpläne eines Düsentriebwerkes der Mirage an den Staat Israel weitergegeben. Er wußte, daß es sich um geheime Pläne handelte. Er hatte die Aufgabe, diese Dokumente, die die Grundlage für den Lizenzbau dieses Triebwerkes gebildet hatten, zu vernichten. Da er wußte, daß Israel an diesen Plänen interessiert war, lieferte er sie sukzessive an israelische Agenten aus, anstatt sie zu verbrennen. Er ließ sich diesen Verrat mit 200 000 Dollars sehr gut bezahlen. Die Tat wurde durch einen Zufall entdeckt.

Strafrechtliche Beurteilung

Das Bundesstrafgericht hat 1971 den Angeklagten der fortgesetzten Verletzung militärischer Geheimnisse und des fortgesetzten militärischen und wirtschaftlichen Nachrichtendienstes (Art. 86 MStG und Art. 273 Abs. 2 StGB) für schuldig erklärt und ihn zu 4 1/2 Jahren Zuchthaus verurteilt. Die beschlagnahmten Vermögenswerte in der Höhe von 682 000 Franken verfielen dem Staat[14].

Fall 30: Nahrungsmittelfirma

Der Buchhalter eines Zürcher Nahrungsmittelunternehmens hat zahlreiche Geschäftsgeheimnisse mehreren ausländischen Firmen zum Kauf angeboten.

Die Ermittlungen der Kantonspolizei Zürich haben ergeben, daß der Beschuldigte im letzten Jahr in Verratsabsicht sämtliche Daten seiner Arbeitgeberfirma sammelte, welche den Aufbau eines Betriebes mit gleichen Zielsetzungen ermöglichen. Er versuchte, diese Dokumentation, die geheimen Rezepte- und Produktebeschreibungen, Angaben über Bezugsquellen, Kunden, Preise usw. enthielt, mehreren ausländischen Firmen zu verkaufen. Dank der rechtzeitigen Warnung durch eines dieser Unternehmen konnte der in Zürich wohnhafte Schweizer Bürger zu einem Zeitpunkt verhaftet werden, in dem die meisten Dokumente noch nicht übergeben waren[15].

Strafrechtliche Beurteilung

– Art. 273 Wirtschaftlicher Nachrichtendienst

Der Fall war 1984 noch bei der Staatsanwaltschaft des Kantons Zürich pendent.

---

14 Schweizer Handelszeitung vom 6. Dezember 1973.
15 Neue Zürcher Zeitung vom 9./10. 5. 1981.

10. Bankdelikte

10.1 Problemkreis

Die Banken sind ein wesentlicher Faktor der gesamten Volkswirtschaft und des internationalen Wirtschaftslebens und stellen eine bedeutende Branche mit vielen Arbeitsplätzen dar. Sie spielen bei der Abwicklung von Geldgeschäften eine dominierende Rolle und erscheinen deshalb auch im Zusammenhang mit der Abwicklung von Finanztransaktionen bei Wirtschaftsdelikten. Der Begriff „Bankdelikte" ist schillernd, da er diverse Tatbestände des allgemeinen Strafrechts sowie des Nebenstrafrechts umfaßt und ein sehr weites und stark interdisziplinäres Sachgebiet umreißt. Von der kriminologischen Systematik der Erscheinungsformen her erscheint ein eigenständiges Kapitel über die Bankdelikte angezeigt. Das Kapitel umfaßt Wirtschaftsdelikte, die im Zusammenhang mit Banken stehen, die also gegen Banken, über Banken, mit Banken oder von Banken begangen werden.

10.2 Wirtschaftliche Bedeutung

Der Ruf der Schweizer Banken ist jahrhundertealt, sei es als sicherer Hort für Geldanlagen, als bedeutende Geldgeber, als geschätzte professionelle, vorsichtige und zuverlässige Partner oder despektierlich als „Gnomen von Zürich". Schon seit Ende des 15. Jahrhunderts nehmen Bankiers aus Zürich, Basel und Genf weltweit Kapital auf und exportieren es weltweit. Ein kleiner Blick in die Geschichte ist amüsant[1]:

1555 erklärte „Ihre Katholische Majestät, Philipp der Zweite, König von Spanien" den Bankrott. Drei Jahre später stellte auch Heinrich der Zweite, König von Frankreich, seine Zahlungen ein. Als die Majestäten nicht mehr zahlten, brachen in Europa in der Folge angesehene Handels- und Geldhäuser zusammen. In Augsburg, Nürnberg und Genua zählte man fast jede Woche eine Großpleite. Hans Jakob Fugger floh wegen einer Million Schulden aus seiner Vaterstadt, die Grimaldi kamen in Schwierigkeiten und zogen sich aus Genua auf ihre Felsenburg in Monte Carlo zurück. Einzig die Schweizer Financiers blieben ziemlich ungeschoren, obwohl sie 1553 zu den größten Geldgebern Eu-

---

1 Aus Bilanz Nr. 9/1978, S. 62/63.

ropas gezählt hatten. In einer Aufstellung der Schulden des französischen Königs Heinrich II bei internationalen Bankiers 1553 finden sich u. a. (umgerechnet in heutige Währung)

- Hans und Lukas Iselin, Basel, mit ca. Fr. 700 000, –
- Thomas und Christof Zollikofer, St. Gallen, mit ca. Fr. 269 000, –
- Bernhard und Philipp Meuting, Bern, mit ca. Fr. 870 000, – .

Als die ersten Gerüchte von den nahenden Staatspleiten umgingen, sicherten sich die Schweizer Bankiers ab. Dazu der Wirtschaftshistoriker Richard Ehrenberg: „Diese Schweizer kreditierten hemmungslos. Aber wenn es Spitz auf Knopf kam, hatten sie bald alles in Sicherheit." Ehrenberg erinnert auch daran, daß es damals für viele oberdeutsche Financiers als chic galt, sich in einer Schweizerstadt niederzulassen." So konnten sie als Neutrale ihre Geschäfte ungestörter betreiben – ein damals vielfach angewendeter Kunstgriff." Voltaire war so von den Schweizer Banquiers beeindruckt, daß er 1768 notierte: „Wenn ein Genfer Bankier aus dem Fenster springt, spring gleich hinterher. Denn es gibt sicher etwas zu verdienen."

Im Dreißigjährigen Krieg nahm das Zürcher Bankhaus Escher und Rahn zunächst in Südfrankreich Kapital auf und lieh es den finanziell darniederliegenden Fürstenhäusern aus, wodurch es diesen gelang, die ihnen im westfälischen Friedensschluß auferlegten Abfindungssummen an die schwedische Armee zu bezahlen.

Wegen spekulativen Geschäften kam es mit der französischen Revolution Ende des 18. Jahrhunderts auch zu Bankzusammenbrüchen. Peyer schildert ein Beispiel aus dem alten Zürich[2]:

„Zusammenbruch der Bank Usteri, Ott, Escher & Co., Zürich

Der Aufschwung von Kredit- und Wechselgeschäft sowie das Interesse an auswärtigen Kapitalanlagen führte im 18. Jahrhundert zur Entstehung des Zürcherischen Bankgewerbes. 1776 gründeten sechs bedeutende Zürcher Textilfirmen nämlich Johann Martin Usteri & Söhne, Hans Conrad Ott & Söhne, Orell & Sohn, Salomon Escher im Wollenhof & Pestalutz, Hans Conrad Escher zum Pfauen und Johann Caspar Escher im Stadelhofen gemeinsam das Bankhaus Usteri, Ott, Escher & Co. Das Kapital von Fr. 500 000. – l. t. (Lire tournois, Pfund von Toulon, übliche französische Rechenmünze vor 1789) verbürgten die sechs Gründer gemeinsam. Die Mittel nahmen sie nach genferischem Muster mit Solidarwechseln bei andern Geldgebern auf, um den eigenen Firmen keine Liquidität zu entziehen. Dies erwies sich 1803 als Hauptursache für den Zusammenbruch.

---

2 Peyer: Von Handel und Bank im alten Zürich, 1968, S. 151 ff.

Zur Abwicklung von Textilgeschäften mit Frankreich und zur Beteiligung an Anleihen und der damals stark aufkommenden Spekulation in französischen Leibrenten, gründeten sie am 1. August 1786 in Paris das Bankhaus Rougemont, Hottinguer & Co. mit einem Kapital von 1,35 Millionen l. t. Davon brachten Usteri, Ott, Escher & Co. als Kommanditäre 1 Million, Rougemont Fr. 300 000. – und Hottinguer Fr. 50 000. – auf. Zum Geranten in Paris wählten sie den 22jährigen Johann Conrad Hottinguer, Sohn des Kaufmannes Johann Rudolf Hottinguer im kleinen Pelikan, der eine Ausbildung im Baumwolltextilgeschäft sowie in Bankhäusern genossen hatte. Einen zweiten älteren erfahrenen Geranten hatten die Zürcher in der Person des Neuenburgers Denis Rougemont gefunden. Sitz des Zürcher Bankhauses waren einige Zimmer in Martin Usteris Neuenhof, wo sich die Teilhaber jeden ersten Donnerstag des Monates um 14.00 Uhr trafen, um die Arbeiten unter sich aufzuteilen. Die Verbindung zur Pariser Tochter stellten eine umfangreiche Korrespondenz und wiederholte Reisen des einen oder andern Zürcher Gesellschafters her. Geschäftszweck war der Wechselhandel und das Kreditgeschäft für zürcherische und schweizerische Handelshäuser, die mit Frankreich Geschäfte trieben. Zudem sollte der Effektenhandel in Kommission für Dritte durchgeführt werden. Die Pariser Garanten dürfen sich ohne Mitwissen der Zürcher nicht in große Unternehmen, vor allem in keine großen Eigenspekulationen einlassen.

Zahlreiche Häuser aus der ganzen Schweiz traten mit Rougemont, Hottinguer & Cie. in Verbindung, vor allem Baumwollfabrikanten, die als Käufer von Rohbaumwolle und Verkäufer von Garnen und Tüchern in Frankreich auftraten. Wir finden darunter Pourtales & Co., Neuenburg, J. & A. Bidermann, Winterthur sowie deren Ableger Senn, Bidermann & Co. in Brüssel. Der Kredit von Senn, Bidermann wurde allerdings von Zürich aus von 5 000 000 l. t. auf 200 000 l. t. reduziert, weil man diesem Unternehmen nicht ganz traute. Eine Reihe von Zürcher Firmen und Private legten ihr Geld in der neuen Zürcher Bank oder deren Pariser Tochter an. Zusätzlich wurde Johann Lukas Sarasin in Basel als Kommissionär der Zürcher Bank bestimmt, um Mittel aus Basel, dem alten, immer noch weitaus größten Kapitalbecken der deutschen Schweiz, zuzuleiten.

Schon bald tauchten jedoch die ersten Schwierigkeiten auf. Der spekulationsfreudige Geschäftsmann und später erster Stadtpräsident von Zürich, Johann Rudolf Werdmüller, trieb einen regen Effektenhandel durch Rougemont, Hottinguer & Cie. und ließ sich dafür gegen 90 000 lb. (Berner-Pfund, ein lb Bern = ein SFr. alter Währung) Kredit geben, der jedoch nur mit etwa 80 000 lb durch seine dort liegenden Effekten gedeckt war. Da er trotz wiederholter Mahnung nicht volle Deckung gewährte, wurde er schließlich gerichtlich zur Zahlung gezwungen.

Im Februar 1787 zeigte es sich, daß die beiden Pariser Geschäftsleiter Hottinguer und Rougemont entgegen den Zürcher Anweisungen auf dem hoch spekulativen Parisermarkt große Geschäfte à découvert machten und immer neue Deckung aus Zürich verlangten. Schließlich kam heraus, daß Rougemont schon vor Eintritt in die neue Gesellschaft sich in große Spekulationen à découvert mit Leibrenten eingelassen hatte, so daß man ihm wider Willen zur Hilfe kommen mußte. Man trennte sich deshalb 1790 von beiden. Zur gleichen Zeit brach zudem noch Johann Caspar Escher im Stadelhofen, einer der sechs Teilhaber, an seinen eigenen französischen Spekulationen zusammen und hätte beinahe auch Orell & Sohn mitgerissen. Dies waren die Vorläufer der vielen Zusammenbrüche in Zürich von 1789 bis etwa 1812.

Der Ruf der Zürcher war dennoch so gut, daß noch verschiedene weitere Geldgeber aus Basel, Solothurn, Genf, sogar aus Leipzig beträchtliche Summen zur Verfügung stellten.

Von 1788 an beteiligten sich Rougemont und Hottinguer vermehrt an Überseehandelsunternehmungen in Frankreich und Genua, die sich in den folgenden Jahren vor allem für die Kapitalflucht aus dem revolutionären Frankreich als nützlich erwiesen. Ebenfalls nach 1788 plazierten die Zürcher 1 Mio. R. (Rheinische Gulden) Obligationen des Wiener Stadtbanco, d. h. der österreichischen Monarchie, in Kommission. Daraus ergab sich in der Folge ein langwieriger juristischer Streit mit der Konkurrenzfirma Marcuard in Bern. Außerdem machte der Vermittler Bertenstein in Wien Bankrott und verschwand mit 90 000 R. Gegen Ende 1790 verschlechterte sich die wirtschaftliche Lage in Paris und Hottinguer & Co. bemühten sich darum, durch Überweisungen und Warenspeditionen nach Zürich, London, Amsterdam und Hamburg, große Mittel aus Frankreich herauszubringen. Bei Ausbruch der Französischen Revolution im Frühling 1793 beschlossen Zürcher und Pariser Teilhaber einhellig, die Pariser Firma zu liquidieren. Die Mittel von Usteri, Ott, Escher & Co. waren zum größten Teil verloren oder doch blockiert. Die Rückzahlung der nun jährlich fällig werdenden Solidardarlehen bereitete den Zürcher Teilhabern große Mühe. Einer nach dem andern kam in Schwierigkeiten: 1803 brach Usteri, Nüscheler & Co., die Nachfolgefirma von Usteri & Söhne im Neuenhof, zusammen. Orell & Sohn, Heinrich & Caspar Ott und Hans Conrad Escher zum Pfauen vermochten ihren Verpflichtungen bei Usteri, Ott, Escher & Co. auch nicht mehr voll nachzukommen. Der einzige Aufrechtstehende war Salomon Escher im Wollenhof. So mußte man denn zu einem Accommodement schreiten, bei dem die Gläubiger noch 57% ihrer Ansprüche erhielten. Wieviele als hoffnungslos erscheinende Ausstände nach 1803 noch hereinkamen, ist nicht klar.

Der Grund für die unvollständigen Quellen mag darin liegen, daß man im alten Zürich wirtschaftliches Mißgeschick möglichst geheimhalten wollte. Notleidend gewordene Papiere, die man nicht mehr losbrachte, dürfte man aus Diskretion unterdrückt haben. Dazu Peyer: „Man galt ja nicht gerne als der Dumme. Es ist auffallend, wie vom 17. – 19. Jahrhundert immer wieder die Dokumente großen unternehmerischen Mißgeschicks rasch vernichtet worden sind. Waisenbehörden und Vormünder dürften derartige Anlagen ohnehin sofort aus den ihnen anvertrauten Vermögen entfernt haben [3]."

Heutige wirtschaftliche Bedeutung

Einige Zahlen zeigen die heutige Bedeutung der Banken für die Schweiz: Ende 1983 gab es in der Schweiz 573 Banken, davon 96 Auslandbanken und 69 ausländisch beherrschte Finanzgesellschaften sowie 17 Filialen ausländischer Banken. Sämtliche Banken verfügten 1983 zusammen über 5100 Geschäftsstellen und wiesen eine Bilanzsumme von 656 Milliarden Schweizerfranken aus. Die 5 Großbanken (SBG, SBV, SKA, SVB und Bank Leu) verfügen allein über eine gesamte Bilanzsumme von 328 Mrd. Franken. Das Bankgewerbe beschäftigt gesamtschweizerisch direkt ca. 100 000 Personen. Die Bedeutung des Auslandgeschäftes zeigt sich an den Auslandfinanzierungen der Schweizer Banken, welche total ca. 210 Mrd. Franken ausmachen. Sodann besitzen die Schweizer Banken 75 Niederlassungen, Filialen und Vertretungen im Ausland [4].

10.3   Rechtsgrundlagen

10.3.1 Die Bank im Sinne des Bankgesetzes [5]

Das Bankgesetz (BankG) enthält keine Legaldefinition. Statt dessen bestimmt BankG Art. 1 Abs. 1, daß die im normalen Sprachgebrauch als Banken bezeichneten Geldinstitute, ferner die Privatbankiers (Einzelfirmen, Kollektiv- und Kommanditengesellschaften) und Sparkassen dem Bankengesetz unterstehen und darin gesamthaft „Banken" genannt werden. Den Banken gleichgestellt und somit dem Bankgesetz unterstellt sind nach BankG Art. 1 Abs. 2 die Finanzgesellschaften, sofern sie sich öffentlich zur Annahme fremder Gelder empfehlen. BankG Art. 1 Abs. 3 nimmt die Börsenagenten und -firmen sowie die Vermögensverwalter vom gesetzlichen Anwendungsbereich aus, sofern sie neben ihrem angestammten Geschäftsbereich keine Bankgeschäfte be-

---

3 Peyer a. a. O., Seite 157.
4 Zahlen für 1983: Jahresbericht 1983 der Eidgenössischen Bankenkommission, S. 14/15. Zahlen für 1982 vgl. Nationalbankstatistik, Das schweizerische Bankenwesen im Jahre 1982/ Nr. 67.
5 Stauffer/Emch: Das Schweizerische Bankgeschäft, S. 16/17.

treiben, d. h. sofern sie nicht Kundengelder auf eigene Rechnung und Gefahr im Aktivgeschäft einsetzen.

Im rechtlichen Sinn ist ein Betrieb eine „Bank", wenn er durch Verfügung der Eidgenössischen Bankenkommission dem BankG unterstellt ist. Seit der Revision des Gesetzes im Jahre 1971 benötigen Neugründungen von Banken, bevor sie ihre Geschäftätigkeit aufnehmen können, eine Bewilligung der Eidg. Bankenkommission (BankG Art. 3 Abs. 1). Diese wird nur erteilt, wenn die Bank die in Art. 3 Abs. 2 aufgezählten Voraussetzungen erfüllt:

- Genaue Umschreibung des Geschäftskreises und eine der voraussichtlichen Geschäftstätigkeit angemessene Verwaltungsorganisation;
- ein volleinbezahltes Grund- oder Stammkapital von mindestens 2 Millionen Franken (BankVO Art. 4);
- eine gut beleumdete und fachlich ausgewiesene Bankleitung;
- Wohnsitz der Mehrheit der in der Geschäftsführung vertretenen Personen in der Schweiz (andernfalls handelt es sich um eine ausländisch beherrschte Bank).

Als Auslandbanken gelten gemäß BankG Art. 3 bis die mit ausländischem Kapital in Form jur. Personen des schweiz. Rechts gegründeten oder sonstwie ausländisch beherrschten Banken (z. B. Banque pour le Commerce Suisse-Israelien, Genf).

Die Bankenkommission kann indessen auch bei anderen Unternehmen, die bei ihr nicht um eine Bewilligung zur Aufnahme der Geschäftstätigkeit als Bank nachgesucht haben, eine Untersuchung durchführen, ob deren Geschäfte allenfalls einer bewilligungspflichtigen Banktätigkeit entsprechen (BankG Art. 1 Abs. 5). Bejaht sie dies, so muß die Unternehmung entweder ihre Banktätigkeit einstellen oder sie muß die Bewilligung zur Aufnahme der Banktätigkeit einholen (vorbehalten bleibt stets die Strafverfolgung gemäß BankG Art. 46 Abs. 1 lit. a. und d.). Der Betrieb einer Bank ohne Bewilligung ist strafbar[6].

Alle diese Verfügungen der Bankenkommission können gemäß BankG Art. 24 mit verwaltungsgerichtlicher Beschwerde ans Schweizerische Bundesgericht weitergezogen werden.

10.3.2 Die geschützte Bezeichnung „Bank"

Die Ausdrücke „Bank" und „Bankier" sind seit dem Inkrafttreten des BankG im Jahre 1935 geschützt. Gemäß Art. 1 Abs. 4 dürfen sie nur für Institute im

---

6 Strafentscheid des Eidgenössischen Finanzdepartementes vom 15. 1. 1981 i. S. Insider AG, St. Margrethen — nicht publiziert, zit. bei Müller: Die Banken und die Wirtschaftskriminalität, in Festschrift Neutra Treuhand AG, 1982, S. 116.

Sinne von BankG Art. 1 Abs. 1, die eine Bewilligung als Bank besitzen, Verwendung finden, damit sowohl die Interessen des Publikums wie diejenigen des Berufsstandes geschützt sind. Demzufolge dürften Finanzgesellschaften den Ausdruck „Bank" in ihrer Firma oder Geschäftsreklame nicht gebrauchen. Unbefugte Verwendung wird nach BankG Art. 46 Abs. 1 d bestraft.

Nachstehend ein typischer Zweckartikel aus den Statuten einer Finanzgesellschaft:

Durchführung von Finanzierungsgeschäften aller Art für eigene und fremde Rechnung, insbesondere Gewährung von Krediten und Darlehen, Durchführung von Effekten-, Devisen-, Kapitalmarkt- und Treuhandgeschäften sowie Anlageberatung, alles unter Ausschluß der öffentlichen Empfehlung zur Annahme fremder Gelder.

10.3.3 Gesetzliche Grundlagen (Auswahl)

- Bundesgesetz über die Banken und Sparkassen vom 8. November 1934/ 11. März 1971 (BankG).
- Verordnung zum Bundesgesetz über die Banken und Sparkassen vom 17. Mai 1972 (BankVO).
- Vollziehungsverordnung zum Bundesgesetz über die Banken und Sparkassen vom 30. August 1961 (Bank VVO).
- Verordnung der EBK über die unselbständigen Niederlassungen ausländischer Banken in der Schweiz vom 14. September 1973.
- Bundesgesetz über die Schweizerische Nationalbank vom 23. Dezember 1953.

Zur Zeit wird auf Grund der Ergebnisse eines Vernehmlassungsverfahrens des Eidgenössischen Finanz- und Zolldepartements von 1983 zum Vorentwurf die Revision des BankG ausgearbeitet. Dabei sollen u. a. das Konkurs-, Stundungs- und Nachlassverfahren nicht mehr im BankG, sondern in einem Spezialgesetz geregelt werden.

Sodann schloß die Bankenkommission ihre Vernehmlassung zur Revision der VO über die unselbständigen Niederlassungen ausländischer Banken 1983 ab. Die VO wird z. T. vollständig überarbeitet.

10.3.4 Eidgenössische Bankenkommission

Sie ist oberste Aufsichts- und Vollzugsinstanz des Bankgesetzes. Die Bankenkommission ist eine Verwaltungsbehörde des Bundes, also ein öffentlichrechtliches Organ. Sie untersteht unmittelbar dem Bundesrat, der ihre Wahlbehörde ist, aber in ihre Tätigkeit nicht einzugreifen hat und dafür auch keine Verantwortung trägt. Die Bankenkommission besteht aus sieben Mitgliedern, die nebenamtlich wirken[7].

Die Bankenkommission revidiert keine Banken. Das ist Aufgabe der Revisionsstellen, die als Zwischenglied zwischen sie und die Banken eingeschaltet sind. In Artikel 2 ihres Organisationsreglementes sind Stellung und allgemeine Aufgaben wie folgt umschrieben: „Die Bankenkommission ist oberste Aufsichts- und Vollzugsinstanz für das Gesetz und die dazu erlassenen Ausführungsbestimmungen. Sie hat im allgemeinen zur Aufgabe, die Entwicklung und die Vorgänge im schweizerischen Bankwesen zu verfolgen und diejenigen Maßnahmen vorzuschlagen oder, soweit sie dafür zuständig ist, zu treffen, die im Interesse des Bankwesens wie der gesamten Volkswirtschaft des Landes geboten erscheinen.“

Die Bankenkommission trägt eine große Verantwortung, namentlich gegenüber den Bankgläubigern (deren Schutz ja der Hauptzweck des Bankengesetzes ist), aber auch gegenüber den Banken selbst und der Öffentlichkeit. Rechtlich kann sie indessen nur für das verantwortlich gemacht werden, wofür ihr das Gesetz Kompetenzen gibt.

Der Bankenkommission ist ein Sekretariat angegliedert. Das Sekretariat vollzieht die Beschlüsse der Bankenkommission. Es ist ermächtigt, im Einvernehmen mit dem Präsidenten in dringlichen Fällen Sofortmaßnahmen anzuordnen, die der Kommission nachträglich zur Genehmigung vorzulegen sind.

Die Bankenkommission hat 1982 erstmals einen Entzug der Bankbewilligung mit sofortiger Wirkung angeordnet, primär zum Schutz der Bankgläubiger. Dieser schwerwiegende und außergewöhnliche Fall sei kurz dargestellt.

Fall 31: Banque Commerciale SA, Genf[8]

In seinem Urteil vom 9. August 1982 i. S. Banque Commerciale SA, Genf, c. Bankenkommission hat das Bundesgericht bestätigt, daß Art. 23 bis Abs. 2 des BankG die Bankenkommission ermächtigt, von einer Bank nicht nur Auskünfte über ihre eigenen Engagements, sondern auch über diejenigen der von ihr beherrschten in- und ausländischen Banken und Finanzgesellschaften zu verlangen und insbesondere darüber informiert zu werden, wenn die Art. 21 Abs. 1 der Bankenverordnung festgesetzten Risikoverteilungsplafonds gemessen an der konsolidierten Bilanz überschritten sind (vgl. Ziff. 2.1, S. 9 ff.;

---

7 Ende 1983 umfaßte die EBK 5 Mitglieder sowie ein vollamtliches Sekretariat mit 27 Mitarbeitern.

8 Jahresbericht 1983 der Eidgenössischen Bankenkommission, Seite 23 ff.

BGE 108 Ib 78ff.; EBK-Bulletin 9, S. 58ff. und 10, S. 15ff.). Diese Auskünfte kann sie allerdings nur von der Mutterbank verlangen.

Dieses Urteil ist für den Schutz der Bankgläubiger bedeutungsvoll. Es zeigte sich nämlich, daß das Schicksal der Banque Commerciale (Cayman) Ltd., welche von der erwähnten Genfer Bank und ihrem Alleinaktionär beherrscht wurde, von der unsicheren Lage ihres größten Kunden abhing, dem sie unter Mißachtung des Risikoverteilungsgrundsatzes den anderthalbfachen Betrag der konsolidierten Mittel bzw. zwei Drittel ihrer Aktiven ausgeliehen hatte. Überdies mußte festgestellt werden, daß die ausländische Bank fast ausschließlich mit Treuhandanlagen von Kunden der Banque Commerciale SA finanziert worden war.

Die Bankenkommission sah sich gezwungen, der Genfer Bank die Bewilligung zum Geschäftsbetrieb mit sofortiger Wirkung zu entziehen, und zwar aus folgenden Gründen:

– es bestand der dringende Verdacht auf Überschuldung der Banque Commerciale (Cayman) Ltd. und aus Verantwortlichkeitsgründen daher auch der Genfer Bank;
– die Verantwortlichen der Genfer Bank, welche überdies zugleich Organe der ausländischen Bank waren, hatten ihre Pflichten in grober Weise verletzt; insbesondere hatten sie die Bankenkommission während zahlreicher Monate getäuscht, indem sie die bedrohliche finanzielle Lage der beiden Institute verheimlichten;
– schließlich war zu befürchten, daß der Aktionär seine Mittel aus den beiden Banken abziehen könnte.

10.4   Bankgeheimnis und Nummernkonto

10.4.1 Begriffe

Das vieldiskutierte und umstrittene schweizerische Bankgeheimnis spielt tatsächlich oder vermeintlich bei vielen Wirtschaftsdelikten mit. Die Nummernkonti sind eine vom Bankgeheimnis getrennte Einrichtung.

Als Bankgeheimnis bezeichnet man die Pflicht der Banken, ihrer Organe und aller Angestellten, Wahrnehmungen, die in Ausübung der beruflichen Tätigkeit gemacht werden, geheim zu halten. Das Bankgeheimnis begründet ein Recht des Kunden auf Geheimhaltung seiner Beziehungen zu einer Bank. Es bedeutet keineswegs, daß der Kunde der Bank gegenüber geheim bleibt.

10.4.2 Gesetzliche Grundlagen

Bundesgesetz vom 8. 11. 1934 über die Banken und Sparkassen. Art. 47 des am 1. 7. 71 in Kraft getretenen revidierten BankG lautet:

1. Wer ein Geheimnis offenbart, das ihm in seiner Eigenschaft als Organ, Angestellter, Beauftragter, Liquidator oder Kommissär einer Bank, als Beobachter der Bankenkommission, als Organ oder Angestellter einer anerkannten Revisionsstelle anvertraut worden ist oder das er in dieser Eigenschaft wahrgenommen hat, wer zu einer solchen Verletzung des Berufsgeheimnisses zu verleiten sucht, wird mit Gefängnis bis zu 6 Monaten oder mit Buße bis zu 50 000 Franken bestraft.
2. Handelt der Täter fahrlässig, so ist die Strafe Buße bis zu 30 000 Franken.
3. Die Verletzung des Berufsgeheimnisses ist auch nach Beendigung des amtlichen oder dienstlichen Verhältnisses oder der Berufsausübung strafbar.
4. Vorbehalten bleiben die eidgenössischen und kantonalen Bestimmungen über ihre Zeugnispflicht und über die Auskunftspflicht gegenüber einer Behörde.

Bei der Revision von 1971 ist insbesondere die Ziff. 4 neu dazugekommen.

Das schweizerische Bankgeheimnis ist nicht nur strafrechtlich, sondern auch verwaltungsrechtlich geschützt. Verletzt die Bank ihre Geheimhaltungspflicht grob, ermächtigt BankG Art. 23 quinquies Abs. 1 die Bankenkommission zum Entzug der Bewilligung, als Bank tätig zu sein.

Die Aufsicht über die Banken geht aber noch weiter und soll verhüten, daß Schweizer Banken mißbraucht werden, um Vorschriften des in- oder ausländischen Rechts zu umgehen.

Vereinbarung über die Sorgfaltspflicht der Banken bei der Entgegennahme von Geldern und die Handhabung des Bankgeheimnisses (VBS)[9]

In dieser Vereinbarung mit Ausführungsbestimmung der Schweizerischen Nationalbank und der Schweizerischen Bankiervereinigung vom 1. Juli 1982, in Kraft seit dem 1. 10. 1982 für die Dauer von fünf Jahren, verpflichten sich die Banken, keine Konten oder Depots ohne vorherige Feststellung des Berechtigten zu eröffnen, keine aktive Beihilfe zu Kapitalflucht, Steuerhinterziehung und dergleichen zu leisten. Die Verpflichtung, den Berechtigten festzustellen, besteht auch für Bargeschäfte am Schalter mit Einschluß der Barzeichnung von Kassa- und Anleihensobligationen sowie des Einlösens von Checks, wenn die Transaktion Fr. 500 000. – übersteigt. Diese Verpflichtung gebietet eine genaue Prüfung der Identität des zukünftigen Kunden. Ist er dem Bankpersonal nicht bekannt, hat er einen gültigen amtlichen Ausweis vorzulegen. Die

---

9 Vereinbarung über die Sorgfaltspflicht der Banken bei der Entgegennahme von Geldern und über die Handhabung des Bankgeheimnisses (VSB) vom 1. Juli 1982.

Prüfung hat insbesondere dann peinlich genau zu geschehen, wenn ein Konto unter Nummer oder Kennwort geführt werden soll. Dieselbe eingehende Erklärung des wirklichen Bewerbers um eine Bankbeziehung ist geboten, wenn ein Vertretungsverhältnis vorliegt. Nach der neuen Fassung der Vereinbarung dürfen nur schweizerische Anwälte, Notare oder Mitglieder eines der Schweizerischen Treuhand- und Revisionskammer angeschlossenen Verbandes, ihres Berufgeheimnisses wegen, den Namen ihres Auftraggebers verschweigen und sich mit der Erklärung begnügen, daß ihnen kein Umstand bekannt ist, der auf eine mißbräuchliche Verwendung des Bankgeheimnisses deuten würde. Der leiseste Zweifel an der Identität des Bewerbers muß zur Ablehnung der Bankbeziehung führen.

Die jetzt geltende Fassung der Vereinbarung verschärft die Vorschriften, welche den Banken Beihilfe zur Kapitalflucht untersagen. Unzulässig ist jetzt, bei der Organisation von Kompensationsgeschäften mitzuwirken oder Konten für inländische Personen oder Gesellschaften zu führen, wenn der Bank bekannt ist, daß derart die Kapitalflucht gewerbsmäßig unterstützt werden soll.

Die Vereinbarung sagt nichts mehr über Gelder, die in einer der Bank erkennbaren Weise aus strafbaren Handlungen stammen. Solche Gelder entgegenzunehmen, wäre strafbare Hehlerei, weshalb die Vereinbarung auf eine solche Vorschrift verzichten kann.

Die Vereinbarung verpflichtet eine Bank nicht, ihren Kunden den Behörden anzuzeigen. Sie gebietet der Bank nur, die Beziehung zu einem solchen Kunden nicht aufzunehmen oder sie abzubrechen, wenn sich der Verdacht nicht ausräumen läßt, daß der Kunde die Bank zu einem von der Vereinbarung verpönten Geschäft mißbrauchen will.

Verstöße gegen die Vereinbarung werden durch eine Schiedskommission beurteilt, die Konventionalstrafen bis zu 10 Millionen Franken aussprechen kann. Die Gelder werden gemeinnützigen Zwecken zugeführt.

Art. 47 Bankgesetz ist ein echtes Sonderdelikt. Nur die im Art. 47 aufgezählten Personen einer Bank können sich der Verletzung des Bankgeheimnisses schuldig machen. Tatobjekte können nur Berufsgeheimnisse sein, d. h. geheime Tatsachen, die der Bankier seines Berufes wegen erfahren hat. Sie müssen in einer materiellen Beziehung zum Bankberuf stehen.

Die Verletzung des Bankgeheimnisses ist ein Erfolgsdelikt. Der Tatbestand ist erst erfüllt, wenn eine der erwähnten Personen unberechtigten Dritten gegenüber bankinterne Berufsgeheimnisse enthüllt und diese Drittperson von der Mitteilung Kenntnis genommen hat.

Eine Besonderheit der Strafrechtsnorm BankG Art. 47 ist die Strafbarkeit auch der versuchten Anstiftung zu diesem Vergehen.

10.4.3 Würdigung

Die Wahrung des Bankgeheimnisses ist ursprünglich eine rein privatrechtliche Pflicht, die sich aus den vertraglichen Beziehungen zwischen Bank und Kunden ergibt, die in erster Linie dem Auftragsrecht (OR Art. 394 ff.) unterstehen. Rechtsgrund war sodann ZGB Art. 28 sowie OR Art. 41 und 49, welche Rechtsnormen allgemein an die unbefugte Verletzung von Persönlichkeitsrechten und an unerlaubte Handlungen privatrechtliche Folgen knüpfen. Sodann war sie eine aus dem allgemeinen Bankvertrag zwischen Bank und Kunden resultierende vertragliche Nebenpflicht, deren Verletzung die Folgen von OR Art. 98 ff. nach sich ziehen konnte.

Art. 47 kam in einer etwas anderen Fassung mit dem Bankengesetz von 1934. Damit wurde jedoch lediglich die schon bestehende privatrechtliche Geheimhaltepflicht mit Strafe sanktioniert.

Der besondere strafrechtliche Schutz des Bankengeheimnisses beruht auf der in der Schweiz verbreiteten Überzeugung, daß „. . . auch in der modernen Wirtschaft der Bürger mehr denn je einen legitimen Anspruch auf Schutz seiner Persönlichkeit und seiner Privatsphäre hat." (vgl. bundesrätliche Botschaft vom 13. 5. 1970)

Art. 47 des Bankengesetzes wurde seinerzeit nicht auf Betreiben der Banken ins Gesetz aufgenommen. Regierung und Gesetzgeber wollten vielmehr den damals im Auftrag ausländischer Regierung tätigen Schnüfflern, die nach in der Schweiz verwahrten Devisen von Ausländern suchten, nach Möglichkeit das Handwerk legen. Auslösend war die anfangs der Dreißiger Jahre intensiv betriebene Spionage nach jüdischem Geld in der Schweiz.

Das Bankgeheimnis ist keine Besonderheit des Schweizer Rechts. Viele Rechtsordnungen sehen vor, daß der Vertrag eines Kunden mit einer Bank die Pflicht der Bank zur Geheimhaltung begründet [10]. Die Eigenart des Schweizer Rechts besteht darin, das Bankgeheimnis strafrechtlich zu schützen.

10.4.4 Einschränkungen

Das Bankgeheimnis nach Schweizerischem Recht gilt nicht uneingeschränkt. Gemäß BankG Art. 47 Ziff. 4 bleiben die eidgenössischen und kantonalen Bestimmungen über die Zeugnispflicht und über die Auskunftspflicht gegenüber einer Behörde vorbehalten. Da jeder Kanton seine Zivil- und Strafverfahren

---

10 Zit. nach Schultz, Bankgeheimnis und internationale Rechtshilfe in Strafsachen, Bankverein-Heft Nr. 22 1982.

unabhängig und autonom regelt, besteht keine einheitliche Auffassung. Zivil- und Strafprozeßordnung des Bundes kommen nur in seltenen Fällen zur Anwendung. Dennoch enthalten alle kantonalen Zivil- und Strafprozeßordnungen Bestimmungen, die es Geistlichen, Ärzten, Rechtsanwälten und Angehörigen ähnlicher Berufsgruppen erlauben, Zeugenaussagen über berufliche Wahrnehmungen zu verweigern. Im Gegensatz dazu können sich Banken und deren Angestellte nicht auf ihr Berufsgeheimnis berufen, wenn sie als Zeugen in einem Strafverfahren einvernommen werden. Die örtlich zuständigen Strafrichter (mit Ausnahme der Kantonen Waadt und Neuenburg) können somit Banken resp. deren Angestellte über den Bankverkehr eines Angeschuldigten als Zeugen einvernehmen und die Vorlegung der entsprechenden Belege verlangen. Dies gilt auch für Strafverfahren wegen Steuerbetrug, wenn die Hinterziehung einer bundesrechtlichen Abgabe gemäß Art. 14 des Bundesgesetzes vom 22. 3. 1974 über das Verwaltungsstrafrecht (VStrR) verfolgt wird.

10.4.5 Nummernkonti[11]

Wenn eine Bank Beziehungen mit einem neuen Kunden aufnimmt, muß er sich über seine Identität ausweisen. Natürliche Personen legen in der Regel ihren Pass vor. Juristische Personen und Handelsgesellschaften müssen sich durch Auszüge aus dem Handelsregister an ihrem Sitz oder durch ähnliche Dokumente über ihre rechtliche Existenz und die Zeichnungsbefugnis ihrer Organe ausweisen. Diese Punkte klären die Banken im eigenen Interesse ab, um spätere Schwierigkeiten zu vermeiden, die sich beim Ableben eines Kunden, bei Auseinandersetzungen innerhalb einer Gesellschaft usw. ergeben könnten. Die auf diese Art urkundenmäßig nachgewiesenen Namen bzw. Firmen dienen in der Regel zur Identifizierung des Kunden bei den einzelnen Transaktionen, Korrespondenzen usw. auf allen Belegen und sonstigen Korrespondenzen der Bank, die einen Kunden betreffen, wird sein Name respektive seine Firma angegeben.

Nun ist es möglich, daß anstelle des Namens eine Nummer zur Identifizierung des einzelnen Kunden verwendet wird. Briefe und Belege tragen anstelle von Namen und allenfalls Adresse die dem Kunden zugeteilte Nummer. Es kann dann nicht jeder Angestellte der Bank, der einen Beleg in die Hände bekommt, erkennen, wer der Kunde ist. Dadurch wird die Möglichkeit eingeschränkt, daß das Bankgeheimnis verletzt wird.

Für die Bank steht aber die Identität des Nummernkunden fest. Eine intern bestimmte Gruppe von Mitarbeitern hat jederzeit Zutritt zur entsprechenden

---

11 Klingenberg: Schützt das schweizerische Bankgeheimnis den Wirtschaftstäter? In Monatszeitschrift des Gottlieb-Duttweiler-Instituts gdi-topics 11/12/70, Seite 48.

Kartei, aus der sich ergibt, für wen eine bestimmte Nummer verwendet wird. Wenn eine Bank im Rahmen einer Strafuntersuchung verpflichtet wird, über die Beziehungen mit einer bestimmten Person oder Gesellschaft Aufschluß zu geben und entsprechende Werte zu sperren, so werden davon auch Konti, Wertschriftendepots, Schrankfächer und dergleichen erfaßt, die für den betreffenden Kunden unter Nummer geführt werden.

Nummernkonti sind keine schweizerische Besonderheit. Die Banken vieler Länder führen für ihre Kunden Nummernkonti. Mit der Umstellung der Bankbuchhaltungen auf elektronische Datenverarbeitung hat auch praktisch jedes Konto, Depot etc. eine Ordnungsnummer.

10.5 Deliktsformen

Erfahrungsgemäß treten bei Bankdelikten am häufigsten Betrug, Veruntreuung, ungetreue Geschäftsführung und Fälschung und Unterdrückung von Urkunden auf. Vielfach liegt eine Konkurrenz verschiedener Delikte vor[12].

Bernasconi bildet 3 Kategorien von Bankdelikten[13]

1. Fälle, in denen Banken von Aktionären zu widerrechtlichen Zwecken benutzt wurden, im Einverständnis mit hohen Bankangestellten (Fälle Interchange, Vallugano).
2. Fälle, in denen die Bank durch einen hohen, ungetreuen Leiter zusammen mit einem dritten Nutznießer geschädigt wurde (Fälle Banco di Roma, Lloyd's Bank Lugano).
3. Fälle, in denen eine sogenannte „Bank in der Bank" in der Form einer Anstalt zu widerrechtlichen Zwecken zugunsten von hohen Leitern der Bank selbst gewirkt hat (Fälle Weisscredit-Bank mit Finanz- und Vertrauenshandelsanstalt, Schweizerische Kreditanstalt Chiasso mit Texon-Finanzanstalt).

Bernasconi stützte sich bei seiner Untersuchung auf folgende

Strafverfahren

– Interchange Bank, Chiasso, 1967 (Schaden etwa 20 Mio. Fr.)
– Banca Vallugano, Lugano, 1971 (Schaden etwa 35 Mio. Fr.)
– Banco di Roma, Lugano, 1973 (Schaden etwa 120 Mio. Fr.)
– Lloyd's Bank, Lugano, 1974 (Schaden etwa 222 Mio. Fr.)

---

12 Antognazza: Rechtliche Probleme bei Wirtschaftsdelikten, ZStR 1983, S. 299.
13 Bernasconi: Lehren aus den Strafverfahren in den Fällen Texon, Weisscredit und Ähnlichen, ZStR 1981, S. 380.

- Weisscredit Bank, Lugano, 1977 (Schaden etwa 220 Mio. Fr.)
- Schweizerische Kreditanstalt – Texon Anstalt, Chiasso, 1977 (Schaden etwa 1,2 Milliarden Fr.)

Interessant sind einige Gemeinsamkeiten dieser Fälle:

„Es handelt sich um Finanzvergehen, begangen im inneren Gefüge der Bank durch zwei oder mehrere hohe Angestellte, durch wiederholte Handlungen während mindestens eines Jahres. Und diese Vergehen fügten der Bank selbst einen hohen Vermögensschaden zu, so daß in drei Fällen sogar deren Schließung notwendig wurde, was eine unbestimmte Zahl von Opfern nach sich zog. Für die Strafbehörden bringen diese Umstände lange und komplizierte Untersuchungen mit sich, bedingt durch die riesige Zahl der zu befragenden Personen, der zu prüfenden Akten und der besonderen Art der Materie."

10.6 Fälle

Fall 32: Bank für Handel und Effekten Zürich (BGE 102 IV 191)

Das amerikanische Marinedepartement schloß in den Jahren 1962 bis 1967 mit der Chromcraft Corporation Missouri verschiedene Verträge über die Lieferung von Raketenlafetten ab. Anfangs 1963 kamen Andrew L. Stone, Hauptaktionär und Chefhandlungsbevollmächtigter, und Francis N. Rosenbaum, Direktor und Spezialanwalt der Lieferfirma, überein, den amerikanischen Staat im Rahmen dieser Verträge zu betrügen, und zwar dadurch, daß durch fiktive Rechnungen über angebliche Zulieferungen höhere Gestehungskosten vorgetäuscht werden sollten. Rosenbaum gelangte zu diesem Zweck 1964 an S., Mitglied des Verwaltungsrates und der Geschäftsleitung sowie Teilhaber der Bank für Handel und Effekten in Zürich, der in der Folge nach dessen Weisungen auf Geschäftspapier verschiedener Firmen 184 fiktive Rechnungen und 20 Briefe ausstellte, nach welchen mit angeblichen Zulieferfirmen Geschäftsbeziehungen bestanden hätten, bei diesen Zahlungen eingegangen seien oder nächstens erfolgen würden usw. Er fertigte ferner 3 Bankerklärungen aus, nach denen von verschiedenen der angeblichen Zulieferfirmen Checks zum Inkasso übergeben und bestimmte Zahlungen ausgeführt worden seien. S. bezog hierfür 1% des Gesamtfakturbetrages, ca. Fr. 150 000. –, als Vergütung für seine Tätigkeit.

Analyse des Sachverhalts

- fiktive Fakturierung durch Drittfirmen
- Scheinkorrespondenz der Drittfirmen zur Vortäuschung von Geschäftsverkehr

- tatsachenwidrige Erklärungen der Bank über Checkinkassi und Zahlungsverkehr
- ein Mitglied von Verwaltungsrat und Geschäftleitung und Teilhaber der Bank setzt die Bank für Täuschungshandlungen ein und
- kassiert von den Tätern für die fingierten Rechnungen, Schreiben und Falscherklärungen eine Kommission

Strafrechtliche Beurteilung

Interessant ist die Beurteilung des Bundesgerichtes bezüglich des Tatbestandes der Urkundenfälschung in den Erw. 1:

„Das Obergericht wirft dem Täter materielle Urkundenfälschung vor, indem er Fakturen und Geschäftsbriefe auf den Namen anderer Firmen (Alwatra AG, Etablissement Macoba, Exporttechnik, Infina AG, Finax AG) ausgestellt habe, ohne dazu rechtsgültig ermächtigt worden zu sein. Eine Täuschung über die Identität des Ausstellers läge indessen nur vor, wenn der Beschwerdeführer die Urkunden mit einer falschen Unterschrift versehen hätte, um vorzutäuschen, sie stamme von einer andern Person als dem wirklichen Aussteller (BGE 75 IV 168). Dies trifft aber nicht zu. Im Falle Finax AG handelte der Beschwerdeführer als berechtigtes Organ dieser Gesellschaft, und in den andern Fällen stellte er die Fakturen und Schreiben unter Verwendung der entsprechenden Geschäftspapiere mit Wissen und im Einverständnis des zur Vertretung dieser Firmen befugten B. aus. Handelte somit der Beschwerdeführer mit Einwilligung der angeblichen Lieferfirmen in deren Namen, so bewirkte die Verwendung ihres Geschäftspapiers keine falsche Herkunftsangabe oder eine Täuschung über den wirklichen Aussteller. Die Urkunden waren daher echt im Sinne des Art. 251 StGB. Daran ändert nicht, daß ihr Inhalt nicht der Wahrheit entsprach und nicht ernst gemeint war und daß der Beschwerdeführer und B. ihre Vertretungsmacht mißbrauchten oder die von diesem erteilte Ermächtigung zivilrechtlich ungültig gewesen sein sollte. Dagegen hat der Täter insoweit eine Urkundenfälschung im engeren Sinne begangen, als er die fiktiven Fakturen und Geschäftsbriefe zurückdatierte. Die Beschwerde verkennt, daß die Herstellung einer falschen Urkunde sich nicht in der Täuschung über die Person des Ausstellers erschöpft. Auch der Aussteller kann eine Urkunde fälschen, so z. B. wenn er eine nicht mehr vorhandene Originalschrift nachträglich nachahmt und die Kopie als scheinbar echte Urkunde ausgibt (BGE 88 IV 31). Ebenso begeht nicht nur eine Falschbeurkundung, sondern eine Fälschung, wer eine neue Urkunde schafft und sie zurückdatiert, um z. B. eine angeblich frühere Rechnungsstellung vorzutäuschen, die nie erfolgt ist (Schwander, S. 457 Nr. 697).

Demnach erkennt das Bundesgericht

Die Nichtigkeitsbeschwerde wird teilweise dahin gutgeheißen, daß das Urteil der II. Strafkammer des Obergerichts des Kantons Zürich vom 20. Juni 1975 (wiederholte und fortgesetzte Urkundenfälschung i. S. von Art. 251 Ziff 1 StGB zu einer bedingt vollziehbaren Strafe von (8 Monaten Gefängnis) aufgehoben und die Sache im Sinne der Erwägungen zu neuer Entscheidung an die Vorinstanz zurückgewiesen wird.

Fall 33: Metro-Bank

Sachverhalt

Die 1959 gegründete Metro-Bank in Zürich verhielt sich wie jede normale kleinere Privatbank, die ihren Anlegern überdurchschnittlich gute Verzinsung ihrer Einlagen offeriert. Gemäß ihren Statuten durfte die Bank die Gelder nicht im Ausland anlegen.

Beiliegendes Schema zeigt, daß die Metro-Bank zu einer von Hugo Stürchler beherrschten kleinen Unternehmungsgruppe gehörte. Entsprechend benutzte er auch die Metro-Bank vor allem zur Finanzierung seiner privaten Vorhaben durch die dazwischen geschaltete Profinanz AG.

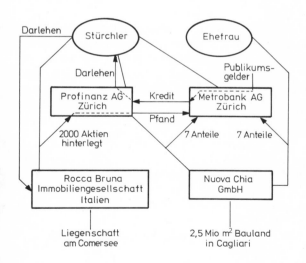

Die Profinanz AG stand im Alleineigentum von Stürchler und verfügte nur über bescheidene Mittel. Sie erhielt mehrere Mio. Franken Kredit von der

135

Metro-Bank und gab diese Gelder als Darlehen an Stürchler privat weiter, der „als Sicherheit" 2000 Aktien einer ihm gehörenden italienischen Immobiliengesellschaft Rocca Bruna bei Profinanz AG hinterlegte. Profinanz ihrerseits hinterlegte diese Aktien bei der Metro-Bank zur Sicherung des ihr gewährten Kredites.

Nachdem die Bewertung dieser Rocca Bruna Aktien durch die Treuhandgesellschaft Neutra (Kontrollstelle der Metro-Bank) mit nur 5,8 Mio. Franken statt mit 8,3 Mio. Franken (Schätzung der Fides, Mailand) eine Unterdeckung des Kredites der Profinanz an Stürchler und entsprechend des Kredites der Metro-Bank an Profinanz aufzeigte, gab Stürchler der Metro-Bank neue Sicherheiten: Er veranlaßte seine Ehefrau sowie die Profinanz, je 7 Gesellschaftsanteile der Nuova Chia GmbH an die Metro-Bank zu übertragen. Diese GmbH besaß ca. 2,5 Mio. m² Bauland in der Nähe von Cagliari in Sardinien. Die Schätzungen über dessen Wert gingen weit auseinander.

Die Eidgenössische Bankenkommission griff schon 1966 rechtzeitig ein und verlangte den Abbau der Kredite der Metro-Bank an die Profinanz. Infolge Ausnützung aller Rekursmöglichkeiten konnte erst am 22. November 1974 nach Abweisung der Kassationsbeschwerde durch das Bundesgericht das Verfahren auf Entzug der Bankenbewilligung gegenüber Stürchler eingeleitet werden.

Da die Profinanz schon seit 1974 nur Verluste produzierte, wurde dies durch Fälschung der Bilanz vertuscht. Sodann gewährte Stürchler seinen privaten Geldgebern in großem Umfange Bankgarantien und Bürgschaften der Metro-Bank. Die so erhaltenen Gelder flossen vorwiegend in das Projekt Rocca Bruna am Comersee. In der Bilanz der Metro-Bank 1972 verschwieg Stürchler Bürgschaften und Garantien von 2,4 Mio. Fr., die ein Jahr später bereits auf 3,9 Mio. Fr. angewachsen waren.

Als Stürchler Ende 1974 aus der Tagespresse erfuhr, daß er mit dem Entzug der Bewilligung zum Geschäftsbetrieb für die Profinanz und den Zusammenbruch der Metro-Bank rechnen mußte, setzt er sich mit den noch verfügbaren Barmitteln seiner Gesellschaft von ca. 1,5 Mio. Franken ins Ausland ab. Aufgrund der Fernsehsendung „Aktenzeichen XY ... ungelöst" konnte er im Herbst 1977 in Panama aufgespürt werden. Die dort zuständigen Behörden ordneten kurz entschlossen seine Überführung in die Schweiz an, wo Stürchler in Untersuchungshaft genommen wurde[14].

---

14 Neue Zürcher Zeitung vom 31. 10. 1979.

Der Schaden für mehrere tausend Gläubiger, darunter viele Kleinsparer, beträgt gegen 8 Mio. Fr. Im Nachlassliquidationsverfahren der Metro-Bank konnten bisher 71 Prozent Konkursdividenden an die Gläubiger ausbezahlt werden. Das Liquidationsverfahren ist noch nicht abgeschlossen.

Analyse des Sachverhalts

- Kreditaufnahmen von Stürchler privat bei Dritten, denen er Bürgschaften und Garantien der Metro-Bank gab.
- Ausnützung aller Rekursmöglichkeiten, um die Profinanz und die Metro-Bank zur Entgegennahme von Drittgeldern noch möglichst lange betreiben zu können.
- Hoffnung auf das große Geschäft mit Rocca Bruna, wo Stürchler ein zu erstellendes Ferienparadies zum Preise von 24 Mio. Franken mit großem Gewinn weiterverkaufen wollte.

Strafrechtliche Beurteilung

Die Wirtschaftskammer des Obergerichtes des Kantons Zürich verurteilte 1979 Stürchler wegen gewerbsmäßigen Betrugs im Betrage von nicht über ca. 6 Mio. Franken, wiederholter Veruntreuung im Betrage von ca. 1,8 Mio. Franken, wiederholter und fortgesetzter ungetreuer Geschäftsführung, wiederholte Urkundenfälschung und Unterlassung der Buchführung zu 41/4 Jahren Zuchthaus abzüglich 760 Tage Untersuchungs- und Sicherheitshaft sowie zu einer Buße von Fr. 1000.

Fall 34: Bankag

Sachverhalt

Die Bank-Aktiengesellschaft für Vermögensverwaltung und Wertschriftenverkehr (Bankag) in Zürich, wurde 1932 von Industriellen aus Winterthur und St. Gallen gegründet. Sie gab Depositenhefte aus, verwaltete Vermögen und betrieb den Wertschriftenhandel. Die Bilanzsumme lag bei 27 Mio. Franken bei eigenen Mitteln von ca. 6 Mio. Franken.

Überraschend mußte die Bankag 1976 wegen schwerwiegender Verfehlungen der leitenden Angestellten der Bank geschlossen werden.

Fünf leitende Angestellte hatten während Jahren verbotenerweise auf eigene Rechnung über getarnte, ihnen gehörende Nummernkonti spekuliert. Anstelle der erhofften Gewinne ergaben sich beträchtliche Verluste, welche die Täter durch Plündern der Wertschriftendepots ihrer Kunden deckten. Von den

Wertschriften im Nominalbetrag von etwa 70 Mio. Fr. waren beim Zusammenbruch in den Kundendepots nur noch knapp 50 Mio. vorhanden; ferner fehlten weitere ca. 13 Mio. Fr. auf verschiedenen Konti. Die fünf leitenden Bankangestellten hatten von der spezifischen Regelung des Zürcher Effektenhandels profitiert, daß die Titellieferungen bei Kassageschäften nicht am gleichen Tag, sondern erst einige Tage später erfolgen.

So haben die Bankag-Leute jeweils vor dem Ultimo-Abrechnungstermin umfangreiche Wertpapier-Leerverkäufe durchgeführt, ohne daß sie die Wertpapiere besaßen. Die Gutschriften erfolgten jeweils noch vor dem Quartalsabschluß auf die verschiedenen Konti, die Lieferung der Titel verzögerte sich um eine Woche bis 10 Tage. Bis dann konnten sich die Täter die Titel beschaffen. So blieben die Manipulationen lange unentdeckt.

Im einzelnen verkauften die Täter zu Lasten von Kundendepots Wertschriften, die in diesen gar nicht vorhanden waren. Sofern die Bankag eigene Titel oder solche von Kunden in einem Sammeldepot bei der für sie am Ring tätigen Partnerbank besaß, wurden die Lieferverpflichtungen automatisch zu Lasten solcher Titel erfüllt. Andernfalls legten die Täter Wertpapiere aus eigenen Sammelbeständen vor, soweit sie sich diese nicht anderweitig zu beschaffen vermochten.

Bei Wertpapiergeschäften per Kassa wurde der Gegenwert jeweils sofort den Konten der Täter gut geschrieben. Bei Terminverkäufen erwuchs den Kunden, zu deren Lasten aus Sammelbeständen Papiere geliefert worden waren, eine Ersatzforderung gegenüber der Bank. Ersatzforderungen und Lieferverpflichtungen wurden in der Depotbuchhaltung der Bank als sogenannte Shortpositionen oder negative Titelbestände aufgeführt, in der für die Bilanzen maßgebenden Finanzbuchhaltung dagegen bewußt unterdrückt. Um die durch die Spekulationen verursachten Verluste zu kaschieren „verkauften" die Täter im weiteren pro forma zu Lasten von Eigenbeständen ihrer Bank Aktien an bankeigene Konti zu übersetzten Preisen, statt sie als Eigenbestände der Bank zum tatsächlichen Wert in den Büchern aufzuführen. Überdies räumten sich die Täter zur Finanzierung ihrer Transaktionen zu Lasten der Bank kompetenzwidrig namhafte Kredite ein. Schließlich nahmen sie zwecks Beschaffung von Liquidität zugunsten ihrer Bank bei einer Großbank Kredite unter widerrechtlicher Verpfändung unbelasteter Kundentitel auf.

Nach Schätzungen haben die 5 Täter einen Schaden von 30 Mio. Franken angerichtet und dabei auch Kleinanleger und Pensionskassen geschädigt. Kunden mit börsengängigen Wertpapieren verloren diese bis zu 100%. Die Nachlassliquidation ist noch nicht abgeschlossen. Immerhin konnte die Nachlassliquidatorin bisher bereits 37,5% an Nachlassdividenden ausbezahlen. Die Schätzung für die gesamte Nachlassdividende liegt bei 40%.

Analyse des Sachverhaltes

- Eigene Wertschriftenspekulationen von leitenden Angestellten der Bank
- Gegenseitiges Vertuschen dieser Transaktionen zwischen den leitenden Angestellten
- Abwicklung der eigenen Spekulationen über diverse Nummernkonti
- Nützen der Verfügungsgewalt über Wertschriftendepots und Konti der Kunden durch mißbräuchliche Belastungen und Wertschriftenentnahmen
- Fälschung der Kundenkonti durch Abdeckung per Quartalsende unter Benützung der Zeitdifferenz zwischen Kauf/Verkauf von Wertschriften und Lieferungen
- ungenügende Kontrollen der Kontrollorgane der Bank
- Verkauf von Eigenbeständen zu überhöhten Preisen an bankeigene Konti, um die Bankbilanz zu verbessern
- eigenbewilligte Lombardkredite
- Verpfändung von Kundendepots für eigene Kredite.

Strafrechtliche Erfaßbarkeit

- Veruntreuung (StGB Art. 140)
- Ungetreue Geschäftsführung (StGB Art. 159)
- Urkundenfälschung und Bilanzdelikte (StGB Art. 151)
- Evtl. betrügerischer Konkurs (StGB Art. 163)

Die Wirtschaftskammer des Obergerichtes des Kantons Zürich verurteilte 1981 die Täter, Direktor L. zu 4 Jahren Gefängnis, Vizedirektor F. zu 3 1/4 Jahren, Leiter der Wertschriftenabteilung P. zu 3 Jahren und den stellvertretenden Direktor L. zu 2 Jahren Gefängnis unter Anrechnung der Untersuchungshaft. Alle Täter wurden der Urkundenfälschung und -unterdrückung, der ungetreuen Geschäftsführung und der Veruntreuung zwischen 1,8 und 5,3 Mio. Franken sowie der Widerhandlung gegen das Bankgesetz für schuldig befunden.

Bei der ungetreuen Geschäftsführung wurde das qualifizierende Merkmal der Gewinnsucht verneint und auch bei der Veruntreuung vom qualifizierenden Tatbestand gemäß StGB Art. 140 Ziff. 2 abgesehen[15].

Fall 35: Devisenhändler-Fall[16]

Im Verlaufe von fast sieben Jahren haben 13 Bankangestellte verschiedener Zürcher Banken bei Devisengeschäften untereinander ca. Fr. 8,8 Mio. zu Lasten der Schweiz. Kreditanstalt veruntreut.

---

15 Neue Zürcher Zeitung vom 28. 2. 1981.
16 NZZ vom 21./22. 1. 1984 und 17. 1. 1984.

Der Haupttäter war befugt, mit den Regionalbanken Devisengeschäfte im Rahmen der Margenkompetenz (aktuelle marktkonforme An- und Verkaufskurse) abzuschließen und die Administration der SKA anzuweisen, die vereinbarte Leistung der SKA in Schweizer Franken oder fremder Währung zu erbringen. Unter Ausnutzung der bei Devisengeschäften schon innert Minuten üblichen Kursschwankungen wandten die Täter dabei bei den Devisen-Tagesgeschäften nicht die marktkonformen Kurse an, sondern bereits überholte z. B. eine halbe Stunde alte Vergangenheitskurse. Entsprechend überwies die SKA den Regionalbanken höhere Beträge in Schweizer Franken oder Fremdwährung, als es der Marktpreis zum Zeitpunkt des mündlich per Telefon vorgenommenen Geschäftsabschlusses erfordert hätte. Die mitangeklagten Angestellten der Regionalbank spielten mit, indem sie ihre eigene Bank veranlaßten, die mit dem falschen Kurs verbundene höhere Leistung von der SKA zu verlangen. Durch Glattstellung der Devisenposition zu aktuellen Marktpreisen glichen sie das Geschäft am gleichen Tag aus. Sie schrieben die so erreichte Kursdifferenz in ihrer Bank zu Lasten der SKA wie ein Gewinn aus einem eigenen Devisengeschäft einem Konto gut, über das sie oder andere Beteiligte an den Machenschaften verfügen konnten. Den risikolos erzielten Gewinn teilten die Täter unter sich auf, wobei der Hauptangeklagte, Vorsteher der Devisenabteilung Gruppe Kleinbanken der SKA, mit ca. Fr. 2,5 Mio. den Löwenanteil einstrich. Die Beuteverteilung erfolgte in bar ohne Quittung in Cafés und auf der Straße.

Die Wirtschaftsstrafkammer des Obergerichtes des Kantons Zürich verurteilte im Januar 1984 in diesem ersten großen Strafverfahren gegen Bankangestellte wegen Devisengeschäften den Hauptangeklagten D. zu drei Jahren Gefängnis wegen Veruntreuung. Ein Bankbeamter einer Regionalbank wurde freigesprochen, die übrigen 12 Angeklagten, drei frühere Mitarbeiter einer Großbank und 9 Kaderleute von Regionalbanken, erhielten wegen Gehilfenschaft bei der Veruntreuung 3 – 18 Monate Gefängnis bei bedingtem Strafvollzug. Das Urteil ist rechtskräftig.

10.7 Strafrechtliche Erfaßbarkeit

Bei Bankdelikten treten hauptsächlich ungetreue Geschäftsführung, Veruntreuung, Urkundenfälschung und Widerhandlungen gegen das Bankengesetz auf. Voraussetzung für die strafrechtliche Beurteilung ist das Verständnis für die branchenmäßigen Vorgänge und ihre Rechtsnatur.

Im Falle Bankag haben leitende Angestellte die Wertschriftendepots der Kunden geplündert. Es ist also die Frage des *Bankverwahrungsvertrages* zu prüfen.

Abgesehen von seltenen Fällen des Hinterlegungsvertrages (sog. irreguläres Depot, bei dem Geld und Wertpapiere an die Bank übergehen und der Einleger bloß die gleiche Summe oder Anzahl von Titeln zurückerhält) gibt es die Einzelverwahrung und die Sammelverwahrung. Bei der Einzelverwahrung läßt der Kunde Wertschriften, Edelmetalle, Münzen oder andere Vermögenswerte in einem eigenen Depot, meistens einem Safe, aufbewahren. Bei der Sammelverwahrung werden die Werte verschiedenster Eigentümer in einem gemeinsamen Depot zusammengefaßt. Das bekannteste Sammeldepot für Wertpapiere ist die SEGA (Schweiz. Effekten-Giro AG), die auf Initiative der Schweiz. Bankiervereinigung vom 4. 6. 1970 mit Sitz in Basel gegründet worden ist. Das Unternehmen besitzt in Zürich eine zentrale Buchungsstelle für Titelbestände und -bewegungen, ferner Ein- und Auslieferungsstellen in verschiedenen Großstädten der Schweiz sowie eigene Tresorräume.

Während die Einzelverwahrung als typische Form des Hinterlegungsvertrages gelten darf, fehlt eine eigenständige Regelung für die Sammelverwahrung. Lediglich in OR Art. 484 findet sich eine Bestimmung über die Verwahrung vermengter beweglicher Sachen verschiedener Eigentümer und deren Rückgabe. In Verbindung mit ZGB Art. 727 ist davon auszugehen, daß der Einreicher von Titeln in ein Sammeldepot im Verhältnis zu den andern Hinterlegern die Stellung eines Miteigentümers erhält. Es ergibt sich daraus, daß der Einleger von sammelverwahrten Wertschriften nicht die von ihm eingelieferten Stücke, sondern lediglich eine diesen entsprechende Menge wieder herausverlangen kann.

Soweit sich leitende Angestellte als Vertreter der Verwahrungsstelle selbst an eingelieferten Titeln vergriffen haben, dürfte Veruntreuung gemäß StGB Art. 140 vorliegen. Bei untergeordneten Angestellten wäre der gleiche Sachverhalt höchstens unter den Tatbestand des Diebstahls im Sinne von StGB Art. 137 Ziff. 1 zu subsumieren. Problematischer ist die Situation, in welcher leitende Angestellte einer der Wertpapierverwaltungsstelle SEGA angeschlossenen Bank (in casu die Bankag) eingelieferte Titel unrechtmäßig behändigen. Bei Bankag wurden vor allem Wertschriften von einem auf ein anderes Kundendepot (z. T. Nummern-Konti der Täter) übertragen. Da die Titel bei der Sammelverwahrungsstelle im Namen der einliefernden Banken liegen, beschränkt sich das deliktische Vorgehen in der Regel auf die Verfälschung der Depotbuchhaltung der Bank:

Die Täter veranlassen eine Umbuchung von Wertschriften von einem Kundendepot auf ein von ihnen bestimmtes anderes Kundendepot oder ihr eigenes Depot, resp. Depots von ihnen nahestehenden Personen. Damit dürfte Urkundenfälschung im Sinne von StGB Art. 251 vorliegen, evtl. Veruntreuung.

Strafrechtliche Probleme um die Frage des Bankverwahrungsvertrages sind nur ein Aspekt bei Bankdelikten. Sie zeigen die Problematik der zivilrechtlichen, bankenrechtlichen und strafrechtlichen Erfassung.

Berufsmäßige Vermögensverwaltung

Ein weiteres Problem ergibt sich bei der Qualifizierung strafrechtlich relevanter Vorgänge unter StGB Art. 140, Ziff. 2 bei sogenannten berufsmäßigen Vermögensverwaltern. Praxis und Doktrin sind sich nicht einig. Antognazza sagt dazu [17]: „Grundsätzlich ist als berufsmäßiger Vermögensverwalter derjenige zu betrachten, dessen Tätigkeit, Vermögen zu verwalten, nach gewerbemäßigen Kriterien erfolgt, ohne daß die Verwaltung selbst Haupttätigkeit des Treuepflichtigen zu sein braucht. In diesem Sinne sind berufsmäßige Vermögensverwalter u. a. die ihren Klienten gegenüber auftretenden freiberuflichen Notare, die selbständigen Geschäfts- und Börsenagenten sowie die privaten Finanzberater. Problematischer und strafrechtlich bedeutungsvoller ist demgegenüber die Qualifizierung von Angestellten und Organen juristischer Personen, die sich mit der Vermögensverwaltung beschäftigen. Zweifellos sind Angestellte und Organe solcher Unternehmen wegen ihrer organisatorischen Abhängigkeit mit Bezug auf das firmeneigene Vermögen keine berufsmäßigen Verwalter. Sie sind es jedoch mit Rücksicht auf das Vermögen der Kunden selbst, die sie im Auftrag und im Namen ihres Auftraggebers betreuen und denen gegenüber sie Verantwortung übernehmen. In diesem Sinne stellt das Bundesgericht fest, daß als berufsmäßige Vermögensverwalter gemäß StGB Art. 140 Ziff. 2 alle jene Organe und Angestellten zu betrachten sind, die letztlich – wenn auch indirekt über das Vermögen der eigenen Unternehmung – für die Verwaltung von Kunden verantwortlich sind. Das besondere Vertrauen, das der juristischen Person bei Übergabe von Vermögen zur Verwaltung entgegengebracht wird, überträgt sich auf den zu diesem Zwecke angestellten Personenkreis, ungeachtet der Tatsache, daß allenfalls das in Frage stehende Vermögen infolge Vermischung in das Eigentum der Verwaltungsgesellschaft übergegangen ist."

Bankgeheimnis

Art. 47 BankG schützt zwar das Bankgeheimnis. Im Strafverfahren rechtfertigt sich jedoch das Zeugnisverweigerungsrecht der Bankbeamten nicht. Es steht der Untersuchungsbehörde zu, Umfang der Auskünfte und Unterlagen, welche die Bank auf Verlangen zur Verfügung stellen muß, zu bestimmen [18].

---

17 Antognazza a. a. O., S. 308.
18 Nicht publizierter BGE vom 25. 11. 1975 i. S. Äbig gg. Procura Publica Lugano.

Dabei kann ein Interessenkonflikt zwischen den zu wahrenden Interessen der Untersuchungsbehörden, des Täters, der geschädigten Kunden und von nicht geschädigten Kunden auftreten. Die Strafbehörden können auch berechtigten Dritten (z. B. geschädigte Kunden) die Einsicht in die Akten beschränken, „wenn ein besonderes Interesse an der Geheimhaltung von Tatsachen besteht, die sich nicht aus den Akten ergibt[19]."

Bernasconi erwähnt eine mögliche Lösung für die Untersuchungspraxis:

„Bei einigen Fällen wurde der Konflikt zwischen den zu wahrenden Interessen auf die Weise überbrückt, daß die Untersuchungsbehörde auf eine formelle Aktenedition verzichtet hat; sie beschränkte sich auf eine persönliche oder durch den gerichtlichen Sachverständigen vorgenommene Einsichtnahme in die benötigten Bankbelege, von deren Ergebnis im Dossier nur ein Bericht ohne Namensnennung von unschuldigen Kunden hinterlegt wird"[20].

Anwaltsgeheimnis

Eine Interessenskollision ist möglich, wenn sich Anwälte unter den Organen der betroffenen Bank befinden. Verschiedene Strafprozeßordnungen gewähren dem Bankier kein Zeugnisverweigerungsrecht, hingegen aber dem Rechtsanwalt. Diese Interessenkollision dürfte dann zu Gunsten der Strafuntersuchungsbehörde entschieden werden, d. h. das Anwaltsgeheimnis stellt kein Hindernis bei Einvernahme und Hausdurchsuchung zwecks Aktenbeschlagnahmung dar, wenn

— der Rechtsanwalt selbst im Strafverfahren angeklagt ist;
— der Rechtsanwalt die untersuchten Tatbestände bei der Ausübung einer nicht anwaltlichen Tätigkeit erfuhr, z. B. als Verwaltungsrat einer Gesellschaft;
— dem Anwalt Gegenstände (Akten oder Vermögenswerte) übergeben wurden, nur damit diese vor den Nachforschungen der Strafbehörden verborgen werden[21].

Vor allem der letzte Punkt schein mir problematisch. Bernasconi sieht hier die Frage aus dem Blickwinkel eines Staatsanwaltes. Jedenfalls hat die Strafbehörde das Verhältnismäßigkeitsprinzip zu beachten und das Anwaltsgeheimnis in der schon in der Erwägung über das Bankgeheimnis behandelten Art zu wahren.

---

19 BGE 95 I 445 und BGE 98 I a 10.
20 Bernasconi a. a. O., S. 392.
21 Vgl. BGE 102 I a 516 und 529, sowie Hauser: Kurzlehrbuch des Schweiz. Strafprozeßrechts, Basel 1978, S. 174.

11. Computerdelikte

11.1 Problemkreis

Den Computerdelikten mit ihren vielfältigen Erscheinungsformen ist gemeinsam, daß sie im Zusammenhang mit EDV-Systemen (Anlagen und Software) begangen werden. Computerdelikte lassen sich nicht unter eine einzelne Strafrechtsnorm subsumieren. Von der kriminologischen Systematik der Erscheinungsformen her rechtfertigt sich deshalb ein eigenständiges Kapitel über das aktuelle und in Zukunft wohl noch bedeutungsvollere Thema der Computerkriminalität.

Bei der Computerkriminalität handelt es sich um ein ausgesprochen interdisziplinäres Gebiet zwischen Technik (modernste Elektronik), Wirtschaft (Bereiche Buchhaltung bis Lagerhaltung, Personaldaten bis Versandlisten etc.), Verwaltung (Sozialabgaben bis Niederlassungskontrollen) und der Rechtswissenschaft (Privatrecht, öffentliches Recht, Strafrecht etc.). Während eine ältere Generation von Praktikern z. B. in der Justiz kaum genügend Erfahrungen mit modernen Computern hat, wächst die heutige Generation fast selbstverständlich mit dem Computer auf. In Wirtschaft und Verwaltung arbeiten deshalb im Bereich der EDV-Systeme relativ viele junge Leute mit entsprechend geringer allgemeiner Berufs- und Lebenserfahrung. Umgekehrt fehlt der älteren Generation Wissen und Selbstverständlichkeit im Umgang mit den neuen EDV-Systemen. Eine rasante technologische Entwicklung hat außerdem dazu geführt, daß Computeranlagen und Software schon nach wenigen Jahren überholt sind, sich die Computer-Generationen also rasch ablösen. Es ist nicht weiter erstaunlich, daß in der Literatur sehr viel Technisches über Computer-Systeme und ihre mögliche Anwendung geschrieben wird, aber von der Anwenderseite bedeutend weniger Schrifttum vorliegt. Symptomatisch ist auch, daß das Fach Informatik erst seit einigen Jahren an unseren Hoch- und Berufsschulen Aufnahme in die Lehrpläne findet.

Besonders im Rechtsbereich findet der Computer nur langsam Eingang. Interdisziplinäre Fachleute, welche die Rechtswissenschaft und Praxis ebenso wie den Computer beherrschen, sind rar. Ohne relativ detailliertes Verständnis von System und Praxis der Computer und den Anwendungsmöglichkeiten ist eine rechtliche Beurteilung insbesondere de lege ferenda schwierig. Dies trifft im Besonderen bei der Beurteilung der Computerkriminalität zu. Eine neuere Übersicht über Monographien zum Thema Computerkriminalität findet sich in der Schweiz bei Rohner[1], für die Bundesrepublik bei Sieber, welcher auch einen Überblick zur Literatur über Erscheinungsformen der Computerkriminalität für die letzten zehn Jahre gibt[2].

11.2 Wirtschaftliche Bedeutung

Computer haben heute für Industrie, Gewerbe, Wirtschaft und Verwaltung eine entscheidende Bedeutung. Die Produktion ganzer Fabrikanlagen ist vom Computer abhhängig. Der größte Teil des Geldumlaufes in den westlichen Volkswirtschaften wird als Buchgeld von Computern verwaltet. In den meisten Unternehmen werden der gesamte Zahlungsverkehr, Betriebsrechnung und Finanzbuchhaltung, sowie alle Nebenbuchhaltungen wie Lohn-, Sozialabgaben-, Debitoren- und Kreditorenbuchhaltungen auf EDV-Anlagen abgewickelt. Häufig ist das ganze kommerzielle und ein Großteil des technischen Wissens einer Unternehmung auf Computeranlagen gespeichert.

Ende 1983 waren in der Schweiz etwa 42 000 Computersysteme in Betrieb (ohne reine Textverarbeitungssysteme und Heimcomputer)[3]. Für die Bundesrepublik geht die Schätzung für 1981 auf über 300 000 EDV-Systeme mit einem Gesamtwert von ca. 50 Milliarden DM[4].

---

1 Rohner: Computerkriminalität, Strafrechtliche Probleme bei „Zeitdiebstahl" und Manipulationen, 1976, S. VI ff.
2 Sieber: Gefahr und Abwehr der Computerkriminalität, in Betriebs-Berater Nr. 24/1982, S. 1433 − Anmerkung 3: „Vgl. zu den Erscheinungsformen der Computerkriminalität für die Bundesrepublik Deutschland Lampe, Die strafrechtliche Behandlung der sog. Computer-Kriminalität, GA 1975 S. 1 ff.; Lenckner, Computerkriminalität und Vermögensdelikte, 1981, S. 9 ff.; von zur Mühlen, Computer/Kriminalität, Gefahren und Abwehr, 1973; Sieber, (Fn. 2), S. 39 ff. 2/97 ff.; Tiedemann, Wirtschaftsstrafrecht und Wirtschaftskriminalität, 1976, Bd. 2, S. 148 ff. Für die USA vgl. Allen, The biggest Computer Frauds, The Journal of Accountancy, Mai 1977 S. 52 ff.; Becker, The Investigation of Computer Crime, hrsg. vom U.S. Department of Justice, Law Assistance Administration 1980; Bequai, Computer Crime, 1978; Kraus/Mac Gahan, Computer Fraud und Countermeasures, 1979, Leibholz/Wilson, Users Guide to Computer Crime, 1974; Mc Knight, Computer Crime, 1973; National Criminal Justice Information and Statistics Service, Law Enforcement Assistance Administration, U.S. Department of Justice, Criminal Justice Resource Manual, 1979; Parker, Crime by Computer, 1976; Parker/Nycum/Düra, Computer Abuse, 1973; Whiteside, Computer Capers, 1978. Für Japan vgl. den Untersuchungsbericht der National Police Agency (hekt. 1982) sowie ferner Crome, Bankräuber mit Computer, Polizei Digest 1981, Nr. 1, S. 146 f. Für die Schweiz vgl. Rohner, Computerkriminalität − strafrechtliche Probleme bei „Zeitdiebstahl" und Manipulationen, 1976, für Schweden vgl. Solarez, Computer Technology and Computer Crime, Report No. 8 der Research and Development Division Stockholm, 1981."
3 Gemäß Institut für Automation der Universität Freiburg.
4 Vgl. Diebold Management Report, März 1981, S. 3 ff.

Die Computerkriminalität nahm in den letzten 20 Jahren zunächst in den USA, dann auch in andern westlichen Ländern stark zu und stellt heute sowohl für das einzelne Unternehmen als auch für die gesamte Volkswirtschaft eine wesentliche Bedrohung dar. In den letzten Jahren traten vor allem Computermanipulationen, Computerspionage, Software-Diebstahl, „Zeitdiebstahl", sowie allgemeine Wirtschaftsdelikte mittels Computer in den Vordergrund. Seltener waren Computersabotagen.

Über den tatsächlichen Umfang der Computerdelikte gibt es keine zuverlässigen Angaben. Die Zahl der überprüfbaren Computerdelikte ist bisher nicht groß. In der Schweiz kamen bis 1984 nur einzelne wenige Computerdelikte zur Aburteilung. Dies läßt jedoch gemäß Sieber keinen Schluß auf die Zahl der tatsächlich vorkommenden Fälle zu, da die Dunkelziffer im Bereich der Computerkriminalität außergewöhnlich hoch sein dürfte[5]. Dies beruht zunächst auf den computerspezifischen Aufklärungs- und Nachweisschwierigkeiten. Zahlreiche aufgedeckte Delikte werden sodann insbesondere aus Furcht vor einer Rufschädigung des Unternehmens oder aus Gründen der internen Schadenwiedergutmachung nicht angezeigt, sondern innerbetrieblich geregelt. Schließlich hängt es von Zufälligkeiten ab, ob die angezeigten Fälle der Computerkriminalität unter Betrugs-/Veruntreuungsfälle erfaßt werden, da der kriminologische Begriff der Computerkriminalität in der Strafrechtsstatistik nicht existiert. Der Chef des amerikanischen National Center for Computer Crime Data meint unter Berufung auf Quellen des FBI, daß nur 1% aller Computerdelikte entdeckt würden und daß von diesen entdeckten Delikten nur ca. 14% zur Kenntnis der Ermittlungsbehörden gebracht würden, und daß hiervon wiederum nur in 3% der Fälle eine Verurteilung zu einer Freiheitsstrafe erfolgen würde. Das würde heißen, daß von 22 000 Tätern nur einer eine Freiheitsstrafe verbüßen müßte[6].

Hohe Schadenssummen der Computerdelikte sind ein weiteres Charakteristikum der Computerkriminalität. Während beispielsweise die Schäden des größten Teils der klassischen Betrugsfälle in Deutschland unter 10 000 DM liegen, war der Großteil der Computermanipulationen bei einer im Jahre 1977 durchgeführten statistischen Untersuchung in die Schadensklasse zwischen 200 000 und 300 000 DM einzuordnen[5]. Die Schäden der zwischen 1977 und 1982 aufgedeckten Computermanipulationen bewegten sich dagegen schwerpunktmäßig bereits in der Größenordnung zwischen 500 000 DM und 1,5 Mio. DM. In einem im Juni 1982 rechtshängig gewordenen Strafverfahren wird einem EDV-Spezialisten vorgeworfen, seinen Arbeitgeber insbesondere durch

---

5 Sieber a. a. O., S. 1438.
6 Becker: The Investigation of Computer Crime, 1980.

Programmanipulationen um über 4 Millionen Mark geschädigt zu haben. Für die USA weist eine Untersuchung des Stanford Research Institute International bereits eine durchschnittliche Schadenssumme von 1,685 Mio. Dollar aus[7].

Damit bestätigt sich der bereits vor einigen Jahren vorausgesagte Trend zu höheren Schadenssummen, die vor allem dadurch ermöglicht werden, daß es im Bereich der Computerkriminalität um Girogelder geht. Es handelt sich also um reine Buchungsvorgänge, die nicht wie bei klassischen Unterschlagungen durch den in einer Kasse tatsächlich vorhandenen Geldbetrag begrenzt sind.

In der Zukunft ist damit zu rechnen, daß sich die Zahl der Delikte und die Schadensummen drastisch erhöhen. Die in den letzten Jahren auf den Markt gekommenen billigen Personalcomputer-Terminals und Modems zeigen vor allem in den USA neue Möglichkeiten der Computerkriminalität durch Eindringen in die Datenfernverarbeitung eines Computersystems über die Telefonleitung (sog. „Hacker").

11.3   Rechtsgrundlagen

11.3.1 Persönlichkeitsschutz/Datenschutz

Mit der Verbreitung von Computersystemen konzentrierte sich die politische und rechtliche Diskussion vorerst auf Fragen des Persönlichkeitsschutzes, des Datenschutzes. Vor Einführung der Computer wurden Daten von Einzelpersonen in verschiedensten Bereichen erfaßt: als Arbeitnehmer vom Arbeitgeber, als Patient vom Arzt, Krankenhaus, Zahnarzt, der Krankenkasse etc., als Versicherter von den Sozialversicherungen, Haftpflicht-, Mobiliar-, Reiseversicherungen u. a., als Schüler von der Schule, etc. Der Einsatz des Computers ermöglicht jedoch heute eine umfassendere und raschere Registrierung. Heute werden allein in der schweizerischen Bundesverwaltung insgesamt in über 1010 einzelnen Personendatenregistern über 80 Mio. personenbezogene Datensätze gespeichert[7a]. Somit ist jeder erwachsene Schweizer allein beim Bund im Durchschnitt gegen 20mal registriert mit Daten aus dem Privat-, Geschäfts-, Militär- und Sozialversicherungsbereich. Dazu kommen noch Eintragungen in kantonalen und kommunalen Datenbanken, beim Arbeitgeber, beim Wohnungsvermieter, bei Banken, Versicherungen, Krankenkassen, Ärzten, Vereinen, Parteien und bei Adress- und Versandhändlern.

---

7 Zit. bei Sieber a. a. O., S. 1438.
7a Schweiz. Handelszeitung vom 23. 2. 1984, Seite 3.

Um nicht im rechtsleeren Raum zu operieren, haben schon zahlreiche Kantone und Gemeinden aus eigener Initiative Datenschutzreglemente ausgearbeitet.

Als erster Kanton hat Genf eine „loi sur les informations traitées automatiquement par ordinateur" erlassen, die durch eine Totalrevision im Jahre 1981 wesentlich ergänzt und verstärkt wurde. Einen gesetzlichen Schutz schufen 1981 der Kanton Waadt, sowie 1982 der Kanton Neuenburg. Mehrere Kantone wie Zürich, Bern, Basel-Stadt, Basel-Landschaft und Solothurn begnügten sich vorerst mit Verordnungen des Regierungsrates. In diesen und anderen Kantonen wollte man abwarten, ob nicht der Bund eine umfassende Gesetzgebung, die auch für kantonale und kommunale Verwaltungen gälte, ausarbeiten würde. Der Bundesrat verzichtete jedoch auf eine solche Rahmengesetzgebung.

Die Konferenz der kantonalen Justiz- und Polizeidirektoren ließ daraufhin 1979 durch eine Arbeitsgruppe einen Mustergesetzesentwurf für ein kantonales Datenschutzgesetz ausarbeiten, welcher erst Mitte 1983 den Kantonsregierungen mit der Empfehlung zugestellt wurde, „eine entsprechende Gesetzgebung einzuleiten oder, falls ein Kanton in der Materie bereits legiferiert hat, bei Gelegenheit einer Gesetzesrevision sich nach Möglichkeit dem Mustergesetz anzuschließen". Einige Kantone haben diese Empfehlung bereits befolgt, z. B. der Kanton Solothurn.

Dies hat die Frage des Schutzes der Persönlichkeitssphäre aktiviert. Grundlage ist ZGB Art. 28, welcher einen umfassenden Schutz gegen jeglichen übermäßigen Eingriff in die persönlichen Verhältnisse gewährt. Der in seiner Persönlichkeitssphäre Verletzte hat ein Recht auf Feststellung der Rechtswidrigkeit, Unterlassung, Berichtigung, Schadenersatz und unter bestimmten Voraussetzungen auch auf Genugtuung.

Die Grundlage für den Datenschutz im öffentlichen Recht bildet ein ungeschriebenes Verfassungsrecht auf Unverletzlichkeit der Privatsphäre. Das Grundrecht der persönlichen Freiheit wird durch die bundesgerichtliche Rechtsprechung ausformuliert und kommt zur Anwendung, wenn die persönliche Menschenwürde nicht durch eine andere spezifischere Norm geschützt wird. Dabei gilt für die Verwaltung eine stark eingeschränkte Handlungsfähigkeit. Jede staatliche Tätigkeit muß sich an das Legalitätsprinzip halten, das heißt, es gibt keine staatliche Tätigkeit ohne gesetzliche Grundlage. Sodann ist das Proportionalitätsprinzip zu berücksichtigen, wonach jede staatliche Tätigkeit verhältnismäßig sein muß, also nur gerade denjenigen Umfang haben darf, der zum beabsichtigten Erfolg führt und nicht darüber hinaus schießt[8].

---

8 Finanz & Wirtschaft, 30. 7. 80, S. 18.

Auf eidgenössischer Ebene setzten die ersten Diskussionen um ein Datenschutzgesetz bereits anfangs der siebziger Jahre ein. Die erste Motion in dieser Richtung wurde am 17. März 1971 von Nationalrat Bussey eingereicht „zum Erlaß einer Gesetzgebung, welche den Bürger und dessen Privatsphäre gegen mißbräuchliche Verwendung der Computer schützt, andererseits jedoch eine normale Entwicklung der Verwendung von Datenverarbeitungsanlagen sicherstellen soll". In seiner Antwort versprach der Bundesrat, die Voraussetzungen für die Entwicklung einer Datenschutzgesetzgebung in der Schweiz von einer Studienkommission prüfen zu lassen.

Nun, mehr als 10 Jahre nach dem ersten parlamentarischen Vorstoß, konnte der Bundesrat kürzlich das „Bundesgesetz über den Schutz von Personendaten" in die Vernehmlassung schicken.

11.3.2 Berufsgeheimnis

Einen spezifischen Schutz der Privatsphäre bietet das Berufsgeheimnis. StGB Art. 321 (Verletzung des Berufsgeheimnisses) erwähnt namentlich das Berufsgeheimnis von Geistlichen, Rechtsanwälten, Verteidigern, Notaren, nach Obligationenrecht zur Verschwiegenheit verpflichteten Revisoren, Ärzten, Zahnärzten, Apothekern, Hebammen, sowie ihren Hilfspersonen und ebenso Studierenden, die ein Geheimnis offenbaren, das sie bei ihrem Studium wahrnehmen.

In den Bereich der Geheimhaltungspflicht gehören auch das Bankgeheimnis oder vertragliche Abmachungen zwischen Parteien, die auch auf dem Bereich der Datensicherung Anwendung finden.

11.3.3 Vertragsrecht (Obligationenrecht)

Die entsprechenden Artikel des Obligationenrechtes sind anwendbar bei

– Kauf einer Computeranlage mit Zubehör (OR Art. 184 ff.)
– dem verbreiteten Leasing solcher Anlagen
– Kauf von Programmen, bestehend aus einem Datenträger (Diskette, Magnetband etc.) mit kleinem Wertanteil und dem Programm (auf dem Datenträger gespeicherte Daten und Programm = Software) von hohem Wertanteil
– Verarbeitung an der Computeranlage im eigenen Betrieb durch Angestellte (OR) Art. 319 ff.) oder durch freie Mitarbeiter im Auftragsverhältnis (OR Art. 394 ff.)

- Bearbeitung außerhalb der eigenen Firma durch eine Computerfirma im Auftragsverhältnis (OR Art. 394 ff.) normalerweise mit einem speziellen Dienstleistungsvertrag.

Daraus können sich vertragliche und außervertragliche Schädigungen ergeben (OR Art. 97 ff. und 41 ff.).

11.3.4 Patent- und Urheberrecht

Bei Computeranlagen, ihrem Zubehör, vor allem jedoch bei den Programmen kommen die entsprechenden Normen des Immaterialgüterrechtes, Patent-und Urheberrechtsschutzes zur Anwendung.

11.3.5 Strafrecht

Es gibt keine spezielle schweizerische Strafnorm für Computerdelikte. Die strafrechtliche Einordnung unter die bestehenden Strafrechtsnormen ist schwierig, da sehr verschiedenartige Begehungsformen auftreten.

Grundsätzlich kann der Computer selbst Gegenstand des Deliktes sein:
- Diebstahl von Computerzeit (evtl. StGB 146 Unrechtmäßige Entziehung von Energie, StGB 151 Erschleichung einer Leistung, StGB 159 Ungetreue Geschäftsführung, gilt nur für Geschäftsführer, nicht für Angestellte)
- Diebstahl von Software wie Programme, Dateien oder Datenträger mit Informationen (StGB 162 Verletzung des Fabrikations- oder Geschäftsgeheimnisses, StGB 273 Wirtschaftlicher Nachrichtendienst, allenfalls Strafbestimmungen der Datenschutzgesetzgebung)
- Sabotage gegen Anlagen und Daten (StGB 145 Sachbeschädigung)

Der Computer kann auch Mittel zur Begehung einer andern Straftat sein:
- Betrug (StGB 148)
- Veruntreuung (StGB 140)

Zum Problem der Anwendbarkeit der oben zitierten Strafartikel vgl. Kapitel 11.6.

11.4 Computerdeliktsformen

Sieber gliedert in einer neuen Arbeit die Computer-Delikte wie folgt:

a) Computermanipulationen

Die Computermanipulation stellt in allen westlichen Industrienationen die häufigste Form der Computerkriminalität dar. Ihr Anteil an den aufgedeckten Computerdelikten beträgt in der Bundesrepublik Deutschland ca. 60%. Es handelt sich dabei um Datenveränderungen, die insbesondere von Angestellten des geschädigten Unternehmens zum Zwecke der persönlichen Bereicherung vorgenommen werden (Manipulationen im Bereich der Gehalts- und Rechnungszahlungen, unberechtigte Kindergeld- und Rentenzahlungen, Erhöhung der Kontenstände bei Banken, Manipulation der Warenbestandsführung und Bilanzerstellung).

Der Täter kann dabei dem Computer von Anfang an unrichtige Input-Daten eingeben (Input-Manipulationen), er kann die ordnungsgemäße Verarbeitung des Computers stören (Progamm- und Konsol-Manipulationen) oder er kann das richtige Ergebnis des Computers nachträglich verfälschen (Output-Manipulation).

b) Computer-Spionage und Software-Diebstahl

Computer-Spionage stellt im Bereich der Computerkriminalität die zweithäufigste Deliktform dar[9]. Die wirtschaftliche Bedeutung der Progamm-Spionage (sogenannter Software-Diebstahl) ist groß, werden doch z. B. in der Bundesrepublik jährlich zwischen 5 – 10 Milliarden DM für die Entwicklung von Software-Produkten ausgegeben. Im kaufmännischen Bereich geht es bei der Computerspionage vor allem um computergespeicherte Kalkulationen, Bilanzen, Kundenadressen und im technischen Bereich um Entwicklungs- und Forschungsdaten. Die hohe Konzentration der Daten in elektronischen Speichern und die Möglichkeit, diese rasch und unauffällig elektronisch zu kopieren, hat eine neue Dimension der Wirtschaftsspionage eröffnet.

c) Computer-Sabotage

Am häufigsten sind Brand- und Bombenanschläge, sowie der Einsatz von sogenannten „Crash-Programmen", die große Datenmengen in kürzester Zeit löschen. Daneben nehmen Sabotagehandlungen mittels Datenfernverarbei-

---

9 Sieber, a. a. O., S. 1441.

tung (Eindringen über die Telefonleitung ins EDV-System) zu. Als Täter kommen vor allem ideologisch motivierte Terroristen in Frage. Diese sehen im Computer häufig das Symbol staatlicher Überwachung und Unterdrückung. Bei der andern zunehmenden Gruppe handelt es sich um eigentliche Computerfans, welche aus Spieltrieb oder Ehrgeiz fremde Computer zu knacken versuchen (sog. Hacker).

d) Zeitdiebstahl

Zeitdiebstähle sind in der Computerbranche an der Tagesordnung, indem Computerangestellte den firmeneigenen Computer und teilweise auch die firmeneigenen Programme für private Zwecke und zu Nebentätigkeiten nutzen. Eine ins Gewicht fallende Schädigung des Unternehmens erfolgt hier nur bei Mißbräuchen im Bereich der Datenfernverarbeitung, sowie in Fällen, in denen das Unternehmen die tatsächlich genutzte Zeit eines gemieteten Computers bezahlen muß oder in denen der Täter seinem Arbeitgeber Kunden abwirbt.

e) Allgemeine Wirtschaftsdelikte

Zunehmend wird der Computer zur Begehung allgemeiner Wirtschaftsdelikte eingesetzt. Damit schädigen Angestellte nicht nur ihr eigenes Unternehmen, sondern auch Geschäftspartner und staatliche Stellen.

11.5 Fälle

Fall 36: Kindergeld (Input-Manipulation)

Der Täter arbeitete als Sachbearbeiter in der Kindergeldstelle eines Bayerischen Arbeitsamtes. Unter Fälschung des Handzeichens eines anderen Sachbearbeiters wies er unrechtmäßig Kindergeldnachzahlungen in Höhe zwischen 5000 und 10 000 DM auf mehrere eigene Konten sowie auf Konten von Familienangehörigen an, die der Computer dann auch ordnungsgemäß ausführte. In einem Zeitraum von ca. 10 Monaten nahm der Täter 29 derartige Manipulationen vor, wodurch er und seine ebenfalls bedachten über 80jährigen Großeltern in den Genuß von Kindergeld von über 250 000 DM kamen. Er wurde 1973 wegen fortgesetzter Untreue, Urkundenfälschung sowie Urkundenfälschung im Amt zu einer Freiheitsstrafe von drei Jahren verurteilt[10].

---

10 Nicht veröffentlichtes Urteil eines bayrischen Landgerichtes vom 29. 5. 1973, zit. bei Rohner a. a. O., S. 46 ff. und Sieber a. a. O., S. 1434.

Die Inputmanipulationen werden außer von den Angestellten der Fachabteilungen häufig auch von Angestellten der EDV-Abteilungen, insbesondere von Datatypisten und EDV-Operateuren begangen.

Fall 37: Auslandszahlungsverkehr (Input-Manipulation)

So gelang es beispielsweise vor einigen Jahren einem Zürcher EDV-Angestellten, den automatisierten Auslandszahlungsverkehr einer der größten Schweizer Banken zu manipulieren. Der im Rechenzentrum der Bank als Operateur und Datenkontrolleur tätige Angestellte fing im Schlüsselbüro der Bank verschiedene Überweisungsaufträge seiner Mittäter ab und gab dem Computer dann nicht die korrekten Überweisungsbeträge, sondern jedesmal ihren tausendfachen Betrag ein. Die in Lugano und Davos die Gelder abholenden Täter erhielten daher z. B. für die in Frankfurt einbezahlten 98 DM nicht 100, sondern 100 000 SFr., oder für ihre in New York aufgegebenen 97 US-Dollar nicht 251, sondern 251 000 SFr. ausbezahlt. Insgesamt bereicherten sich die Täter auf diese Weise um ca. 700 000 SFr. Die an den Manipulationen beteiligten Personen konnten erst nach überaus schwierigen Ermittlungen gefaßt und verurteilt werden.

Fall 38: Gehaltszahlung (Programm-Manipulation)

Der Täter war als Programmierer bei einer großen deutschen Aktiengesellschaft beschäftigt. Er fügte mit Hilfe eines hierfür speziell erstellten Programmes in den die Gehaltsdaten der Firma enthaltenden Datenspeicher die Gehaltsdaten fiktiver Personen ein und gab dabei als Konto, auf welches die Gehälter dieser Personen überwiesen werden sollten, sein eigenes Konto an. Diese Gehaltsmanipulation wäre bei dem betroffenen Unternehmen allerdings dadurch aufgedeckt worden, daß der Computer Lohnzettel, Kontrollisten, Buchungsübersichten und Bilanzen erstellte, die in der Firma auch sorgfältig kontrolliert und ausgewertet wurden.

Um eine Aufdeckung der Manipulation über diese Kontrollausdrucke zu verhindern, veranlaßte der Täter zunächst durch Veränderungen an dem Gehaltszahlungsprogramm, daß über die Zahlungen an die fiktiven Mitarbeiter keine Lohnzettel gedruckt wurden und daß die Zahlungen auch nicht in den vom Computer erstellten Kontrollisten erschienen. Durch eine weitere Manipulation an dem die Buchungsübersichten und die Bilanzen des Unternehmens erstellenden Programm erreichte er schließlich, daß die unterschlagenen Beträge von der an das Finanzamt zu entrichtenden Lohnsteuer abgezogen wurden und daher in den Buchungsübersichten und der Bilanz des Unternehmens nicht als Fehlbeträge auffielen. Bis zu der durch Zufall erfolgten Aufdeckung der Manipulation bereicherte sich der Täter um 193 000 DM. Er wurde wegen fortgesetzten Betrugs und fortgesetzter Untreue zu einer Freiheitsstrafe von zwei Jahren verurteilt[11].

Fall 39: Rundungsfall (Programm-Manipulation)

Dieser Fall ist deshalb interessant, weil er zu einer heftigen Kontroverse zwischen Betzl und Sieben/von zur Mühlen über die rechtliche Qualifikation geführt hat[12].

In der Bundesrepublik Deutschland soll er in drei Unternehmen mit Erfolg praktiziert worden sein, wobei in zwei Fällen der Schaden jeweils ca. DM 500 000. – und in einem Fall DM 300 000. – betragen haben soll.

Bei der manuellen Berechnung der Zinsen war es in den Kreditinstituten üblich, daß vom Sachbearbeiter jeweils entschieden wurde, ob auf ganze Pfennige auf- oder abzurunden sei. Bis zu 0.5 Pf. wurde meist abgerundet, darüber liegende Bruchteile aufgerundet. Die Summen der Auf- und Abrundungen glichen sich in der Regel bis auf wenige Pfennige voll aus. Geringfügige Differenzen pflegte man auszubuchen. Die bisher verwendeten Computer kannten den Befehl „Runden" noch nicht. Nur die neueren Anlagen verfügen über diese Möglichkeit. Infolgedessen behalf man sich in den Rechenzentren, denen die Zinsberechnungen übertragen waren, z. B. damit, daß man bis auf drei Stellen hinter dem Komma genau rechnete und dann beim Ausdrucken die letzte Dezimalstelle durch Versetzen des gesamten Betrages nach rechts wegfallen ließ. Dadurch wurde eine Abrundung erreicht.

Diesen Umstand nutzte nun der Chef-Programmierer eines Norddeutschen Kreditinstitutes aus, als er das Computerprogramm für die Zinsberechnung auszuarbeiten hatte. Er baute in das Programm einen Rechenschritt ein, der dem Computer die Anweisung erteilte, die letzten Dezimalstellenbeträge zu addieren und dann in einer Gesamtsumme seinem von ihm errichteten Konto gutzuschreiben[13].

---

11 Sieber, a. a. O., S. 1434/1435.
12 Betzl: Computerkriminalität – Dichtung und Wahrheit, DSWR 11 (1972) S. 317 ff.; Computerkriminalität – Viel Lärm um Nichts, DSWR 15 (1972) S. 475 ff.; Computerkriminalität – Bemerkungen zu einer Richtigstellung, DSWR 23 (1973) S. 254 ff. Sieben/Von zur Mühlen: Computerkriminalität nicht Dichtung, sondern Wahrheit, DSWR 13 (1972) S. 397 ff.; zur Diskussion: Computerkriminalität, DSWR 23 (1973) S. 252 ff.
13 Zit. bei Rohner a. a. O., S. 54/55.

Fall 40: Herstatt-Fall (Konsol-Manipulation)

Als spektakulärer Fall einer *Konsolmanipulation* erwies sich die Verheimlichung der Devisenspekulationsgeschäfte der Herstatt-Bank in der Mitte der siebziger Jahre in der Bundesrepublik Deutschland:

Die gesamten Abrechnungen des Devisen- und Geldhandels der Herstatt-Bank wurden über die Konsolschreibmaschine eines Kleincomputers erfaßt und anschließend in den zentralen Computer der Bank übertragen. Zur Vertuschung einzelner Devisenspekulationsgeschäfte drückten die Mitarbeiter der Bank eine an der Konsole des Kleincomputers angebrachte sog. „Abbruchtaste", so daß die Daten einzelner Devisengeschäfte nicht an den Zentralcomputer der Bank übertragen wurden. Hierdurch gelang es, von dem Kleincomputer eine ordnungsgemäße Bestätigung des Geschäfts für den Kontrahenten zu erstellen, ohne dieses jedoch buchungsmäßig in dem zentralen Computer der Bank zu erfassen. Durch dieses Verfahren wurden Verluste kaschiert und konnte das Gesamtvolumen der Termingeschäfte optisch niedrig gehalten werden. Insgesamt sollen dabei Beträge von mehreren Milliarden US-Dollar nicht oder nicht ordnungsgemäß gebucht worden sein.

Besonders interessant war in diesem Fall, wie die Täter eine programmtechnisch vorgesehene Sicherungsmaßnahme umgingen: Zur Vermeidung von Mißbräuchen sah das Programm des Kleincomputers vor, daß in dem Moment, in dem die „Abbruchtaste" gedrückt wurde, das Wort „Abbruch" auf das von dem Computer erstellte Abrechnungsformular gedruckt wurde. Diese Fehlermeldung, die zu einer Entdeckung der Manipulation hätte führen müssen, verhinderten die Täter dadurch, daß sie das Abrechnungsformular nach seiner Fertigstellung, aber noch vor dem Drücken der Abbruchtaste, aus der Anlage entnahmen, so daß das Wort „Abbruch" nicht auf das Formular, sondern auf die leere Walze gedruckt wurde[13a].

Fall 41: Wiederholungstrick (Output-Manipulation)

Ein Operator drückte beim Durchlauf der Gehaltsabrechnungen auf den Wiederholungsknopf der Kontrollkonsole, so daß sein Gehaltscheck siebenunddreißig Mal gedruckt wurde[14].

13a Sieber, a. a. O., S. 1434/1435.
14 Von zur Mühlen: Computer-Kriminalität, Gefahren und Abwehrmaßnahmen, 1973, S. 79. Dieser Fall ist in verschiedenen Varianten vorgekommen, vgl. Betzl, Sicherung des Rechnungswesens, 1974, S. 121 und dort zitierte Quellen.

Fall 42: Löschen von Bändern

Dr. Emil Savudra aus Ceylon gründete in London die FAM Versicherungsgesellschaft. Durch agressive Werbung und niedrige Tarife, die nach Ansicht der Konkurrenz niemals zur Abdeckung des Risikos ausreichen konnten, gewann er in kurzer Zeit 400 000 britische Autobesitzer als Kunden. Als die Schadensrechnungen anfingen, ihm über den Kopf zu wachsen, ging er mitsamt den Prämiengeldern außer Landes. Zurück blieben leere Büros und ein Großcomputer mit leeren Magnetbändern. Savundra hatte sämtliche elektronisch gespeicherten Unterlagen (Prämienrechnungen, Schadensleistungen, Belege über Schulden und Guthaben) am Tage seiner Abreise löschen lassen. Da keine brauchbaren Unterlagen mehr vorhanden waren, konnte der genaue Schaden niemals festgestellt werden[15].

Fall 43: Amerikanischer Student (Datenfernverarbeitung)

Einem amerikanischen Studenten gelang es bereits Anfang der 70er Jahre, von seiner Wohnung aus über das öffentliche Telefonnetz in den Zentralcomputer der Pacific Telephone Corporation einzudringen und diesen zur kostenlosen Lieferung von Waren im Werte von ca. 1 Mio. Dollar zu veranlassen[15 a].

Fall 44: BOAC-Platzreservation (Computerspionage und Software-Diebstahl)

Ziel der Wirtschaftsspionage sind in letzter Zeit auch speziell entwickelte Computer-Programme, in denen eine Unzahl von Stunden und das ganze Know-how investiert worden sind. Die englische Luftverkehrsgesellschaft BOAC hatte mit einem Aufwand von rund 30 Mio Fr. in jahrelanger Arbeit ein System für die Platzreservierung ausgearbeitet. Das neue Reservierungs-System sollte der Gesellschaft bis 1980 einen wesentlichen Rationalisierungseffekt bringen. Durch Zufall wurde entdeckt, daß Angestellte der Firma sämtliche Programmierungs-Unterlagen kopiert und an Konkurrenzunternehmen weiterverkauft hatten[16].

---

15 Ogger: Gangster greifen zum Computer, im „Stern", 1973, Nr. 40, S. 143.
15 a Sieber, Sieber, a. a. O., S. 1434/1435.
16 Schweizerische Handelszeitung vom 28. 3. 74, S. 21.

Fall 45: Flugzeugfabrik

Eine gewisse Gefahr bedeutet auch die Datenfernverarbeitung. Mit diesem Verfahren ist es möglich, über die normale Telefonleitung oder spezielle Leitungen einen Computer anzusprechen und bei Kenntnis des Codes von ihm alle gefragten Daten zu erhalten. So kann man über einen auswärtigen Terminal oder einen privaten Kleincomputer auch Daten abfragen, die auf jeden Fall nicht für den Fragenden bestimmt sind. Es ist aber auch möglich, die Leitung zwischen Terminal und Computer anzuzapfen und so alle Informationen aufzunehmen.

Ein EDV-Dienstleistungsbetrieb in Kalifornien hatte für einen Flugzeughersteller ein wertvolles Verfahren entwickelt, mit dessen Hilfe der Kunde lediglich technische Daten in den Computer eingeben mußte. Dieser verarbeitete die Daten dann zu fertigen Plänen für Flugzeugbestandteile und druckte die Pläne über ein automatisches Zeichengerät bei dem Flugzeughersteller aus. Die Konkurrenz war nicht in der Lage, dieses Computerprogramm zu entwickeln. Sie entsann sich aber, daß ein anderes Unternehmen ebenfalls bei der gleichen EDV-Dienstleistungsfirma Dienstleistungen abnahm. Diese Firma hatte den gleichen Code wie der Flugzeughersteller vereinbart. Nun gelang es, nachdem man ein entsprechendes Programm entwickelt hatte, via die zweite Firma vom ersten Dienstleistungsbetrieb alle Geheimnisse und Unterlagen zu entlocken[16].

Fall 46: New Yorker Schüler (Computersabotage)

1980 gelang es Schülern einer renommierten New Yorker Privatschule mit Hilfe ihres Unterrichtcomputers in die Datenbanken verschiedener kanadischer Gesellschaften einzudringen und deren Daten teilweise zu zerstören[16a].

Fall 47: Baupläne (Zeitdiebstahl)

Ein Ingenieurbüro für statische Berechnungen und architektonische Entwürfe sowie Kostenvoranschläge usw. benützte einen Computer eigener Konstruktion. Auf einem Bildschirm neben dem Schreibtisch kann der Ingenieur mit einem Lichtstift eine Skizze anfertigen. Ferner gibt er die Daten wie Belastungsanforderungen, Größe des Objekts, Materialverwendung und dergleichen an. In Sekundenschnelle sendet das Rechengerät nicht nur die fertigen Berechnungen, sondern auch die entsprechende Zeichnung über den Bild-

---

16a Sieber, a. a. O., S. 1434/1435.

schirm, samt etwa gewünschten Änderungen. Ein Knopfdruck genügt, und die auf dem Bildschirm erschienenen kompletten Baupläne werden in einem Kopiergerät ausgedruckt (sog. CAD-System = computer aided design). Dieses Verfahren diente den Ingenieuren als gut dotierte Nebeneinnahmequelle. Sie nahmen privat Aufträge für Entwürfe von Häusern aller Größenordnungen an und ließen den Computer die Arbeit machen. 16 der insgesamt 47 Ingenieure des Unternehmens ergriffen die Chance und nutzten etwa 20% der insgesamt zur Verfügung stehenden Computerstunden. Dem Unternehmen erwuchs ein Schaden von 2,8 Millionen Dollar[17].

Allgemeine Wirtschaftsdelikte

Fall 48: Equity-Funding-Corporation

Die Betrügereien der Equity-Funding-Corporation, einer Versicherungsgesellschaft, bestanden vor allem im Verkauf fiktiver Lebensversicherungsverträge an einen Rückversicherer. Dieser im Bereich der Wirtschaftskriminalität nicht seltene Fall der Abtretung von Scheinforderungen wurde durch die Datenverarbeitungsanlage der Gesellschaft stark erleichert.

Ohne Einsatz der EDV wären die Täter gezwungen gewesen, für jeden der verkauften fiktiven Verträge einen Versicherungsvertrag mit einer Vielzahl sozialer und medizinischer Daten des Versicherungsnehmers auszufüllen und zu fälschen. Die Datenverarbeitungsanlage, in der die einzelnen Versicherungsverträge auf dem sog. „Master File" gespeichert waren, ersparte ihnen diese Arbeit. Da sich der Rückversicherer als Beweis für die Existenz der übernommenen Versicherungsverträge mit den entsprechenden EDV-Ausdrucken der Equity-Funding-Corporation zufriedengab, war es für die Täter lediglich erforderlich, die Daten der fiktiven Versicherungsverträge auf dem Master File anzufügen.

Die Gesellschaft ging dabei nicht den mühsamen Weg, einzelne fiktive Vertragsdaten zusammen mit ordnungsgemäßen Daten über den hierzu bestimmten Arbeitsablauf als Input einzugeben, sondern benutzte Magnetbänder mit den Daten bereits abgeschlossener alter Verträge. Mittels eines speziell hierzu erstellten Progamms wurden die alten Versicherungsnummern geändert und sowohl die Prämien als auch die auszuzahlenden Versicherungssummen mit dem Faktor 1,8 multipliziert. Weitere Computerprogramme sorgten dann noch dafür, daß die fiktiven Daten in die Bilanz des Unternehmens eingingen und hierdurch die Aktienkurse des Unternehmens in die Höhe trieben. Durch

---

17 Neflin: Wirtschaftskriminalität, Eine Warnung vor Schwindlern und Betrügern, 1971, S. 104.

diese Automatisierung der Herstellung von Scheinpolicen war es der Equity-Funding-Corporation möglich, in den Jahren 1970 bis 1972 insgesamt 56 000 fiktive Versicherungsverträge mit einem Verkaufswert von über 30 Mio. Dollar herzustellen. Bei manuellen Fälschungen der Versicherungsverträge hätte diese Zahl wohl kaum erreicht werden können.

Die Manipulation wurde aufgedeckt, weil ein eingeweihter Mitarbeiter den Plan nach einer Auseinandersetzung mit seinem Chef verriet. Der Chef des Unternehmens wurde zu einer Freiheitsstrafe von 8 Jahren verurteilt, weitere 21 Mitarbeiter der Gesellschaft, darunter 3 aus dem EDV-Bereich, erhielten ebenfalls hohe Freiheitsstrafen[18].

Neueste Form: Bitnapping

Fall 49: Lösegeld für Datenträger

„Bitnapping" heißt in Fachkreisen mittlerweile die Erpressung von Lösegeld für entwendete Datenträger. Prominentes Opfer wurde der britische Konzern Imperial Chemical Industries (ICI), aus dessen niederländischem Rechenzentrum 540 Magnetbänder und 48 Plattenstapel mitsamt Sicherungskopien entführt worden waren. 275 000 Pfund Sterling verlangten die Täter, ein ICI-Operator und sein Freund. „Wenn wir dieses Material vernichten, können Sie Ihren Laden dichtmachen", drohten sie den ICI-Managern, die sich notgedrungen auf den Tauschhandel einlassen mußten. Bei der Übergabe des Lösegeldes in London wurden die beiden Datendiebe geschnappt[19].

11.6 Strafrechtliche Erfaßbarkeit

Das Hauptproblem bei der strafrechtlichen Erfassung von Computerdelikten dürfte in der mangelnden Erfahrung der Juristen, insbesondere der Strafrichter, mit dieser relativ neuen und sich technisch sehr rasch entwickelnden Computertechnik liegen. Computerdelikte weichen in verschiedenen Belangen wesentlich vom sonstigen Bild von Wirtschaftsstraffällen ab.

Hohe Dunkelziffer

Verschiedene Autoren weisen auf diese hohen Dunkelziffern hin[20]. Der Grund dafür liegt in den computertypischen Aufklärungs- und Nachweisschwierig-

---

18 Sieber a. a. O., S. 1437.
19 Der Spiegel, Nr. 15/1983, S. 127.
20 Z. B. Sieber, Rohner, Von zur Mühlen in angeführten Arbeiten.

keiten und in der häufig innerbetrieblichen Regelung aufgedeckter Delikte aus Angst vor Imageschädigung des Unternehmens oder der Wissensmacht der betroffenen EDV-Spezialisten. Wir haben im Unterkapitel 11.2 gesehen, daß nach amerikanischen Schätzungen von 1974 nur 1% aller Computerdelikte entdeckt und von diesen entdeckten Delikten nur ca. 14% zu Kenntnis der Ermittlungsbehörden gebracht werden.

Permanente Begehung

Das auffälligste Charakteristikum bei Computerdelikten ist die besonders häufige Wiederholung der Tat. Dies beruht darauf, daß Arbeitsabläufe im Computerbereich leicht wiederholbar sind, und eine einmal vom Täter gefundene Lücke praktisch beliebig oft ausgenutzt werden kann. Bei Programmanipulationen und Veränderungen von Stammdaten wird die Wiederholung der Tat automatisiert, indem der Computer bei jedem Progammeinsatz (z. B. Salärauszahlungen) die Tat ohne Zutun des Täters automatisch wiederholt.

Täterpersönlichkeit

Häufig handelt es sich bei den Tätern um EDV-Spezialisten, also „Angefressene", die gerne pröbeln. Dies fördert auch die Cliquenbildung in EDV-Teams und einen intensiven Erfahrungsaustausch unter Kollegen. Entsprechende freundschaftliche Bindungen können gefährlich werden, wenn z. B. der Täter bei der Firma und sein befreundeter Kollege bei der überwachenden Kontrollstelle arbeitet. Mangels eigener Computerkenntnisse haben die Vorgesetzten häufig ein zu großes Vertrauen in ihre EDV-Spezialisten. Für die Untersuchung wirkt erschwerend, daß es sich bei den Tätern normalerweise um polizeilich unbekannte „Amateure" handelt.

Einleitung einer Strafuntersuchung

In vielen Fällen ist man auf den Zufall angewiesen, um einem Computerdelikt auf die Spur zu kommen.

Strafrechtlicher Schutz

Gemäß Rohner ist der heutige strafrechtliche Schutz gegen EDV-Manipulationen unvollständig, insbesondere fehle der bisherige Urkundenstrafschutz[21].

---

21 Rohner a. a. O., S. 58/59.

„Die Computermanipulationen sind strafrechtlich bei den Vermögensdelikten und bei den Urkundendelikten einzuordnen. Soweit durch die Manipulationen Vermögensschäden und entsprechende Bereicherungen bewirkt worden sind, ist zu prüfen, ob das hergebrachte System der Vermögensdelikte diese neuen Erscheinungen erfaßt. Da durch eine Datenmanipulation grundsätzlich keine Wegnahme oder Aneignung einer beweglichen Sache bewirkt werden kann, fallen Art. 137 bis 141 StGB (Diebstahl, Entwendung, Raub, Veruntreuung und Unterschlagung) zum vornherein außer Betracht. Vorbehalten bleibt selbstverständlich die Manipulation als Begleithandlung eines dieser Delikte."

StGB Art. 148 (Betrug) ist kaum anwendbar, da mit der Manipulation kein Mensch sondern ein Computer getäuscht wird[22].

Seit der Revision der Art. 962 und 963 OR fallen auch Aufzeichnungen auf Bild- und Datenträgern unter die ‚Geschäftsbücher', soweit sie mit den Unterlagen übereinstimmen und jederzeit lesbar gemacht werden können. Damit werden StGB Art. 166 (Pflichtverletzung bei der ordnungsgemäßen Führung und Aufbewahrung von Geschäftsbüchern) sowie Art. 325 StGB anwendbar. Eventuell greifen StGB Art. 251 ff. (Urkundendelikte).

Die strafrechtliche Erfaßbarkeit der Computerdelikte ist aber heute noch unbefriedigend. Insbesondere sind die unbefugte Benützung des Computers („Zeitdiebstahl"), der Diebstahl von Programmen und Computermanipulationen nur schwer erfaßbar.

11.7 Zivilrechtliche Erfaßbarkeit

Aus dem Kauf einer Computeranlage mit Zubehör, dem Leasing solcher Anlagen, dem Kauf von Programmen, der Verarbeitung durch eigene Angestellte oder durch freie Mitarbeiter im Auftragsverhältnis und durch Bearbeitung außerhalb der eigenen Firma durch eine Computerfirma im Auftragsverhältnis können sich bei Computerdelikten vertragliche und außervertragliche Schädigungen ergeben. (OR Art. 97 ff. und 41 ff.)

---

22 Statenwerth, in ZStR 1981, Seiten 229 ff.

12. Übrige Wirtschaftsdelikte

12.1 Problemkreis

Wir sind immer wieder auf das Problem der Abgrenzung von Wirtschaftsdelikten zu den übrigen Delikten gestoßen. Einzelne Wirtschaftskriminalfälle umfassen meistens mehrere Straftatbestände. Deshalb ergeben sich in der hier gewählten Systematik der Darstellung Überschneidungen und diskutable Zuordnungen. Dieses Kapitel behandelt eine Auswahl von einigen schwer zuweisbaren Delikten.

- Schwindel mit Staatsaufträgen
- Schwindel mit Entwicklungshilfe
- Liegenschaften-Umgehungsgeschäfte
- Hochsee-Kriminalität

Vollständigkeitshalber seien eine Reihe weiterer Deliktegruppen erwähnt, welche von vielen Autoren zu den Wirtschaftsdelikten gezählt werden:

- Lotto/Toto-Betrug
- Wettgeschäfte/Turf
- Fälschungen von Geld und Wertschriften
- Warenfälschungen (insbesondere Lebensmittel, Antiquitäten, Bilder)
- Rackets
- Mietwucher
- Wucher
- Kurpfuscherei
- Schwindel mit Parapsychologie

Von den in Kapitel 2 aufgezählten Wirtschaftsdelikten im engern Sinne nimmt die Umweltkriminalität eine besondere Stellung ein. Das Umweltstrafrecht wird international mehrheitlich zum Wirtschaftsstrafrecht gezählt[1]. Meines Erachtens hat der Umweltschutz im Bewußtsein der heutigen Gesellschaft eine solche Bedeutung und betrifft eine solche Breite einzelner Sachverhalte, daß sich eine eigenständige Deliktsgruppe „Umweltkriminalität" rechtfertigt, welche nicht unter die Wirtschaftskriminalität fällt.

---

1 Kaiser: Kriminologie, 6. Aufl. 1983, S. 315
Tiedemann: Neuordnung des Umweltstrafrechts, 1980, S. 11 ff.

12.2 Schwindel mit Staatsaufträgen

12.2.1 Wirtschaftliche und politische Bedeutung

Der Staat ist ein bedeutender, wenn nicht sogar der größte Auftraggeber der Wirtschaft. Er tritt als Behörde (z. B. Baudepartement) oder Staatsbetrieb (z. B. Post) als Auftraggeber auf. Immer handelt es sich jedoch um die Verwendung von öffentlichen Mitteln, für deren korrekte Verwendung die Behörden die Verantwortung tragen. Teils geht es um einmalige Aufträge, z. B. Einkauf von strategischen Metallvorräten, teils um komplexe Aufträge, die sich über Jahre hinziehen, beispielsweise der Nationalstraßenbau. Von der Qualität des Einkaufes hängt unter Umständen sogar die Sicherheit des Staates und seiner Bevölkerung ab, wie bei den Rüstungskäufen für die Armee.

In der Schweiz werden oft der ausgeprägte Föderalismus und die Mehrparteienregierung bei der Auftragserteilung spürbar. Die Auftragsvergebung erfolgt manchmal nicht nach reinen Konkurrenzüberlegungen (qualitativ-preislich günstigstes Angebot), sondern − vielleicht berechtigterweise − in Berücksichtigung von unterentwickelten Landesgegenden, notleidenden Gewerbezweigen, Regionen und Branchen/Interessengruppen.

12.2.2 Rechtsgrundlagen

Aufgrund des Staats- und Verwaltungsrechtes hat die zuständige Behörde ihre Kompetenz zur Auftragserteilung. Meist sind dazu Kreditbeschlüsse des Parlamentes oder eine Volksabstimmung nötig. Die Aufträge selbst werden normalerweise nach den üblichen privatrechtlichen Normen (Vertragsrecht, Auftrag, Werkvertrag etc.) abgeschlossen. Vereinzelt kommen wie bei Rüstungsaufträgen zusätzliche Momente der Staatssicherheit und damit des Strafgesetzbuches (militärische Geheimnisse) dazu. Das Strafgesetzbuch kennt keine eigentlichen Normen betreffend Schwindel mit Staatsaufträgen. Es gelten die schon erwähnten Artikel, wie z. B. Betrug, ungetreue Amtsführung, Bestechung etc.

12.2.3 Kriminelle Anwendung

Der Schwindel mit Staatsaufträgen wird durch folgende Faktoren erleichtert:

− Hohe Investitionssumme, Umfang und politische Bedeutung der Projekte
− Kreditrahmen (den die Behörde ja ausschöpfen kann)

- die mehr nach politischen und gesamtwirtschaftlichen Erwägungen vorgenommene Auftragsvergebung
- die Einschränkung der Konkurrenzsituation bei vertraulichen Projekten z. B. aus dem Rüstungssektor
- die teilweise Verknüpfung von politscher und wirtschaftlicher Tätigkeit einzelner Unternehmer und die Einflußnahme politischer Gruppierungen, z. B. mit Blick auf die Wiederwahl von Behördenmitgliedern.

Meistens ist der Schwindel mit Staatsaufträgen verbunden mit Bestechungsdelikten (StGB Art. 288 und 315), Urkundenfälschungen (StGB Art. 317), unwahren Angaben über Handelsgesellschaften (StGB Art. 152), Amtsmißbrauch (StGB Art. 312), ungetreue Amtsführung (StGB Art. 314), Verletzung des Amtsgeheimnisses (StGB Art. 320), evtl. Nötigung oder gar Erpressung.

Fall 50: Beschaffung von Lederhandschuhen (Bundesrepublik Deutschland) [2]

Zum Aufgabenbereich eines Beamten gehörte unter anderem die Beschaffung von Lederhandschuhen sowie die Vergabe von Reparaturen an Handschuhen und Sicherheitsgurten. Er schaltete einen befreundeten Vertreter ein, der ihm Blankoangebotsunterlagen seiner Firma übergab, in die der Beamte nach Kenntnis der Preise der Konkurrenz geeignete hohe Preisangebote eintrug. Auch wenn die Angebote nicht die billigsten waren, erhielt die Firma doch die meisten Aufträge. Da die Firma aber offiziell keine Schmiergelder zahlen wollte, wurden Provisionszahlungen an den Beamten über den Vertreter bewilligt. Darüber hinaus gewährte die Firma dem Vertreter für erhöhte Aufwendungen zur Beschaffung der Aufträge Mengenrabatte von 15% und Skonti von 1–3%, die der Vertreter mit dem Beamten teilte.

Strafrechtliche Erfaßbarkeit

Aus schweizerischer Sicht kommen neben den Strafbestimmungen betreffend Bestechung (StGB Art. 315 und ev. ungetreue Amtsführung StGB Art. 314 sowie für die aktive Bestechung StGB Art. 288) allenfalls die Artikel über Veruntreuung (Kommissionsbezüge) oder Betrug in Frage.

Beizuziehen sind allenfalls Strafbestimmungen aus dem Beamtenrecht und dem UWG.

Zivilrechtliche und verwaltungsrechtliche Erfaßbarkeit

Ein vertraglich oder außervertraglich entstandener Schaden des Staates kann gemäß den einschlägigen Normen des Zivilrechtes eingeklagt werden. Das

---

2 Neflin: Wirtschaftskriminalität, Eine Warnung vor Schwindlern und Betrügern, 1971, S. 74.

Verwaltungsrecht bietet zusätzliche Handhabe für ein Disziplinarverfahren resp. Strafverfahren gegen die fehlbaren Beamten.

12.3 Schwindel mit Entwicklungshilfe

12.3.1 Problemkreis

Die Hilfeleistungen der Industrieländer, neuerdings auch der OPEC-Länder (Oelproduzenten) an die Entwicklungsländer nimmt laufend zu. Daran beteiligt sind internationale Entwicklungsbanken wie die Weltbank (International Bank for Development and Reconstruction), internationale Hilfsorganisationen wie FAO (Food and Agriculture Organisation), WHO (World Health Organisation), UNESCO, auch die einzelnen Staaten, resp. deren Regierungen oder Entwicklungshilfebehörden sowie private Hilfsorganisationen und Vereinigungen.

Die für Staatsaufträge geltende Problematik zeigt sich bei der Entwicklungshilfe in noch stärkerem Maße. Nicht nur spielen die internationalen zwischenstaatlichen Beziehungen hinein, sondern auch die Empfindlichkeit der neuen Machthaber in manchen Entwicklungsländern. Die in vielen Ländern herrschende autoritäre Regierungsform fördert die an und für sich schon verbreitete Korruption. Das bei den Bestechungsdelikten in Kapitel 6 Ausgeführte gilt in verstärktem Maße auch hier.

Zusätzlich erschweren die großen Distanzen, Sprachprobleme und meist komplizierten Verwaltungsstrukturen die Überwachung, die damit an Vertrauensleute oder Organisationen delegiert werden muß.

12.3.2 Rechtsgrundlagen

Soweit Staatsaufträge damit verbunden sind, gilt das unter 12.2 Gesagte über Schwindel mit Staatsaufträgen. Falls bilaterale oder multilaterale Abkommen für die Entwicklungshilfe für ein Land allgemein oder für ein bestimmtes Projekt bestehen, gehen deren Bestimmungen als lex specialis den bestehenden strafrechtlichen und zivilrechtlichen Normen vor.

12.3.3 Kriminelle Anwendung

Bei der von staatlicher Seite gewährten Entwicklungshilfe erfolgt die Finanzierung weitgehend in Form von projektgebundenen Krediten und ist damit unter Kontrolle. Manipulationen sind eher möglich, wenn das Entwicklungsland das Projekt nicht international ausschreibt und deswegen allenfalls überhöhte Preise zahlt.

Manigfaltiger sind jedoch die Deliktsmöglichkeiten bei nicht projektgebundenen Krediten, da die Vergabe weniger kontrollierbar ist. Beispielsweise umfaßt bei der Warenkredithilfe jede Einzellieferung eine erhebliche Anzahl kleiner Warenposten, deren Nachprüfung fast aussichtslos ist, resp. in keinem Verhältnis zum Aufwand stände. Da meist das Entwicklungsland für die Rückzahlung des Darlehens haftet, entsteht im Falle überhöhter Fakturierung ein materieller Schaden des Geberlandes nur in der Höhe der Zinsdifferenz vom gewährten günstigen zum marktmäßigen Zinssatz, also ein geringer materieller Schaden.

Ein Problem stellen dagegen die erheblichen Bestechungs- und Schmiergelder dar, die im Rahmen der Entwicklungshilfe leider nicht selten sind. Angesichts des internationalen Wettbewerbsdruckes und den Usanzen in den meisten Entwicklungsländern scheint die Wirtschaft sich daran zu gewöhnen. Da jedoch diese Schmiergelder selten quittiert werden (vgl. Kapitel 6), ist der Veruntreuung Tür und Tor geöffnet: Vermittler, Verkäufer, Spediteure u. a. können einen Teil der Bestechungsgelder in den eigenen Sack stecken, da ja die Gesamtsumme der vom Endempfänger erhaltenen Bestechungsgelder nicht überprüfbar ist.

In abgeschwächter Form stellen sich die genannten Probleme auch bei den charitativen Entwicklungshilfeorganisationen, die vorwiegend private Spenden und staatliche Zuschüsse in Projekte in Entwicklungsländern fließen lassen.

Fall 51: UIPE/EdM Genf

Die Internationale Vereinigung für Jugendhilfe in Genf (Union internationale pour la protection de l'enfance/UIPE) geriet schon 1967 und 1977 finanziell ins Gerede. 1983 wurde schließlich die Bundesanwaltschaft eingeschaltet, um auch allfällige strafrechtliche Gesichtspunkte bei der Verwaltung und Verwendung der Spenden zu prüfen. UIPE und die für Spendenaktionen vorgeschobene Organisation Enfants du Monde (EdM) sollen in einzelnen Fällen Gelder mißbräuchlich verwendet haben, die für Entwicklungshilfeprojekte zur Verfügung gestellt worden waren. Insbesondere sollen hohe Verwaltungskosten abgezweigt worden sein. So hat jeweils zuerst die Sammelorganisation Enfants du Monde durchschnittlich 8% auf den eingehenden Beträgen abgezweigt und den Rest an UIPE überwiesen. Manchmal liefen die Spendengelder noch über eine Drittorganisation, welche weitere 10% Verwaltungskosten abzweigte.

UIPE zog grundsätzlich für sich nochmals 10% der Spendenbeträge ab. Zusätzlich bezogen diverse Kommissionsmitglieder und Berater gute Honorare. Weitere Mittel versickerten für Koordinationsarbeiten und Projektstudien. Der Bundesrat schätzt seinen Schadenanteil wegen dieser mißbräuchlichen Verwendung von Entwicklungshilfegeldern auf ca. Fr. 150 000[3].

12.4 Schiebergeschäfte

12.4.1 Problemkreis

Die bereits in Kapitel 8 unter den Fiskaldelikten erwähnten Maßnahmen eines Staates, mittels Devisen- und Zollvorschriften den freien Zahlungs- und Warenverkehr einzuschränken, können noch verschärft werden. Aus politischen und wirtschaftlichen Gründen wird die Ausfuhr gewisser Waren restriktiv gehandhabt oder überhaupt unterbunden (sog. Embargo). Dies erfolgt beispielsweise zum Schutze der eigenen Wirtschaft (chinesische Seidenraupenzucht) oder auf Grund von vertraglichen zwischenstaatlichen Vereinbarungen, (Landwirtschaftsprodukte in der Europ. Wirtschaftsgemeinschaft) oder Boykottbeschlüssen (Südafrika). Diese Handelsbeschränkungen kennzeichnen nicht nur das strategische Verhältnis der Großmächte, z. B. durch Ausfuhrbeschränkungen von strategischen Gütern aus dem Westen in den Ostblock. Auch Wirtschaftsgemeinschaften wie die EG, und einzelne Staaten schützen ihre eigene Produktion und ihre Heimatmärkte generell oder in bestimmten Branchen. Diese Abkehr vom angestrebten Weltfreihandel nimmt leider in letzter Zeit stark zu.

12.4.2 Rechtsgrundlagen

Die Rechtsgrundlagen für Handelsbeschränkungen finden sich im Staats- und Verwaltungsrecht, z. B. das Schweiz. Landwirtschaftsgesetz bezüglich Weinimport. Solche Beschränkungen erfolgen meistens als außerordentliche Maßnahmen in schwierigen Zeiten (Krieg, Unruhen, scharfe wirtschaftliche Rezession). Evtl. tritt sogar die Notstandsgesetzgebung in Kraft.

Von Bedeutung sind sodann internationale Verträge, z. B. EFTA-Verträge, oder verbindliche Beschlüsse internationaler Gremien wie beispielsweise UNESCO über Ausfuhr von Kunstgegenständen.

---

3 Neue Zürcher Zeitung vom 15. 3. 1984, Weltwoche vom 8./15. 7. 1981.

12.4.3 Kriminelle Anwendung

Erfahrungsgemäß führen Beschränkungen des Zahlungsverkehrs oder der Wareneinfuhr sofort zu einem blühenden Schwarzmarkt und einer rapiden Zunahme des Schmuggels. Genau gleich fördern Einschränkungen des Warenverkehrs oder Boykottmaßnahmen den illegalen Handel mit eben diesen Waren das Schiebergeschäft. Die Einsätze sind meist hoch (schwere Gefängnisstrafen, in osteuropäischen Ländern sogar Todesstrafe), der Gewinn ist aber sehr interessant. Meistens handelt es sich um wiederholte Schiebungen größten Ausmaßes mit ganzen Schiffs- oder Flugzeugladungen.

Fall 52: Verschiebung von Düsenflugzeugen

In Umgehung des Wirtschaftsboykottes der Vereinigten Nationen über Rhodesien gelangten 1971 3 Flugzeuge vom Typ Boeing 707-720 von den USA nach Rhodesien. Nachfolgendes Schema zeigt die Abwicklung.

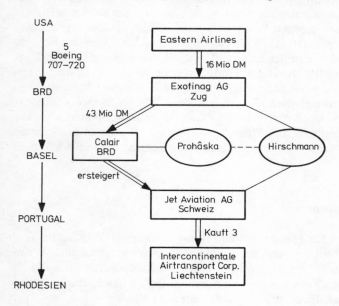

Die USA-Fluggesellschaft Eastern Airlines verkaufte Ende 1970 5 ausrangierte 4strahlige Boeing 707-720 zu ca. 16 Mio. DM an die Exofinag AG Zug. Exofinag verkaufte die Boeing noch am gleichen Tag für 43 Mio. DM an Calair, eine Charter-Fluggesellschaft in der Bundesrepublik. Das Geschäft war zwischen den befreundeten Herren Hirschmann, welcher die Exofinag AG

168

kontrollierte, und von Prohaska, welcher zusammen mit Hirschmann Grün-
dungskommanditist der Calair war, abgeschlossen worden. Calair, gegründet
als deutsche Abschreibungsgesellschaft (für Beteiligungskapital sind hohe
Steuerabschreibungen möglich), kam jedoch unter von Prohaska zu tatsächli-
chen Verlusten. Das Kommanditkapital von 23,2 Mio. DM war verloren, die
Calair kam in Konkurs. Die 5 Boeing standen auf der Werft der Firma Jet
Aviation AG in Basel, einer weiteren Gesellschaft von Hirschmann. Auf den
Flugzeugen lagen verschiedene Pfandrechte der Gläubigerbanken der Calair,
so u. a. 8,4 Mio. DM Volksbank Wiesbaden/Biebrich, der Privatbanken Sie-
mers in Hamburg und Krebs in Freiburg, des Gerling-Konzerns und der Tra-
velair in Zug. Ebenfalls rangierte die Schweizerische Bankgesellschaft mit 24
Mio. DM. Jet Aviation AG, welche die stillgelegte Calair-Flugzeuge gewartet
hatte, machte Wartungskosten in Millionenhöhe geltend. In einem weiteren
Coup kaufte Jet Aviation AG den Banken ca. 8 Mio. DM Pfandrechte ab und
ließ die Flugzeuge versteigern. Über die vorgeschobene Wiesbadener Anlage-
Treuhand GmbH kaufte Jet Aviation ein Flugzeug für etwa 1 Mio. DM und
übernahm nach dem Aufkauf weiterer Pfandrechte der Boeingwerke auch 2
weitere Flugzeuge. Sofort wurden die drei Boeing an die Liechtensteiner Inter-
kontinentale Air-Transport Corporation (IAC) verkauft, deren Spur sich im
Vaduzer Handelsregister seit 15 Jahren verloren hatte. Nach Weisung der
Käuferin in Liechtenstein wurden die drei Boeing sofort mit Zwischenlandung
in Portugal nach Rhodesien überflogen.

Sachverhalt

– Zwischenhandel der Exofinag AG
– Aufkauf der Pfandforderungen
– Steigerungskauf über vorgeschobene Firma
– eingeschobene Liechtensteiner Tarn-Domizilgesellschaft
– Ausflug der Boeing aus der Schweiz ins boykottierte Rhodesien via Zwi-
  schenstation Portugal.

Strafrechtliche Erfaßbarkeit

1. Betrügerischer Konkurs von von Prohaska bei Calair.
2. Verletzung von Flugbetriebsbestimmungen, da die Boeing in der Bundesrepublik nur beschränkte Betriebserlaubnis zu Vorführzwecken hatten.

Keine Verletzung schweiz. Strafnormen.

12.5 Liegenschaften-Umgehungsgeschäfte

12.5.1 Problemkreis

Der Bundesbeschluß über die Bewilligungspflicht für den Erwerb von Grundstücken durch Personen im Ausland von 1973 bezweckt den Schutz des Schweizer Bodens vor Überfremdung. 1983 betrug der Wert der an Ausländer übergegangenen Grundstücken ca. 1,5 Mrd. Franken[4]. In der Folge entwickelte sich ein ganzer Geschäftszweig für Spezialisten im Verkauf von Grundstücken an Ausländer, sei es legal oder illegal.

12.5.2 Rechtsgrundlagen

Rechtsgrundlage ist der Bundesbeschluß über die Bewilligungspflicht für den Erwerb von Grundstücken durch Personen im Ausland sowie die Verordnung vom 21. Dezember 1973.

In seiner neuesten Fassung vom 1. Mai 1983 (Lex Friedrich) enthält das Gesetz in den Artikeln 23 – 31 Strafbestimmungen.

12.5.3 Kriminelle Anwendung

Illegale Umgehungsgeschäfte des Bundesgesetzes treten vor allem in drei Formen auf:

Strohmann

Ein Schweizer kauft eine Liegenschaft und läßt sich im Grundbuch als Eigentümer eintragen. In Wirklichkeit handelt er als vorgeschobener Strohman im Auftrag eines Ausländers.

Schweizer Gesellschaft

Schweizer gründen eine Aktiengesellschaft. Diese erwirbt als schweizerische Gesellschaft Grundstücke, ohne der Bewilligungspflicht zu unterstehen. Nach

---

4 Statistik über Grundstückverkauf

Jahreszahl	Total Bewilligungen	Preis in Mio. Franken
1970	3448	568
1981	5900	2002
1982	3094	1280
1983	2495	1500

zit. aus Tages-Anzeiger vom 10./11. März 1984.

dem Grundstückserwerb werden die Gesellschaftsaktien auf einen Ausländer übertragen, der damit faktisch Grundeigentümer wird.

Umgehung mit Mieten und Darlehen

Statt eine Liegenschaft einem Ausländer zu verkaufen, vermietet sie der Schweizer Eigentümer dem ausländischen Interessenten auf lange Dauer. Der ausländische Mieter gewährt dem schweizerischen Vermieter ein Darlehen im Umfange des mutmaßlichen Kaufpreises. Dieses Darlehen wird als Hypothek gesichert und im Grundbuch eingetragen. Vorsichtshalber wird der Schuldbrief als Inhaberpapier ausgestellt, damit niemand merkt, wer den Grundpfandtitel hält. Damit erhält der einheimische Vermieter/Eigentümer sein Geld, der ausländische Mieter/de facto Käufer den Genuß seiner Liegenschaft.

Fall 53: Confidia

Nachfolgendes Schema zeigt vereinfacht das Tatmuster der Confidia AG, Zug zur Umgehung des Bundesbeschlusses über die Bewilligungspflicht für den Erwerb von Grundstücken durch Personen im Ausland (Lex Furgler).

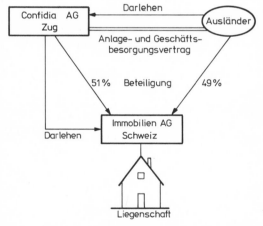

Die Confidia AG in Zug schloß mit einem ausländischen Kaufinteressenten für eine schweizerische Liegenschaft einen Anlagevertrag und einen Geschäftsbesorgungsvertrag ab. Der Anlagevertrag – im Wesentlichen ein Darlehen – diente zur Gründung einer Immobilien AG und der Liberierung von Aktienkapital. Der Rest der „Anlagesumme" ging als Darlehen an die neugegründete Immobilien AG. Die ausgewiesene ausländische Beteiligung belief sich auf höchstens 49%. Das ganze Vertragswerk war in der Weise ausgestal-

tet, daß der Schweizer Partner, dessen Kapitalbeteiligung indirekt ja ebenfalls vom Ausländer stammte, die Mittel des Ausländers treuhänderisch einsetzte, also im Namen der Confidia AG aber auf Rechnung und Gefahr des Ausländers. Der ausländische Partner beherrschte also die Immobilien AG.

Auf diese Art und Weise sind für Personen im Ausland treuhänderisch insgesamt 19 Gesellschaften gegründet und der Erwerb von in 11 Kantonen liegenden 28 Grundstücken der Bewilligungspflicht entzogen worden.

Sachverhaltsanalyse

- Firmenverschachtelung
- Keine eigenen Mittel der Confidia AG
- wirtschaftliche und tatsächliche Kontrolle des Ausländers über die Liegenschaft.

Strafrechtliche Beurteilung

Gemäß Urteil des Zuger Strafgerichtes war die Konstruktion darauf angelegt, den Anschein einer nur 49% Beteiligung des Ausländers zu erwecken, obwohl er die praktische Verfügungsmacht über die Liegenschaft hatte und diese auch voll finanzierte.

Ein zulässiger Erwerbsgrund sei nicht vorhanden gewesen, weil es sich ausnahmslos um reine Kapitalanlagen in Mehrfamilienhäuser als Renditeobjekt gehandelt habe. Total erhielt die Confidia zwischen 1970 und 1973 Geldbeträge von insgesamt über 16 Mio. Franken zwecks Anlage in Grundstücken in der Schweiz.

Wegen Zuwiderhandlung gegen den Bundesbeschluß über die Bewilligungspflicht für den Erwerb von Grundstücken durch Personen im Ausland in der Fassung von 1973 (Lex Furgler) verurteilte das Zuger Strafgericht die zwei Treuhänder zu bedingten Gefängnisstrafen von je einem Monat und Bußen von je 10 000 Franken[5].

12.6 Hochsee-Kriminalität

Nur kurz erwähnen wir zur Demonstration der großen Bandbreite der Wirtschaftsdelikte die etwas exotisch anmutende Hochsee-Kriminalität. Dabei sei an die nicht unbedeutende Schweiz. Hochseeflotte auf den Weltmeeren erinnert.

---

5 Neue Zürcher Zeitung vom 7. 8. 81.

172

Nach Schätzungen der UNO-Handels- und Entwicklungskonferenz (UNC-TAD) erreicht die Hochsee-Kriminalität heute mindestens einen jährlichen Schaden von einer Milliarde Dollars, wahrscheinlich sogar 5 Milliarden Dollars oder 0,25% des Welthandelsumsatzes. Er steigt weiter an. Die Hochsee-Wirtschaftskriminalität umfaßt 6 verschiedene Arten von Betrug[6]:

1. Dokumentenbetrug (beispielsweise der Fracht- oder Kreditbriefe)
2. Betrug der Charterparteien
3. Umlenkungsbetrug (Umlenkung der Schiffe, der Ladung usw.)
4. Versicherungsbetrug (Selbstversenkung von Schiffen nach vorherigem Verkauf der Ladung)
5. Piraterie
6. Verschiedene andere Betrugsarten, wie Fälschung von Schiffshypotheken, Betrug beim Laden und Entladen usw.

Von 78 Betrugsfällen, welche 1982 dem International Maritime Bureau (IBM) in London gemeldet wurden (man rechnet, daß nur ein Zehntel der tatsächlich passierten Betrugsfälle gemeldet werden), entfielen 21 Fälle auf Dokumentenbetrug, 19 auf Charterbetrug, dazu kommen 9 Umlenkungen und 4 Selbstversenkungen nebst andern schwerer einzuordnenden Betrugsfällen. Nach Angaben des Ferit, einer fernöstlichen Schiffsdetektivfirma, waren von 60 in der Region gemeldeten Verlusten 38 „verdächtig". Etwa 16 Schiffe dürften von der Besatzung versenkt worden sein. Der größte wahrscheinliche Fall einer Selbstversenkung ist jener des hochmodernen, in Liberia registrierten Supertankers „Salem" vor Westafrika. Das Schiff selbst war mit 34 Mio., die Ladung mit 60 Mio. Dollars versichert. Die Besatzung des Schiffes, die keine Notsignale gegeben hatte, wurde mit frischen Sandwiches und vollgepackten Koffern aufgenommen. Der Tanker war mit größter Wahrscheinlichkeit leer, das heißt die Ladung illegal verkauft worden. Häufig ist die Selbstversenkung bei „Rostbüchsen", das heißt 15 bis 20 Jahre alten Schiffen in schlechtem Zustand.

Das größte Problem bei der Verfolgung von Kriminellen ist das Problem der Zuständigkeit eines Landes für den Fall. Nach Unctad-Befunden können bis zu 10 Zuständigkeiten in einem einzigen Fall vorkommen. In solchen Fällen erklären sich die Behörden meist inkompetent. Offenbar bleiben über 90% der Fälle unaufgeklärt, so daß meist ein „Vollschaden" entsteht.

---

6 Reyhl: Hochseekriminalität, in Basler Zeitung vom 21. 2. 84.

3. TEIL

Bekämpfung

13. Schutzmaßnahmen

13.1 Allgemeines

Bei der Diskussion von Schutzmaßnahmen müssen wir von der Tatsache ausgehen, daß die Wirtschaftskriminalität eine wirtschaftspathologische Erscheinung ist. Sie erfordert deshalb vor allem eine Therapie mit wirtschaftskonformen Mitteln[1]. In der medizinischen Therapie würde man von Vorbeugung und Heilung sprechen, in unserem Fall heißt die Therapie Prävention und Repression. Ziel der Vorbeugung muß es dabei sein, zu verhindern, daß ein Wirtschaftskrimineller zum Zuge kommt. Falls er bereits aktiv geworden ist, muß ihm der Nährboden entzogen werden.

Die komplexen Erscheinungsformen der Wirtschaftskriminalität erfordern eine Pluralität von Maßnahmen, es gibt keine Patentlösungen. Die Koordination dieser Maßnahmen sowie die Entwicklung einer Strategie ist im Gang, von einer Lösung aber noch weit entfernt. Gefordert wird die Koordination von Legislative, Exekutive, Rechtsprechung, Wissenschaft, Wirtschaft, Massenmedien und der auf diesem Gebiet tätigen Berater. Neben einzelnen Initiativen liegt es an der Wissenschaft, das Gebiet der Wirtschaftskriminalität systematisch zu erforschen. Ich hoffe, daß dieses Buch dafür Anregungen vermittelt.

Das vorliegende Kapitel befaßt sich mit den Möglichkeiten des Selbstschutzes der Wirtschaft und der einzelnen Wirtschaftssubjekte. Die Strafverfolgung sowie die zivilrechtliche Verfolgung von Wirtschaftsdelikten ist den folgenden Kapiteln vorbehalten.

13.2 Allgemeine Vorsichtsmaßnahmen

Es erstaunt immer wieder, wie elementarste Vorsichtsregeln im Geschäftsverkehr verletzt werden. Schon der Volksmund kennt eine ganze Reihe von

---

1 Zirpins: Schach der Wirtschaftsdelinquenz, in Aktuelle Beiträge zur Wirtschaftskriminalität, 1974, S. 48.

Faustregeln zum Schutz gegen Übervorteilung, z. B. „Bürgen tut Würgen", „Vorsicht mit dem Kleingedruckten" bei Verträgen, „Trau, schau wem". Jedermann sollte eigentlich wissen, daß man nur Dokumente unterzeichnet, die man vorher genau gelesen hat. Immer wieder werden in Fernsehen, Radio, Presse, Vorträgen und persönlichen Gesprächen auf die Gefahren bei gewissen Geschäften und bei Vertragsunterzeichnungen hingewiesen. Aber wie sagte doch der Gauner: „Jeden Morgen stehen ein paar Dumme auf, Du mußt sie nur finden." Neben den erwähnten allgemeinen Vorsichtsmaßnahmen im Geschäftsleben gibt es eine Reihe von Schutzmöglichkeiten. Sie brauchen meistens wenig Aufwand, aber man muß sie v o r dem Geschäftsabschluß beachten.

13.3 Öffentliche Register in der Schweiz

Eine ganze Reihe von Registern sind in der Schweiz jedermann oder zumindest bei Interessennachweis zugänglich. Aus ihnen lassen sich schon ganz wesentliche Informationen gewinnen.

Nachfolgend seien die wichtigsten Register aufgezählt:

13.3.1 Kantonale Handelsregisterämter und eidg. Handelsregisteramt

Alphabetisches Register sämtlicher eingetragenen Geschäftsfirmen von der Einzelfirma über die AG bis zur Genossenschaft, mit Gründungsurkunde, Statuten, Statutenänderungsbeschlüssen (z. B. Kapitalerhöhungen), allfälligen Sacheinlagen bei Gründung und Kapitalerhöhungen mit Sacheinlagevertrag, Kompetenzzuteilung und Unterschriftsregelung mit entsprechenden Beschlüssen zur Erteilung und Löschung der die Gesellschaft verpflichtenden Unterschriften, Domizil, allfällige laufende Nachlaßstundungs- oder Konkursverfahren etc.[2].

13.3.2 Güterrechtsregister

Alphabetische Registrierung des vertraglich oder durch Amtsverfahren (z. B. infolge Konkurses) geregelten Güterstandes zwischen Ehegatten, insbesondere

---

2 Pro Auskunft oder für die Einsichtnahme in das Firmendossier beträgt die Grundgebühr beim Handelsregisteramt des Kt. Zürich Fr. 20. – bis 25. –, zuzüglich Kosten für allfällige Fotokopien.

über bestehende Gütertrennung (wesentlich für die Frage der Haftung des Vermögens der Eheleute)[3].

13.3.3 Vormundschaftsregister

Gibt Auskunft über Bevormundung natürlicher Personen, über ihren Vormund sowie Auskunft über Verbeiständungen, auch Verbeiratungen von Geschäftsfirmen sowie Name des Beistandes[4].

13.3.4 Grundbuch

Gibt Auskunft über sämtliche im Bereiche des betreffenden Grundbuchbezirkes liegenden Landparzellen und Liegenschaften, ihre genaue Lage und Ausmaße, Baulinien, ev. Bauzonungen, Eigentümer, Eigentümerwechsel, Grunddienstbarkeiten und Rechte, Anmerkungen, Vormerkungen etc., insbesondere errichtete Grundpfänder, Hypotheken und Schuldbriefe mit Nominalwert, Maximalverzinsung und Rang, bei Hypotheken und Namenschuldbriefen unter Nennung des Gläubigers, allfällige Zwangsvollstreckungsmaßnahmen wie z. B. Eintrag eines Bauhandwerkerpfandrechtes, Grundsteuerschulden, Grundpfandbegehren oder Verwertungsbegehren etc., amtlicher Schatzungswert, allenfalls Brand-Assekuranzwert etc.[5].

13.3.5 Betreibungsregister

Register aller Betreibungen und Zwangsvollstreckungsmaßnahmen von im betreffenden Bezirk des Betreibungsamtes wohnhaften natürlichen oder juristischen Personen, Höhe und Zeitpunkt der Betreibung, Gläubiger, allfälliger Stand des Verfahrens: Rechtsvorschlag, Fortsetzungsbegehren, Pfändung etc.[6].

---

3 In Zürich befindet sich das Güterrechtsregister beim Kantonalen Handelsregisteramt. Einsichtnahme in Verträge nur bei Interessennachweis. Eine Auskunft über den Güterstand kostet am Schalter Fr. 5. – .
4 Auskunft kostenlos durch die zuständige Vormundschaftsbehörde nach Interessennachweis.
5 Einsichtnahme oder Grundbuchauszüge nach Interessennachweis.
6 Einsichtnahme nach Interessennachweis; Gebühr beträgt Fr. 5. – .

13.3.6 Eigentumsvorbehaltsregister

Register aller gemeldeten Eigentumsvorbehalte z. B. aus Leasingverträgen, nach belasteten Personen/Firmen geordnet[7].

13.3.7 Konkursregister

Das Konkursamt gibt Auskunft über hängige oder laufende Konkursverfahren von den im Konkursbezirk domizilierten Firmen und natürlichen Personen. Es verfügt über die gesamten Konkursakten, also Konkursbegehren, Protokolle der Gläubigerversammlung, Einvernahmen des Schuldners, Publikationen zum Konkurs, Forderungsanmeldungen, Verzeichnis aller Aktiven, Entscheide der Konkursverwaltung resp. des Gläubigerausschusses, sofern ein solcher gewählt ist, resp. des Liquidators oder Sachwalters usw.[8].

13.3.8 Steuerregister

Steuerausweis (Steuereinschätzungszahlen) jeder in der betreffenden Gemeinde wohnhaften juristischen oder natürlichen Person. Steuerangaben sind mit der nötigen Vorsicht zu betrachten, Eingeweihte nennen das Steuerregister auch „Märlibuech"[9].

13.3.9 Melderegister

Register des Zivilstandsamtes resp. der zuständigen Gemeindebehörde über alle im Gemeindebann niedergelassenen natürlichen und juristischen Personen, Datum der Herreise, Herkunftsort, Wohnadresse, Art der hinterlegten Papiere, bei Ausländern und Niedergelassenen Art der Aufenthaltsbewilligung usw.[10].

---

7 In Zürich führt das Betreibungsamt Zürich 2 das Eigentumsvorbehaltsregister für die ganze Stadt. Auskünfte kosten Fr. 5. –. Eine Einsichtnahme in die Kaufverträge ist möglich.

8 Einsichtnahme gegen Interessennachweis, jedenfalls jedem Gläubiger resp. dessen Rechtsvertreter möglich, kostenlos.

9 Im Kanton Zürich ist das Steuerregister öffentlich. Jedermann kann ohne Interessennachweis Steuerauskünfte einer in der betreffenden zürcherischen Gemeinde wohnhaften juristischen oder natürlichen Person gegen eine Gebühr von Fr. 11. – schriftlich oder am Schalter einholen. Die meisten übrigen Kantone kennen kein solches Einsichtsrecht.

10 Bei Interessennachweis zugänglich.

Weitere Informationsmöglichkeiten ergeben sich durch Rückfragen bei

- Arbeitsämtern
- AHV-Verwaltung
- Polizeibehörden
- Spitälern, Asylen, Krankenheimen
- Wirtschaftskammern
- lokalen Banken, Versicherungsgesellschaften/Agenten.

13.4 Öffentliche Register in der Bundesrepublik Deutschland

Ein Großteil der Register wird am Amtsgericht geführt. Ein solches besteht grundsätzlich in jedem Bezirk. Die Regelung der Registerführung ist in hauptsächlichen Belangen bundesweit einheitlich.

Öffentliche Verzeichnisse bei Amtsgerichten

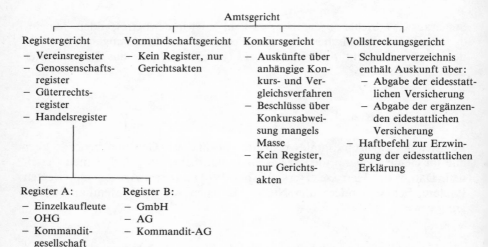

13.4.1 Handels-, Genossenschafts- und Vereinsregister

Das dem Handelsregister in der Schweiz entsprechende Register ist in der Bundesrepublik Deutschland aufgeteilt in ein Handelsregister, Genossenschaftsregister und Vereinsregister.

178

13.4.1.1 Handelsregister

Jedes Amtsgericht führt für seinen Bezirk ein Handelsregister. Das Handelsregister besteht aus zwei Abteilungen. In die Abteilung A werden eingetragen die Einzelkaufleute sowie die offenen Handelsgesellschaften und die Kommanditgesellschaften. In die Abteilung B werden eingetragene Aktiengesellschaften, die Kommanditgesellschaften auf Aktien, die Gesellschaften mit beschränkter Haftung und die Versicherungsvereine auf Gegenseitigkeit. Das Handelsregister enthält die dem Schweizerischen Register entsprechenden Informationen. Das Handelsregister und alle zu ihm eingereichten Schriftstücke (z. B. Verträge, Firmenzeichnung, Niederschriften des Registergerichts über vor ihm abgegebene Erklärungen etc.) stehen jedermann ohne Nachweis eines berechtigten Interesses zur Einsicht offen. Von den Eintragungen und den zum Handelsregister eingereichten Schriftstücken kann eine Abschrift verlangt werden.

13.4.1.2 Genossenschaftsregister

Einheitliches Register mit dem schweiz. Register entsprechenden Informationen über Genossenschaften.

13.4.1.3 Vereinsregister

Entsprechend dem Genossenschaftsregister für die Vereine.

13.4.2 Güterrechtsregister

Entsprechende Auskünfte wie in der Schweiz (Konkurs hat jedoch keine Einwirkungen auf den Güterstand). Zusätzlich wird auch die Aufhebung der Schlüsselgewalt eingetragen. Zuständig ist das Amtsgericht, in dessen Bezirk der Mann im Zeitpunkt der Eintragung seinen Wohnsitz hat. Bei Wohnsitzwechsel bleibt die bisherige Zuständigkeit bestehen.

13.4.3 Vormundschaftsregister

Es besteht keines. Das Vormundschaftsgericht gibt Nachricht an die betroffenen Personen und Ämter (z. B. Jugendfürsorgeamt). Eine Akteneinsicht besteht nur für Personen mit berechtigtem Interesse. Das Vormundschaftsgericht befaßt sich nur mit natürlichen Personen.

13.4.4 Grundbuch

Gibt die dem Schweizerischen Grundbuch entsprechenden Auskünfte.
Das Amtsgericht als Grundbuchamt führt das Grundbuch[11]. Die Einsicht des Grundbuchs ist jedem gestattet, der ein berechtigtes Interesse darlegt.

13.4.5 Betreibungsregister

Es besteht kein Register, in dem alle Zwangsvollstreckungsmaßnahmen gegen einen Schuldner eingetragen werden. Es existiert aber ein Schuldnerverzeichnis, in das jeder Schuldner von Amts wegen eingetragen wird, der die eidesstattliche Versicherung (Erklärung des Schuldners bezügl. seiner Vermögensaktiven/-passiven, früher: Offenbarungseid) abgegeben hat oder gegen den ein Haftbefehl zur Erzwingung der Abgabe der eidesstattlichen Versicherung erlassen worden ist. Das Schuldverzeichnis wird beim Vollstreckungsgericht geführt. Einsicht und Auskunft wird ohne Nachweis eines Interesses gewährt.

13.4.6 Eigentumsvorbehaltsregister

Existiert keines.
Die Eigentumsvorbehalte sind allein aus der Vereinbarung zwischen Schuldner und Gläubiger ersichtlich.

13.4.7 Konkursregister

Die Konkursabteilung (Vollstreckungsgericht) erteilt entsprechende Auskünfte wie ein Schweizer Konkursamt an Personen, die ein rechtliches Interesse nachweisen.

13.4.8 Steuerregister

Existiert keines.
Aufgrund des Steuergeheimnisses erteilt das Finanzamt keine Auskünfte.

---

11 In Baden-Württemberg jedoch beim Grundbuchamt (Der Notar ist Grundbuchrichter).

13.4.9 Melderegister

Es entspricht inhaltlich dem Schweizerischen. In den Gemeinden oder Städten führen Meldeamt, Bürgermeisteramt oder Amt für öffentliche Ordnung das Melderegister.

13.5 Öffentliche Aufklärung

Die öffentliche Aufklärung über die Wirtschaftskriminalität hat eine doppelte Aufgabe:
- Prävention beim Publikum durch allgemeine Hinweise sowie Warnungen bei neuauftretenden Erscheinungsformen der Wirtschaftskriminalität
- Repression gegenüber dem Wirtschaftskriminellen durch öffentliche Warnungen bezüglich Täter oder seiner Geschäftspraktiken.

Es ist erfreulich, daß in letzter Zeit in zunehmenden Maße Fernsehen, Radio, die Tagespresse und Zeitschriften der breiten Öffentlichkeit die Probleme der Wirtschaftskriminalität laufend aufzeigen. Erwähnenswert sind in diesem Zusammenhang auch Publikationen, die in leicht faßlicher Art aktuelle Fälle von Wirtschaftskriminalität vorstellen[12], sowie allgemeine oder brancheninterne Fachzeitschriften über Sicherheitsfragen.

13.6 Beratung und Auskunftei

13.6.1 Berater

Es ist eine alte Weisheit, daß die Beratung durch einen Fachmann bei größeren, heikleren oder zweifelhaften Geschäften immer noch billiger ist als ein nachträglicher Schaden.

Primär kommen für diesen Zweck in Frage:
Rechtsanwälte, Rechtskonsulenten, Wirtschaftsberater, Steuerberater, Immobilienberater, Patentanwälte, Notare, Treuhandunternehmen, Management-Consultant-Organisationen usw. Sie alle arbeiten im Auftragsverhältnis gegen Entschädigung.

---

12 Neflin: Wirtschaftskriminalität, Eine Warnung vor Schwindlern und Betrügern, 1971.
   Burger: Wirtschaftskriminalität, Report über die Methoden und Schliche der Delinquenten, 1977.
   Ebelseder/Juppenlatz: Schmutziges Geld, 1982.

Sodann verfügen die meisten Berufsverbände, Gewerbeverbände, Arbeitgeberorganisationen und sonstige wirtschaftliche Interessenverbände über Sekretariate mit angeschlossenen Auskunfts- und Beratungsdiensten. Für die Mitglieder ist diese Dienstleistung meistens kostenlos oder sehr billig.

Erwähnt sei hier auch die unentgeltliche Beratungsstelle der Kriminalpolizei der Stadt Zürich sowie die Rechtsauskunftsstelle der Stadt Zürich.

13.6.2 Handelsauskunfteien

Die Handelsauskunfteien sind eine relativ alte Einrichtung. Zum Teil bestehen sie seit über 100 Jahren, wie zum Beispiel die Creditreformorganisation seit 1879 und die Auskunftei Schimmelpfeng GmbH Frankfurt a. M. seit 1872. Die Zielsetzung der Handelsauskunfteien ist Kreditschutz und Kreditförderung. Sie bemühen sich, kreditgewährende Unternehmen mit sachbezogenen Kreditbeurteilungen (Person des Kreditbegehrenden, dessen Kreditwürdigkeit und Fähigkeit, seine Zahlungsweise und sein Geschäftsgebahren) zu beraten.

In Sonderfällen warnen sie Kapitalanleger vor Wirtschaftskriminellen. Sie liefern ferner Informationen über die Sicherheit bereits gewährter Kredite bzw. über deren Gefährdung durch drohende Zahlungsschwierigkeiten der Schuldner, Konkursverfahren usw.

Neben dem präventiven Kreditschutz betreiben manche Handelsauskunfteien auch das Mahnwesen und das Inkasso. Bei Verlustscheinen wird die finanzielle Weiterentwicklung des Schuldners überwacht, um zu gegebener Zeit erneut zu vollstrecken.

Die Grundlage für die Tätigkeit von Handelsauskunfteien ist ein weltweit verzweigtes Informationsnetz, eine langjährige breite Erfahrung und ein intensiver Erfahrungsaustausch im In- und Ausland. Kernstück ist ein Archiv, in dem die Informationen gespeichert, aufbereitet und ausgewertet werden.

Im Gegensatz zur Erteilung von sogenannten Gefälligkeitsauskünften durch Banken und Geschäftspartner geben die Handelsauskunfteien die von ihnen eingeholten und aufbereiteten Informationen über die Kreditwürdigkeit gewerbsmäßig, also gegen Entgelt, an ihre Auftraggeber weiter. Sie teilen dabei nicht nur Tatsachen und Vorgänge, sondern im begrenztem Maße auch kombinatorische Betrachtungen und subjektive Vermutungen mit, da sonst die Auskunft häufig nichtssagend wäre (z. B. Warnung vor drohendem Konkurs). Im Vergleich zur sogenannten Gefälligkeitsauskunft von Geschäftspartnern, sind diese professionellen Informationen objektiver. Im Verhältnis zu den

Bankauskünften sind sie meistens aussagekräftiger, da ein Interessenkonflikt im Verhältnis zu eigenen Kunden entfällt[13].

Vollständigkeitshalber ist auf die heikle Haftungsfrage bei Kreditauskünften hinzuweisen.

Bedeutende Handelsauskunfteien in der Schweiz sind:

Dun and Bradstreet
Wys/Muller
Verein Creditreform (Hauptsitz Bundesrepublik)
Novinform

Sie erteilten 1983 total ca. 500 000 Auskünfte.

Interessant sind ein paar Zahlen aus der Bundesrepublik Deutschland: Schimmelpfeng erteilte 1983 2,5 Mio. schriftliche Auskünfte, Creditreform 2 Mio.

Der Verband der Vereinigten Creditreform mit 70 000 Mitglieder hat 1972 Kreditanfragen von über ca. 50 Mrd. Mark bearbeitet. Bei etwa 17% der Anfragen über etwas über 8 Mrd. DM wurde von einer Kreditgewährung abgeraten.

Ein Beispiel für die Auskunftspraxis von Handelsauskunfteien ist der

Fall 54: Garnelenfischer

Aus dem Bereich des sogenannten „Stoßbetruges" stammt der Fall des Niederländers S.

S., geboren 1951 in Almelo/Niederlande, betrieb zunächst als Garnelenfischer mit einem Geschäftspartner einen Kutter. Er mußte im Juli 1978 Konkurs anmelden. Seit dem 22. 3. 1979 trat S. als alleiniger geschäftsführender Gesellschafter der „D. GmbH", die ein Stammkapital von DM 20 000, – auswies, in W. in Erscheinung. Geschäftsgegenstand dieses Unternehmens, das vorher seinen Sitz in D. hatte und dessen Firmenmantel vorher von S. erworben worden sein soll, waren „Ein- und Ausfuhr und der Handel mit Industriemotoren sowie Baumaterialien". Von Ende März bis Ende Juli 1979 gingen bei Creditreform Anfragen von mehr als 300 Mitgliedern ein, zu denen die „D. GmbH" Geschäftsverbindungen aufnehmen wollte. Allein die diesen Anfragen zugrunde liegenden Kreditersuchen hatten ein Volumen von mehr als DM 20 Mio. Einzelanfragen lauteten in keinem der Fälle unter DM 50 000. – . Über diese Tatsache und auch die auffällige Häufung von Kreditanfragen, die in

---

13 Tiedemann/Sasse: Delinquenzprophylaxe, Kreditsicherung und Datenschutz in der Wirtschaft, 1973, S. 33/34.

Nachfolgend ein fiktives Beispiel einer Auskunft:

AUSKUNFTEI AG. 18. 6. 1985

Herr Anfrager
8001 Zürich

Betr.:
Hr. H. H. EDV-Berater
Straße 10
8142 Uitikon

Persönliches	
Personalien	H. H. ist am 15. März 1948 geboren, in Basel heimatberechtigt und mit Erika geb. Blum 1949 geboren, verheiratet. Zwischen den Ehegatten wurde allgemeine Gütergemeinschaft publiziert.
Beurteilung	In persönlicher Hinsicht verlautet nichts Nachteiliges.
Tätigkeit	H. kam 1973 von Basel nach Adliswil und 1976 nach Muri. Er war seinerzeit Bankangestellter, hernach einige Monate Kollektivprokurist bei Lehner & Co., Adliswil. H. war seit August 1978 einziger Verwaltungsrat der seither im Handelsregister eingetragenen H. AG., Muri, wo er im September 1980 ausschied und seine Unterschrift erloschen ist. – H. war seit 1978 auch einziger Verwaltungsrat der H. Data Processing AG., Muri, die den Sitz 1980 nach Hergiswil verlegte und inzwischen erloschen ist. – In die derzeitige Tätigkeit des Informanten fehlt ein Einblick. Da in Muri Datenschutz besteht, sind hierüber keine Angaben erhältlich.
Finanzielles	In die finanziellen Verhältnisse fehlt ein Einblick, doch gelten diese als geordnet.
Steuern	Es sind folgende Steuerfaktoren bekannt:

	Einkommen	Vermögen
Taxation	Fr. 27 500. –	Fr. 8 000. –1971
Erklärung	Fr. 34 500. –	Fr. 128 000. –1975
Erklärung	Fr. 9 900. –	Fr. 604 000. –1985

Wie weit das Vermögen eventl. von der Ehefrau angesprochen wird, ist nicht bekannt.

Immobilien	H. wohnt im eigenen Einfamilienhaus.
Zahlweise	Anscheinend nicht immer pünktlich. Eine Verbindung im Rahmen der Verhältnisse wird – bei genauen Vereinbarungen – als zulässig erachtet.

STRENGSTENS VERTRAULICH

---

diesem Ausmaße erfahrungsgemäß auf dubiose Geschäftspraktiken hinwei-
sen, berichtete der Verein Creditreform den anfragenden Mitgliedsunterneh-
men und riet von einer Geschäftsverbindung ab. Soweit Rückfragen bei den
betreffenden Auskunftsempfängern ergeben haben, ist aufgrund dieser War-
nung eine Geschäftsverbindung mit Kunden nicht zustande gekommen[14].

Der Vorgang wurde in der Presse veröffentlicht und hatte somit auch eine weitere prophylaktische Wirkung im Interesse der Allgemeinheit.

13.6.3 Privatdektivbüros

Im Rahmen ihrer breiten Dienstleistungen übernehmen auch manche Privat-
detektive resp. Privatdetektivbüros gegen Entgelt Informationsaufträge, z. B.
über Vermögenslage, Zahlungsmoral, Geschäftsgebahren einer Unternehmung oder eines Geschäftes.

Ähnlich wie die Handelsauskunfteien haben sie zum Teil wohlausgebaute
Wirtschaftsinformations-Abteilungen und langjährige Erfahrung wie z. B.
Pinkterton in den USA und England.

Teilweise offerieren diese Privatdetektivbüros auch ihre Mitwirkung bei der
Aufdeckung von Wirtschaftsdelikten, wie z. B. Robert Dolan Peloquin in den
USA, der die Biographiefälschung von Howard Hughes durch das Ehepaar Ir-
ving aufdeckte.

13.7 Schutzorganisationen

Neben den erwähnten Beratern und Beratungsfirmen gibt es vor allem in der
Bundesrepublik eine Reihe von Schutzorganisationen, die sich primär mit der
Bekämpfung von Wirtschaftsdelikten befassen:[15]

- Deutsche Zentralstelle zur Bekämpfung der Schwindelfirmen e. V.
  (DZBS), Chilehaus C, 2000 Hamburg 1, richtet sich gegen kriminelle Täter, insbesondere Schwindelfirmen
- Pro honore, Verein für Treu und Glauben im Geschäftsleben e. V. Chilehaus C, 2000 Hamburg 1, welcher mit der DZBS in Real- und Personal-
  union verbunden ist. Das Fachorgan beider Vereine ist der „Warnungs-
  dienst".

---

14 Fall zit. von Rödel an der wirtschaftskriminalistischen Arbeitstagung der Norddeutschen Kü-
   stenländer 1981.
15 Köhler: Die Deutsche Zentralstelle zur Bekämpfung von Schwindelfirmen, in Monatszeitschrift des Gottlieb Duttweiler-Instituts, gdi Topics Nr. 11/12/70, Seite 73 ff.

Diese Vereine nehmen Hinweise auf unlautere Sachverhalte und deren Hintermänner entgegen und können aufgrund ihrer langjährigen systematischen Arbeit und ihren Archiven Ratschläge und Auskünfte darüber geben, ob die angefragten Sachverhalte kriminell sind, welche Manipulationen schon von diesen oder anderen Delinquenten bekannt sind, und ob es schon irgendwo zu Beanstandungen, Verfahren und Verurteilung gekommen ist. Damit sind die Vereine unter Umständen auch in der Lage, den Auskunftsuchenden in sonst für sie schwierig zu führenden Prozessen mit Beweismaterial gegen Wirtschaftskriminelle zu helfen[16].

Weitere Schutzorganisationen sind:

– Deutscher Schutzverband gegen Wirtschaftskriminalität e. V., Frankfurt a. M., Landgrafenstraße 24 B, 6380 Bad Homburg.
– Zentrale zur Bekämpfung unlauteren Wettbewerbs e. V. Frankfurt a. M.; Landgrafenstraße 24 B, 6380 Bad Homburg.

Beide Vereine sind gemeinsam von Industrie- und Handelskammern, Handwerkskammern, Verbänden und Firmen getragen. Ihr Organ ist „Der Wettbewerb".

Zu erwähnen sind hier ebenfalls die Stiftung Warentest, Lützowplatz 11 – 13, 1000 Berlin 30, und die Verbraucherorganisationen, vor allem der Dachverband Arbeitsgemeinschaft der Verbraucher e. V. (AgV), Heilsbachstraße 20, 5300 Bonn 1.

Die Stiftung Warentest und die Verbraucherorganisationen sind bemüht, den gesamten für den Käufer schwer überschaubaren Markt von Warenangeboten bei Dingen des täglichen Bedarfes bis zu hochwertigen Konsumgütern transparent zu machen. In der Schweiz besteht die Schweiz. Konsumentenvereinigung in Bern.

– SCHUFA, Vereinigung der Deutschen Schutzgemeinschaften für allgemeine Kreditsicherung e. V. (Bundes-SCHUFA), Kronprinzenstraße 28, 6200 Wiesbaden, will ihre Kunden (Einzelhandelsverkäufer) vor Schädigungen durch zahlungsunfähige oder -unwillige Käufer schützen.

In der Schweiz ist neben dem genannten Konsumentenforum, das sich nur am Rande mit Wirtschaftskriminalität befaßt, nur das Büro für Betriebsschutz AG (BBS) in Zürich bekannt. Dieses befaßt sich mit Prophylaxe und Aufklärung von Wirtschaftsdelikten, insbesondere dem Schutz vor Wirtschaftsspionage.

---

16 Köhler: Die Deutsche Zentralstelle zur Bekämpfung von Schwindelfirmen, in Monatszeitschrift des Gottlieb Duttweiler-Instituts, gdi Topics Nr. 11/12/70, Seite 73 ff.

Auch in der Schweiz wäre eine entsprechende zentrale Informationsstelle und Schutzorganisation wie die Deutsche Zentralstelle zur Bekämpfung der Schwindelfirmen nützlich[17].

13.8 Firmeninterne Schutzmaßnahmen

Die zum Teil bedeutenden Schadenfälle haben bei vielen Firmen zu internen Maßnahmen geführt. In einzelnen Branchen, z. B. Treuhand, half zusätzlich der Druck der Öffentlichkeit und die Angst vor allfälligen staatlichen Reglementierungen.

Im Vordergrund steht der Ausbau des internen Kontroll- und Revisionswesens, der Aufbau interner Sicherheitdienste (vor allem bei Banken und größeren Industriefirmen) und Weiterbildungskurse und Fachtagungen für diejenigen Mitarbeiter, welche in den Gefahrenkreis von Wirtschaftsdelikten geraten können.

Verschiedene Berufsverbände haben strenge interne Standesregeln geschaffen, beispielsweise

– die Schweiz. Treuhand- und Revisionskammer (Berufsordnung von 1968)
– Schweiz. Treuhänderverband (Standesregeln von 1977)
– Swiss Commodity & Futures Assosiation (Standesregeln von 1980), welche insbesondere aufgrund schwerer Anlagebetrugsfälle mit Warenterminegeschäften gegründet worden ist.

Die Schweiz. Bankiervereinigung hat ihren Mitgliedern verschiedene Empfehlungen erteilt, beispielsweise

– zur organisierten Abwicklung des Kautionsgeschäftes und betr. Treuhandgeschäfte (1977),
– Richtlinien für die Ausübung von Verwaltungsaufträgen an die Bank (1979).

Sodann hat die Schweiz. Bankiervereinigung mit der Nationalbank 1977 eine Vereinbarung über die Sorgfaltpflicht bei der Entgegennahme von Geldern und Handhabung des Bankgeheimnisses abgeschlossen. Seit 1982 legen die Banken ihren Kunden auch die Erklärung zur Konvention XVI betr. Auskunft über Mißbrauch von Insiderinformation vor. Die Kunden entbinden damit die Bank vom Bankgeheimnis bezüglich ihrer Wertpapiergeschäfte in den USA gegenüber den amerikanischen Behörden.

---

17 Vgl. Egli: Möglichkeiten einer privaten Schutzorganisation in der Schweiz, in Monatszeitschrift des Gottlieb Duttweiler-Instituts, gdi Topics Nr. 11/12/70, Seite 81 ff.

Da Wirtschaftsverbrechen aus der Wirtschaft gegen die Wirtschaft verübt werden, ist der Selbstschutz der Wirtschaft sehr begrüßenswert. Gemäß Subsidiaritätsprinzip sollen primär die einzelnen Wirtschaftssubjekte präventiv für den Schutz vor Wirtschaftsdelikten sorgen. Der Staat soll mit seinen repressiven Machtmitteln erst bei Mißlingen der Selbsthilfe in Aktion treten.

14. Strafverfolgung

Ich beschränke mich auf Hinweise zur grundsätzlichen Problematik der Strafverfolgung bei Wirtschaftsdelikten, da in der Schweiz die einzelnen 26 kantonalen Strafprozeßordnungen die Strafverfolgung verschieden regeln. Die Bundesrepublik Deutschland kennt ihrerseits wiederum andere Regelungen. Ich stütze mich auf Arbeiten von Schmid, Antognazza und Rimann[1].

14.1 Verhalten im Grenzbereich

Wir haben gesehen, daß die Grenzen zwischen erlaubt und unerlaubt im Wirtschaftsleben stark verwischt sind. Zur Diskussion steht ein Verhalten im Grenzbereich. Dazu Schmid: „Unserer Wirtschaftsordnung wohnt ein beträchtliches Maß an Täuschung, Übervorteilung und Ausbeutung der Schwächen anderer inne, ohne daß der durchschnittliche Bürger von Skrupeln befallen oder gar nach strafrechtlicher Ahndung rufen würde.

Viele in den Kreis der Wirtschaftsdelikte fallenden Verfehlungen werden als Kavaliersdelikte betrachtet oder bilden sogar eine Art Volkssport. Ich erinnere an das Steuer- und Zollstrafrecht sowie das landläufige Betrügen von Versicherungsgesellschaften bei Schadenfällen. Man ist, wenn man sich all dies vor Augen hält, versucht zu sagen, daß nicht nur die Wirtschaftsverbrecher unter uns sind, sondern daß der Hang zum Wirtschaftsverbrechen vielleicht im Kern in uns allen vorhanden ist[2]."

Ich möchte damit andeuten, wie schwierig die Aufgabe des Strafrechts ist, die Grenze zwischen dem erlaubten und dem kriminellen Handeln zu ziehen, weil bereits Ethik und Moral Schwierigkeiten mit der Abgrenzung haben.

---

1 Schmid, Niklaus: 1, Literaturverzeichnis
   Antognazza: Instruktive Fälle von Wirtschaftskriminalität, in Kriminalistik 11/1972, S. 539 und 12/1972, S. 595
   Rimann: Wirtschaftskriminalität, Die Untersuchung bei Wirtschaftsdelikten, Dissertation, Zürich 1973.
2 Schmid: Probleme der Untersuchungsführung, in Monatszeitschrift des Gottlieb Duttweiler-Instituts, gdi Topics Nr. 11/12/70, S. 33

14.2 Komplexe Sachverhalte

Strafwürdige Sachverhalte mit wirtschaftlichem Einschlag pflegen recht kompliziert und in tatsächlicher Hinsicht sehr verwickelt zu sein. Sie verwirklichen sich in äußerlich konventionell und legal erscheinenden Formen. Sie bieten sich selbst im Falle ihrer Entdeckung so verschwommen und unklar dar, daß sich der Untersuchungsführer anfänglich einem undurchdringbar erscheinenden Schlingpflanzendickicht gegenübersieht[3].

Dazu Schmid: „Es ist am Anfang oft unklar, ob überhaupt Straftatbestände vorliegen und welcher Art sie sind. Oft liegen nur vage Strafanzeigen, oft nur ein Verdacht des die Finanzpresse verfolgenden Kriminalisten oder ein Hinweis einer andern Amtsstelle vor, z. B. eines Konkursamtes. Diese Unübersichtlichkeit kann bis weit über das Einleitungsstadium hinaus bestehen bleiben, besonders wenn sich der Untersuchungsbeamte vor die Aufgabe gestellt sieht, aus einer Wagenladung von Geschäftsakten das Wesentliche zu subtrahieren[2]. Schmid gibt das *Beispiel* einer Strafuntersuchung, bei welcher am Anfang nur ein sehr unbestimmter Deliktsverdacht bestand, weil eine Person über Strohmänner mehr als 50 Aktiengesellschaften gegründet hatte, die fast alle in Konkurs gefallen waren. Bald ergab sich, daß keine Buchhaltung und fast keine verwertbaren Unterlagen vorhanden waren, daß aber Liegenschaftengeschäfte in Millionenbeträgen getätigt wurden. Unübersichtlichkeit besteht in solchen Fällen naturgemäß auch hinsichtlich des Personenkreises der Täter und der Opfer.

Ein weiteres Problem stellt sodann die zunehmende Internationalisierung des Wirtschaftslebens und damit auch der Wirtschaftskriminalität dar. Die Verbrecher und unter ihnen vor allem auch die Wirtschaftskriminellen denken schon längst international. Sie nützen die modernsten Errungenschaften: Technik, Wissenschaft, internationale Kommunikationen, Reisemöglichkeiten und internationalen Zahlungsverkehr. Die supranationalen Organisationen, die dieser Entwicklung zu folgen versuchen, produzieren dabei in einem solchen Umfange und so rasch Verträge, Verordnungen und sonstige Regelungen, daß selbst die Spezialisten nur mit Mühe folgen können. In der Europäischen Wirtschaftsgemeinschaft allein bestehen heute im Marktordnungsbereich über 3000 Verordnungen. Verfassungsrechtlich und damit in allen einschlägigen Rechtsbereichen wie im Zuständigkeits- und Verfahrensrecht, in der Organisation, in der materiellen Ausstattung und nicht zuletzt in der Mobilität sind die Polizeien auf lokalen Zuschnitt festgelegt. Die nationalen Polizeigesetze schränken die Tätigkeit auswärtiger Polizeibeamter ein. Hoheits-

---

3 Zirpins/Terstegen: Wirtschaftskriminalität, 1963, S. 114.

rechtliche Tätigkeiten von Beamten anderer Länder sind zwar vorgesehen, fallen aber unter die Ausnahmeregelungen. Die internationale Rechtshilfe ist in einigen Bereichen der Wirtschaftskriminalität nur beschränkt wirksam, insbesondere bei Fiskaldelikten. Die förmliche Rechtshilfe auf diplomatischem Wege wird wegen des umständlichen und zeitraubenden Verfahrens gerade von den Justizbehörden nur ungern in Anspruch genommen[4].

14.3 Strafbestimmungen

Wir haben bereits unter den verschiedenen Deliktsgruppen darauf hingewiesen, daß die Strafbestimmungen in der Schweiz nicht speziell auf Wirtschaftsdelikte ausgerichtet sind. Außerdem sind Strafbestimmungen des Wirtschaftsstrafrechts in engerem Sinne in verschiedenen Spezialgesetzen verzettelt, z. B. im

- Bundesgesetz über die Banken und Sparkassen
- Bundesgesetz über die Anlagefonds
- Alkoholgesetz
- Bundesgesetz über den unlauteren Wettbewerb
- Zollgesetz u. a. m.
- in einzelnen kantonalen Gesetzgebungen der Steuerbetrug[5].

14.4 Strafrechtliche Untersuchung bei Wirtschaftsdelikten

Zur Konkretisierung einzelner Fragen verwende ich als Beispiel die Zürcherische Strafprozeßordnung.

Ein Untersuchungsverfahren wird entweder durch die Anzeige eines Geschädigten, den Hinweis eines Dritten oder durch eine Amtsstelle (z. B. das Konkursamt) oder ex officio durch einen Polizeirapport ausgelöst. Der Wirtschaftskriminalist beginnt dann mit den Vorerhebungen, mit dem Sammeln aller nur erreichbaren Informationen, um zu Beweismitteln zu kommen.

Grundsätzlich gilt das Offizialprinzip, da der materielle Strafanspruch nur dem Staat gebührt. Die bei Wirtschaftsdelikten (z. B. Veruntreuung durch Angestellte) manchmal vorgenommene Selbstjustiz des Arbeitgebers ist nicht erlaubt.

---

4 Berk: Gedanken zur kriminalpolizeilichen Strafverfolgung überregionaler und internationaler Wirtschaftsverbrechen, in Aktuelle Beiträge zur Wirtschaftskriminalität, 1974, S. 37/38.
5 Im Kanton Zürich § 192 Steuergesetz und § 37 des Gesetzes über die Erbschafts- und Schenkungssteuer.

Eine Ausnahme vom Offizialprinzip bilden die sogenannten Antragsdelikte gemäß StGB Art. 28. Wettbewerbsdelikte sind häufig Antragsdelikte.

Die Anklagebehörde ist nach dem Legalitätsprinzip verpflichtet, bei allen strafbaren und verfolgbaren Handlungen einzuschreiten, sofern zureichende tatsächliche Anhaltspunkte vorliegen (vgl. beispielsweise die Zürcher StPO § 152 Abs. 2). Die Untersuchung ist dabei ohne Ansehen der Person durchzuführen. Jede einzelne Strafverfolgungsbehörde (Polizei, Bezirksanwalt, Staatsanwalt) ist an das Legalitätsprinzip gebunden, das zum Beispiel den Weisungen übergeordneter Stellen irgendwelcher Art vorgeht. Entsprechend ist der Sachverhalt soweit zu ermitteln, bis Anklage erhoben oder das Verfahren eingestellt werden kann.

Immerhin ist im Kanton Zürich seit 1975 gemäß StPO § 30 Abs. 3 der Deliktsbetrag nur noch soweit zu ermitteln, als dies zur Festlegung der Zuständigkeit und für die Beurteilung des Täters notwendig ist. Wenn die Untersuchung angelaufen ist ergeben sich regelmässig besonders Probleme mit den Angeschuldigten. Unter diesen finden sich Personen mit Rang und Namen und entsprechendem Ansehen in der Öffentlichkeit. Sie lassen sich durch ausgezeichnete Anwälte und Steuerberater vertreten und versuchen allenfalls, über persönliche Beziehungen, die bis zu politischen Druckmitteln gehen können, den Gang der Untersuchung zu beeinflussen.

Auf der andern Seite ergeben sich auch Schwierigkeiten mit den Opfern, den Geschädigten. Entweder fürchten die Geschädigten, selbst in Strafuntersuchung gezogen zu werden, weil sie an etwas merkwürdigen Geschäften mitgewirkt haben, oder die betreffenden Firmen oder Geschädigten scheuen die Blamage oder die Einsichtnahme in ihre Geschäftsunterlagen. Nicht zuletzt spielen auch wirtschaftliche Erwägungen eine Rolle: Im Gefängnis kann der Täter dem Geschädigten keinen Schadenersatz leisten.

Ermittlungsaufwand

Der Umfang der Ermittlungsarbeit ist groß. Im Falle Aiutanabank mußte beispielsweise die Bankbuchhaltung von 10 Jahren mit Millionen von Belegen auf mögliche Falschbuchungen überprüft werden[6].

Zeitaufwand für die Untersuchung

1984 gab die Kantonspolizei Zürich folgende Untersuchungsdauer für Wirtschaftsdelikte an[7]:

---

6 Auskunft der Sachwalterin und Liquidatorin Schweiz. Treuhandgesellschaft Zürich.

7 Mitteilung der Abteilung „Wirtschaftsdelikte/Betrug" der Kantonspolizei Zürich.

157 Erledigungen, davon mit einer Bearbeitungsdauer von

1 – 30 Tage	51 Fälle
31 – 90 Tage	48 Fälle
91 – 180 Tage	36 Fälle
über 180 Tage	22 Fälle

Sodann waren in 416 Fällen Rechtshilfegesuche aus dem Ausland zu bearbeiten.

Für die Bundesrepublik Deutschland gibt Kaiser folgende Zahlen an:

Die Ermittlungsverfahren wegen schwerer Wirtschaftsstraftaten benötigten von 1974 – 1976 durchschnittlich 430 – 445 Tage. Nur 2/5 der Fälle wurden innert 6 Monaten erledigt, 1/5 erst nach zwei Jahren; dies trotz Schwerpunkt-Staatsanwaltschaften und verbesserter praktischer Strafrechtspflege. Die Schöffengerichte und Wirtschaftsstrafkammern erwiesen sich als Engpässe; es gab einen großen Rückstau bei den Gerichten[8].

14.5 Anforderung an Strafverfolgungsbehörden und Gerichte

Die Anforderungen an die zuständige Strafverfolgungsbehörde sind hoch. Im Prinzip muß der Untersuchungsführer niveaumäßig und bezüglich Kenntnis der Geschäftsabläufe dem Angeschuldigten die Stange halten können, resp. er sollte noch ein klein bißchen klüger sein.

Neben einer Grundausbildung als Kriminalist, Kenntnis des Strafrechtes, der Strafprozeßordnung, kriminalistischer Untersuchungsmethoden usw. sollte er für die Behandlung von Wirtschaftsdelikten zusätzlich Kenntnisse haben in Buchhaltung und Bilanzlehre, Gesellschafts- und Handelsrecht, Schuldbetreibungs- und Konkursrecht, den gängigen Zahlungsverkehrsmethoden, den üblichen Finanzierungspraktiken, sowie spezifische Kenntnis der Praxis der einzelnen Wirtschaftsdeliktgruppen und nicht zuletzt Kenntnis der wichtigsten Fremdsprachen[9].

Selbstverständlich steht gemäß StPO § 113 die Möglichkeit offen, Sachverständige bei der Untersuchung zuzuziehen. Dies wird vor allem bei komplexen Buchfälschungen durch Beizug eines Büchersachverständigen oder einer Treu-

---

8 vgl. Kaiser: Die Bedeutung der Wirtschaftskriminalität in der Bundesrepublik Deutschland, in Kriminalistik 1/1978, S. 1.

9 Die Abteilung „Wirtschaftsdelikte/Betrug" der Kantonspolizei Zürich verfügte 1984 nach Angaben von Kommissär Dr. Zimmerli über 16 spezialisierte Wirtschaftskriminalisten und 1 Bücherexperten.

handgesellschaft notwendig sein. Damit erhöht sich allerdings das Problem hoher Kostennoten und deren Bezahlung. Beim Täter ist meist nicht mehr viel zu holen.

Ähnliche Anforderungen sind zumindest an den Referenten, besser jedoch an das gesamte Strafgericht zu stellen, welches den Wirtschaftsstraffall zu beurteilen hat. Mit der Revision der Strafprozeßordnung von 1975 wurde in Zürich die frühere Zuständigkeit des Schwurgerichtes zugunsten einer speziellen Wirtschaftsstrafkammer (1. Strafkammer) des Obergerichtes aufgegeben. Diese Kammer verfügt über die bei Wirtschaftsdelikten notwendigen speziellen Sachkenntnisse. Erfreulicherweise hat sich deshalb die Zeit von der Anklageerhebung bis zum Urteilsspruch fühlbar verkürzt.

15. Zivilrechtliche Verfolgung

15.1 Problemkreis

Für die in einem Wirtschaftskriminalfall Geschädigten ist primär die Deckung ihres unmittelbaren oder mittelbaren Schadens wichtig. Normalerweise interessieren sich die Geschädigten nur sekundär für die Bestrafung des Wirtschaftsstraftäters. Ausnahmen ergeben sich, wenn der Wirtschaftsstraftäter den Geschädigten großen Ärger, großes Unrecht oder sonstige Schwierigkeiten bereitet hat, welche mit materiellem Schadensersatz nicht aufzuwiegen sind. In diesem Falle mag eine Art „Rachesucht" oder ein Kompensationsbedürfnis für die erlittene „tort moral" mitwirken, um den Täter der „gerechten Strafe" zuzuführen. Der Strafanspruch selbst ist in unserer Rechtsordnung ganz beim Staat.

In diesem Kapitel wollen wir verschiedene Möglichkeiten aufzeigen, wie auf zivilrechtlichem Wege eine Wiedergutmachung des Schadens ganz oder teilweise möglich ist. Vereinzelt haben wir bei den einzelnen Deliktsgruppen bereits darauf hingewiesen.

15.2 Stellung des Geschädigten im Strafverfahren[1].

Das Hauptinteresse der Geschädigten gegenüber dem Täter liegt in der Wiedergutmachung des Schadens. Das Strafverfolgungsinteresse des Geschädigten schwächt sich erfahrungsgemäß ab oder verschwindet ganz, sobald dem Geschädigten sein Schaden ersetzt worden ist, z. B. durch eine Versicherung.

Manchmal spielen besondere Interessen von „Geschädigten" eine Rolle. Sie wollen vielleicht durch das Strafverfahren erreichen, daß ein mißliebiger Konkurrent „aus dem Verkehr gezogen wird" oder sie haben Interesse an der Einsicht in die Strafakten. Sie können diese Akten oftmals in einem Zivilprozeß benützen und schaffen sich so Beweismittel, die sie sonst nicht oder nur schwer erhalten hätte. Allenfalls interessieren sie sich auch für Fakten, auf deren Geheimhaltung der Angeschuldigte (oder evtl. ein Dritter) ein berechtigtes Interesse hat, beispielsweise Geschäftsgeheimnisse wie Kundenkreis usw.

---

1 Die nachfolgenden Ausführungen stützen sich vor allem auf Rimann, Wirtschaftskriminalität, Dissertation Zürich 1973.

Neben diesen „Sonderinteressen" kann jedoch der Ausgang des Strafverfahrens für den Geschädigten wesentliche Bedeutung für laufende zivilrechtliche Verfahren oder Konkursverfahren haben, z. B. Wegweisung von Forderungsanmeldungen von betrügerischen Forderungen in einem Konkursverfahren, Kollokationsprozeß gegen angemeldete faule Garantieforderungen, Nichtanerkennung von Forderungen aus nicht gutgläubig erworbenen faulen Wechseln, Schadenersatzklage wegen Verletzung des Geschäftsgeheimnisses usw.

Nach der Zürcher Strafprozeßordnung § 10 hat der Geschädigte folgende Stellung:

Abs. 1 Er hat Gelegenheit, den Einvernahmen der Zeugen und Sachverständigen beizuwohnen und an sie Fragen zu stellen, die zur Aufklärung der Sache dienen können.

Abs. 2 Er hat die Berechtigung, dem Untersuchungsbeamten die zur Feststellung des Schadens geeigneten Anträge zu stellen.

Abs. 3 Er hat Gelegenheit, Einsicht in die Akten zu nehmen und den Einvernahmen des Angeschuldigten beizuwohnen, allerdings nur soweit dies ohne Gefährdung des Untersuchungszweckes geschehen kann.

Bereits im vorangehenden Kapitel über die Strafverfolgung wurde auf die Konfliktsituation des Untersuchungsrichters hingewiesen: Entsprechend anerkannten zivilrechtlichen Grundsätzen ist eine Untersuchung so zu führen, daß jegliche Ausweitung von Schaden nach Möglichkeit verhindert wird. Es soll vermieden werden, daß vom Geschädigten aus gesehen der Zweck des Strafverfahrens geradezu in sein Gegenteil verwandelt wird. Andererseits hat der Untersuchungsleiter alle Mittel einzusetzen, welche das spezifische Ziel der Strafuntersuchung, die Sühne für ein begangenes Unrecht, gewährleisten. Die entstehende Konfliktsituation ist im Sinne eines Kompromisses nach freiem Ermessen zu bereinigen. Der Untersuchungsrichter wird in zivilrechtlicher Hinsicht in der Regel aufgrund folgender Erwägungen entscheiden: Prüfen der Schadensgröße, Prüfen der Person des Geschädigten und Abschätzung des noch möglichen künftigen Schadens[2].

15.3 Klage aus Vertrag

Soweit der Schaden auf vertragswidriges Verhalten des Wirtschaftskriminellen zurückgeht, kann der Geschädigte aus diesem Vertrage nach den allgemeinen Regeln des Vertragsrechtes klagen, z. B. wegen Nichtlieferung der ver-

---

2 Antognazza: Instruktive Fälle von Wirtschaftskriminalität, in Kriminalistik 12/1972, S. 596.

sprochenen und bereits zum Teil bezahlten Ware, Klage auf Leistung der vereinbarten Garantie, Klage aus Bürgschaft usw. (OR Art. 97 bis 109 über die Folgen der Nichterfüllung eines Vertrages).

Allenfalls kommen OR Art. 41 ff. über die außervertragliche Schädigung zum Zuge.

Zu beachten ist auch OR Art. 61 über die Verantwortlichkeit öffentlicher Beamter und Angestellter, auf den nachfolgend noch zurückzukommen ist.

15.4 Verantwortlichkeitsansprüche gegen Organe von Gesellschaften

Gemäß OR Art. 752 bis 761 für die Aktiengesellschaft und entsprechend für die GmbH in OR Art. 728 sind eine ganze Reihe von Verantwortlichkeiten der Organe gegeben:

Prospekthaftung

Nach OR Art. 752 besteht Prospekthaftung bei unrichtiger Anpreisung von Neuausgaben von Aktien oder Obligationen.

Gründerhaftung

Nach OR Art. 753 besteht Gründerhaftung aller, die an der Gründung einer AG beteiligt sind. In Ziff. 1 werden besonders die Sacheinlagen und Übernahme von Vermögenswerten erwähnt und in Ziff. 2 die absichtliche oder fahrlässige Mitwirkung bei der Eintragung der Gesellschaft im Handelsregister aufgrund unrichter Angaben.

Geschäftsführung

OR Art. 754 statuiert die Haftung aus Geschäftsführung, Kontrolle und Liquidation, also die Haftung von Verwaltungsräten, Geschäftsführern, Direktoren der Kontrollstelle und allfälligen Liquidatoren.

Beim Verfahren ist zu beachten, daß gemäß OR Art. 755 der Anspruch auf Schadensersatz gegenüber den haftenden Personen und Organen bei der Gesellschaft liegt und nicht bei den einzelnen Aktionären oder Gläubigern der Gesellschaft. Dies ändert sich erst im Konkurs oder im Nachlaßverfahren der Gesellschaft:

Im Konkurs steht gemäß OR Art. 756 die Geltendmachung des Anspruches zunächst der Konkursverwaltung zu. Erst wenn sie verzichtet, kann jeder Aktionär oder Gläubiger die Abtretung des Anspruches verlangen. Die Abrechnung erfolgt dabei gemäß SchKG Art. 260 (vgl. das Schema in Kapitel 7.2).

Zu beachten ist sodann OR Art. 757 betreffend Verantwortlichkeitsklage des Aktionärs. Veantwortlichkeitsklagen gegen Organe sind erfahrungsgemäß kostspielig und zeitraubend. Streitwerte von mehreren hunderttausend bis mehreren Millionen Franken, Anwalts- und Gerichtskosten von hunderttausend Franken und höher und mehrjährige Prozeßdauer durch alle Instanzen sind typische Merkmale solcher Verantwortlichkeitsprozesse. Solche Verfahren wurden deshalb früher gescheut und kamen nur vereinzelt vor. In den letzten Jahren jedoch haben vor allem bei Konkursen energische Sachwalter und Liquidatoren vermehrt Verantwortlichkeitsprozesse gegen Verwaltungsräte und Kontrollstellen geführt. Einer Konkursverwaltung, Sachwalterin, Liquidatoren fällt die Prozeßführung in dem Sinne einfacher, als sie zu Lasten der Konkursmasse prozessieren kann. Bei Verzicht der Konkursverwaltung auf Führung der Verantwortlichkeitsprozesse lassen sich in letzter Zeit immer wieder größere Gläubiger die Ansprüche nach SchKG Art. 260 abtreten, um selbst die Verantwortlichkeitsprozesse zu führen.

Dabei konnten auch einige beachtliche Ergebnisse erzielt werden, sei es durch Vergleich oder durch teilweisen Prozeßgewinn. In einem Falle wurde eine schuldige Kontrollstelle zu 500 000 Franken Schadensersatz verurteilt[3]. In andern Fällen gingen Schweizer Gerichte bis zu Schadensersatzsummen von 10 Mio. Franken[4]. Zur Zeit sind meines Wissens Verantwortlichkeitsklagen in der Höhe von mehreren Mio. Franken anhängig. Ich halte die prophylaktische Wirkung solcher Verantwortlichkeitsklagen für hoch, vor allem wenn die Verfahren und Urteile einer weiteren Öffentlichkeit bekannt gemacht werden. Damit werden reine Gallionsverwaltungsräte oder treuhänderische Verwaltungsräte vor der Annahme solcher Mandate gewarnt und der Verwaltungsrat wieder vermehrt seiner eigentlichen Funktion zugeführt: Sorgfältige Auswahl der Geschäftsleiter, klare Unternehmenszielsetzung und kompetente Überwachung der Geschäftstätigkeit des Managements eines Unternehmens im Interesse des Unternehmens selbst und damit seiner Gläubiger und Aktionäre.

---

3 BGE vom 11. 11. 75 i. S. Solidago AG.
4 Prozeßvergleich 1980 bei Interglobe c. Schweizerische Verwaltungsräte der Fondsleitung AFIT bei Fr. 10,8 Mio.
  Die 6 Verwaltungsräte der Banca Vallugano, Lugano, zahlten vergleichsweise im Verantwortlichkeitsprozeß Fr. 1,8 Mio. an die Liquidatorin.
  Aus den USA ist aus dem Konkurs von 1973 der US Financial Corp., San Diego, bekannt, daß deren Revisionsfirma Touche Ross & Corp. 1977 vom Geschworenengericht in San Diego zu US $ 33 Mio. Schadenersatzzahlungen an die Gläubiger verurteilt worden ist.

15.5 Verantwortlichkeitsansprüche gegen Behörden

Eine ganze Reihe von Bestimmungen regeln die Verantwortlichkeit der zuständigen Behörden, die für ein geordnetes Wirtschaftsleben mitverantwortlich sind. Wir haben bereits auf OR Art. 61 über die Verantwortlichkeit öffentlicher Beamter und Angestellter hingewiesen. OR Art. 928 regelt die Haftbarkeit des Handelsregisterführers.

SchKG Art. 5 regelt die Haftbarkeit der Betreibungsbeamten und Konkursbeamten mit subsidiärer Haftung der Kantone gemäß Art. 6. Entsprechend regelt SchKG Art. 316 lit. f. die Verantwortlichkeit von Liquidatoren und Mitgliedern des Gläubigerausschusses beim Nachlaßvertrag mit Vermögensabtretung.

Art. 29 Ziff. 5 der Verordnung des Bankengesetzes vom 11. 4. 1935 regelt die Haftung der Liquidatoren und der Mitglieder des Gläubigerausschusses bei Banknachlaßverträgen, und entsprechend sind die außeramtlichen Konkursverwaltungen und Sachwalter haftbar.

ZGB Art. 955 regelt die Haftbarkeit für allen Schaden, der aus der Führung des Grundbuches entsteht. Primär haften die Kantone, welche Rückgriff auf die Beamten und Angestellten haben.

Verschiedene Kantone regeln die Haftung und Schadenersatzpflicht ihrer öffentlichen Urkundspersonen (Notare). Für die öffentlich gewählten Notare im Kanton Zürich gelten beispielsweise die Haftbarkeitsbestimmungen des Gesetzes über die Haftung des Staates und der Gemeinden sowie ihrer Behörden und Beamten (Haftungsgesetz[5]), wobei primär der Staat haftet.

15.6 Schadenersatzansprüche gegen Auskunftsstellen

Für die in Kapitel 13 behandelten Handelsauskünfte haftet die Handelsauskunftei schon bei Fahrlässigkeit, die nicht vertraglich wegbedungen werden kann.

Heikler ist die Frage bei vertraulichen internen Bankauskünften, den sogenannten Bankreferenzen. Diese werden meistens SE & O „sans engagement et obligation" oder „sauf erreur et omission" abgegeben und binden nach allgemeiner Ansicht die auskunftgebende Stelle nicht. Nur eine offensichtliche Fehlinformation kann Anlaß zu Schadenersatzforderungen eines Geschädig-

---

5 Haftungsgesetz vom 14. 9. 1969. Zusätzlich Ordnungsstrafbestimmungen in $ 36 des zürcherischen Gesetzes betr. die Organisation der Notariatskanzleien.

ten bilden, z. B.: Eine Bank bestätigt schriftlich, daß der Täter für Fr. 1 Mio. erstklassige Papiere als Sicherheit für das abzuwickelnde Geschäft mit dem Geschädigten hinterlegt habe; die erstklassigen Papiere sind faule Wechsel. Hier ist die Berufssorgfaltspflicht des Bankiers verletzt.

15.7 Konkursrechtliche Erfaßbarkeit

Neben den straf- und zivilrechtlichen Verfolgungsmöglichkeiten gewährt auch das Schuldbetreibungs- und Konkursrecht Möglichkeiten für den Geschädigten:

SchKG Art. 213 Verrechnung, allerdings unter Einschränkung.
SchKG Art. 225 Aufnahme von Drittmannsgut im Inventar.
SchKG Art. 242 Verweigerung von Aussonderungsansprüchen.
SchKG Art. 250 Kollokationsklagen
SchKG Art. 260 Abtretung derjenigen Rechtsansprüche der Masse, auf deren Geltendmachung die Gesamtheit der Gläubiger verzichtet.
SchKG Art. 271 ff Arrest
SchKG Art. 285 – 292 Paulianische Anfechtungsklagen.

Sie können dem Geschädigten helfen, vor Konkursausbruch verschobene Vermögenswerte in die Konkursmasse zurückzuholen. Dazu gehören auch übersetzte Leistungen an andere Gläubiger, z. B. weitere vom Täter beherrschte Schwindelfirmen. Ich erinnere an das System der Gewinnabschöpfung bei verschachtelten Firmengruppen (Kapitel 1).

Sollten die für das SchKG-Verfahren Verantwortlichen zusätzlichen Schaden verursachen, so stehen dem geschädigten Gläubiger auch Schadenersatzmöglichkeiten gegen diese Personen und Ämter offen:

SchKG Art. 5:   Haftbarkeit der Beamten und Angestellten
SchKG Art. 241:   Amtliche Stellung der Konkursverwaltung
SchKG Art. 316 lit f.: Verantwortlichkeit der Liquidatoren im Nachlaßverfahren.

Die Beamten und Angestellten der Betreibungs- und der Konkursämter üben staatliche Funktionen aus, die mit Zwangsgewalt ausgestattet sind. Deshalb sieht das Gesetz eine erhöhte Verantwortlichkeit vor, d. h. eine Haftbarkeit für die Folgen einer ungerechtfertigten Handlungsweise bei der Amtsausübung.

Wir können folgende Arten von Handlungen und Verantwortlichkeiten unterscheiden:

200

a) die Handlung kann für die Beteiligten einen Schaden im zivilrechtlichen Sinne verursachen = zivilrechtliche Verantwortlichkeit oder
b) sie kann in einem Verstoß gegen die Amtspflichten bestehen = disziplinarische Verantwortlichkeit oder
c) sie kann ein Delikt im strafrechtlichen Sinne darstellen = strafrechtliche Verantwortlichkeit.

Unter Umständen kann die Handlung eine kumulierte Haftung, d. h. alle drei Arten der Verantwortlichkeit, nach sich ziehen.

15.8 Zivilrechtliche Verantwortlichkeit der SchKG-Behörden

Maßgebend sind SchKG Art. 5 – 7 in Verbindung mit OR Art. 41 ff. und 61 sowie das kantonale öffentliche Recht.

15.8.1 Voraussetzungen

Die zivilrechtliche Verantwortlichkeit setzt einen Vermögensschaden voraus, den ein Beamter oder Angestellter in Ausübung amtlicher Funktionen schuldhaft (vorsätzlich oder fahrlässig) verursacht hat. Der Vermögensschaden muß in Ausübung amtlicher Verrichtungen entstanden sein. Es muß ferner ein Verschulden vorliegen, wobei der Grad des Verschuldens keine Rolle spielt. Schon ein leichtes Verschulden genügt (vgl. OR Art. 41 ff.). Zwischen der schuldhaften Handlung und dem entstandenen Schaden muß ein Kausalzusammenhang bestehen.

15.8.2 Charakter der Haftbarkeit

Die Haftbarkeit ist zum Teil eine direkte und zum Teil nur eine subsidiäre.

Der Betreibungs- und Konkursbeamte sowie ihre Stellvertreter haften direkt für Schäden die

a) durch sie selbst oder
b) durch einen von ihnen ernannten Angestellten

verursacht worden sind (SchKG Art. 5 Abs. 1). Im Falle b hat der Beamte nach OR Art. 55 ein Rückgriffsrecht auf den fehlbaren Angestellten.

An zweiter Stelle (subsidiär) haftet der Kanton, wenn der direkt haftbare Beamte oder sein Bürge den Schaden nicht ersetzen kann (SchKG Art. 6 Abs. 1).

Man kann nämlich dem Geschädigten nicht zumuten, daß er infolge Insolvenz des Beamten zu Schaden kommt. Der Kanton hat aber das Recht, zwei Sicherungsmittel in die Haftung einzubauen:

a) Er kann von den Beamten, für die er haften muß, eine Amtskaution als Sicherheit verlangen (SchKG Art. 6 Abs. 3).
   Form, Höhe und Inhalt der Kaution bestimmt das kantonale Recht.

b) Er hat ferner gegenüber dem Beamten, der den Schaden verursacht hat, ein Rückgriffsrecht (über das im SchKG vorgesehene besondere Rückgriffsrecht vgl. Art. 6 Abs. 2).

Die Kantone können die subsidiäre Haftung durch eine primäre ersetzen.

15.8.3 Geltendmachung des Schadens

Der Geschädigte muß den für den Schaden Verantwortlichen gerichtlich belangen. Durch die Zuweisung an die Gerichte soll eine gründliche und sachkundige Prüfung gewährleistet werden. Die Schadenersatzklage ist im kantonalen Zivilprozeßrecht geregelt. Sie kann auch, wenn der erforderliche Streitwert vorhanden ist, durch Berufung an das Bundesgericht weitergezogen werden.

15.8.4 Die Verjährung der Schadenersatzklage

Der Anspruch auf Schadenersatz gegenüber dem fehlbaren Beamten oder Angestellten verjährt in einem Jahr ab dem Tage, an dem der Geschädigte von der Schädigung Kenntnis erhalten hat, spätestens aber mit Ablauf von 10 Jahren vom Tage der Schädigung an gerechnet (SchKG Art. 7 Abs. 1, vgl. auch OR Art. 60).

Haftet der Staat subsidiär, so unterliegt die Schadenersatzklage gegenüber dem Staat der ordentlichen zehnjährigen Verjährungsfrist.

Ist der Schaden durch eine strafbare Handlung herbeigeführt worden, für die das Strafrecht eine längere Verjährung vorschreibt, so gilt diese auch für den Zivilanspruch (SchKG Art. 7 Abs. 2).

Auf die disziplinarischen Möglichkeiten gehe ich nicht ein. Das SchKG enthält keine besonderen Strafbestimmungen bezüglich SchKG-Beamten. Es greifen die Strafbestimmungen des allgemeinen Strafrechtes im 18. Teil „Strafbare Handlungen gegen die Amts- und Berufspflicht" (StGB Art. 312, 314, 315, 316) Platz (vgl. Kapitel 6).

16. Das neue deutsche Wirtschaftsstrafrecht

16.1 Vorgeschichte

Ansätze zu einer vertieften Forschung zum Thema Wirtschaftskriminalität finden sich Ende der 50er Jahre. Middendorff, Richter in Freiburg i. Br., verfaßte eine soziologische und historische Darstellung der Wirtschaftskriminalität[1]. Eine umfangreiche und umfassende Darstellung der Wirtschaftskriminalität, ihrer Erscheinungsformen und ihrer Bekämpfung, erschien 1963 von Dr. jur. Walter Zirpins, Oberregierungs- und Kriminalrat, zusammen mit Dr. jur. Otto Terstegen, Ministerialrat[2].

Der 49. Deutsche Juristentag forderte 1972 Maßnahmen zur besseren empirischen Erfaßung der Wirtschaftskriminalität und zu deren Bekämpfung. Klaus Tiedemann verarbeitete anfangs der 70er Jahre im Rahmen einer Kommission am Institut für Kriminologie der Universität Freiburg i. Br. umfangreiches empirisches Material, um mögliche neue gesetzgeberische Maßnahmen für eine bessere Bekämpfung der Wirtschaftskriminalität aufzuzeigen[3]. Der deutsche Gesetzgeber beschloß in den 70er Jahren eine Reihe verfahrens- und materiellrechtlicher Neuerungen[4]. Vorerst schuf er mit GVG § 74 c die Möglichkeit zur Bildung von besonderen Wirtschaftsstrafkammern. Straftaten, die zur Beurteilung besondere Kenntnisse des Wirtschaftslebens benötigen, sollen von Richtern beurteilt werden, die auf diesem Gebiet auch besondere Kenntnisse und Erfahrungen besitzen und sie laufend erweitern können. Damit soll eine raschere und sachdienliche Aburteilung ermöglicht werden.

Auf Empfehlungen einer Sachverständigen-Kommission[5] und intensiven Diskussionen beschloß der Gesetzgeber das erste Gesetz zur Bekämpfung der Wirtschaftskriminalität vom 1. 9. 1976 (1. WiKG). Das 1. WiKG regelt neu in § 264 StGB den Subventionsbetrug, in § 265 b StGB den Kreditbetrug im Sin-

---

1 Middendorf: Soziologie des Verbrechens, 1959.
2 Zirpins/Terstegen: Wirtschaftskriminalität, Erscheinungsformen und ihre Bekämpfung, 1963.
3 Tiedemann: Wirtschaftskriminalität, Stichworte zum Heft, in Freiburger Universitätsblätter, Heft 77/Nov. 1982, S. 11.
4 Gesetzestexte im Anhang.
5 Sachverständigen-Kommission zur Bekämpfung der Wirtschaftskriminalität/Reform des Wirtschaftsrechtes, in 15 Tagungsberichten (1972–80), jeweils herausgegeben vom Bundesministerium Justiz, Bonn.

ne der Krediterschleichung und erfaßt neu in § 283 ff. StGB die Konkursstraftaten und in § 302 a StGB den Wucher[6]. Nach der Zielsetzung sollte der Subventions- und Kreditbetrug bereits im Vorfeld erfaßt werden, insbesondere dadurch, daß falsche Angaben über subventions- und krediterhebliche Umstände unter Strafdrohung gestellt werden. Dabei wurde der neue Straftatbestand des Subventionsbetrugs durch außerstrafrechtliche Regelungen zum Subventionsrecht ergänzt, um Umgehungshandlungen und Scheingeschäfte sowie zweckwidrige Verwendung von Subventionen möglichst zu vermeiden oder gegebenenfalls zu erfassen. Ferner wurde der Wuchertatbestand neu gefaßt und das Konkursstrafrecht verbessert[7].

16.2 Statistik

Seit 1974 richteten die Justizverwaltungen des Bundes und der Länder eine interne Datensammlung der Staatsanwaltschaften über Art und Erledigung der Verfahren schwerer Wirtschafts-Straftaten ein[8]. Das Projekt läuft unter dem Titel „Bundesweite Erfassung von Wirtschafts-Straftaten nach einheitlichen Gesichtspunkten". Das Max Planck-Institut in Freiburg i. Br. (Kriminologische Forschungsgruppe) erhielt den Auftrag zur zentralen Aufbereitung und Auswertung.

Einschränkend ist festzustellen, daß sich weder Umfang und Entwicklung der registrierten Wirtschaftskriminalität noch ihr jeweiliger Anteil an der Gesamtkriminalität exakt ermitteln läßt. Dies beruht auf der Unklarheit darüber, welche Delikte überhaupt zur Wirtschaftskriminalität gehören, und in den unzulänglichen Erkenntnismitteln. Dazu Heinz[9]:

„In den klassischen Kriminalstatistiken (Polizeiliche Kriminalstatistik, Strafverfolgungsstatistik) wird zum einen nur ein Teil der Wirtschaftskriminalität erfaßt, nämlich nur soweit es sich um Verbrechen und Vergehen handelt. Die Vielzahl der Ordnungswidrigkeiten, hinzuweisen ist nur auf die Steuer- und Kartellordnungswidrigkeiten, werden dagegen nicht erfaßt. Zum anderen werden bei den typischen Auffangtatbeständen, insbesondere bei Betrug und Untreue, wirtschaftsdeliktische Erscheinungsformen nur teilweise gesondert ausgewiesen.

---

6 Gesetzestexte im Anhang, vgl. Kommentar bei Tiedemann, Wirtschaftsrecht und Wirtschaftskriminalität, Teil 1 Allgemeiner Teil, 1976, S. 56 – 61.
7 Kaiser: Wirtschaftskriminologische Forschung am Freiburger Max-Planck-Institut, in Freiburger Universitätsblätter, Heft 77/Nov. 1982, S. 53/54.
8 Kaiser a. a. O., S. 42.
9 Heinz: Wirtschaftskriminologische Forschungen, in Wistra, Heft Nr. 4/1983, S. 19.

Das staatsanwaltschaftliche Ermittlungsverfahren in schweren Wirtschaftsstrafverfahren – ausgewählte Einzeldaten aus der „Bundesweiten Erfassung von Wirtschaftsstraftaten nach einheitlichen Gesichtspunkten" 1974 – 1980[10].

	1974		1975		1976		1977		1978		1979		1980	
	insg. abgeschlossene Verfahren	durch Anklage abgeschlossene Verfahren	insg. abgeschlossene Verfahren	durch Anklage abgeschlossene Verfahren	insg. abgeschlossene Verfahren	durch Anklage abgeschlossene Verfahren	insg. abgeschlossene Verfahren	durch Anklage abgeschlossene Verfahren	insg. abgeschlossene Verfahren	durch Anklage abgeschlossene Verfahren	insg. abgeschlossene Verfahren	durch Anklage abgeschlossene Verfahren	insg. abgeschlossene Verfahren	durch Anklage abgeschlossene Verfahren
Ermittlungsverfahren	2 888	1 447	3 089	1 656	3 647	2 094	3 725	2 300	3 562	2 228	3 087	1 881	3 226	2 009
Beschuldigte/Angeklagte	5 058	2 207	5 798	2 588	6 270	2 958	6 663	3 341	6 630	3 171	6 879	2 701	5 896	2 772
Geschädigte	173 321	33 724	89 558	30 976	186 202	147 814	102 934	37 339	103 242	39 011	66 145	26 440	156 004	44 153
Einzelfälle	51 150	15 467	49 484	19 417	44 113	20 889	59 547	24 368	82 245	35 447	61 706	27 204	145 209	24 810
Gesamtschaden (in Mill.)[1]	1 381	544	3 376	1 342	4 057	2 711	4 599	2 335	5 477	1 574	3 934	1 444	2 616	1 232
Art des Delikts (in % aller Delikte)														
Finanzmonopolgesetze[2]	25,4	43,8	26,5	40,0	0,3	0,1	–	–	–	–	0,1	–	–	–
Steuergesetze[2][3]	–	–	–	–	25,7	42,6	40,5	54,6	40,4	54,7	39,1	60,1	44,4	57,9
Betrug	22,4	18,5	20,4	18,4	20,6	18,6	19,6	16,3	20,7	16,7	17,5	14,9	16,9	13,7
Konkursdelikte[4]	18,3	9,5	22,1	14,1	11,4	8,7	9,6	7,0	10,1	7,5	18,5	7,7	14,5	9,8
GmbH-Gesetz	7,2	4,9	6,0	5,4	6,6	5,0	7,2	5,4	7,9	6,7	7,1	4,6	7,6	5,9
Untreue	6,7	5,8	7,5	7,0	7,3	5,9	6,8	5,3	6,9	4,9	6,2	4,9	5,8	4,5
Urkundendelikte	4,7	6,1	3,7	4,8	3,7	4,5	3,7	4,3	3,2	3,6	3,4	2,9	3,6	4,1
Unterschlagung	4,1	3,3	4,0	2,8	3,7	2,7	3,6	2,6	3,6	2,4	3,0	1,8	2,4	1,5
UWG	4,0	2,2	3,3	2,1	3,2	2,1	2,9	1,4	2,8	0,9	2,1	1,2	1,6	0,9
Sonstige Straftatbestände[5]	7,1	5,9	6,5	5,4	17,6	10,2	6,1	3,2	4,4	2,7	3,2	1,9	3,1	1,7
Art der Erledigung[6] (in %)														
Anklageerhebung			54,1		57,4		61,7		62,5		60,9		62,2	
Einstellung gem. §§ 153 ff. StPO			1,9		2,8		2,8		2,4		2,3		4,9	
Einstellung gem. §§ 154 ff. StPO			3,3		4,0		3,9		5,0		5,3		5,2	
Einstellung gem. § 170 II StPO			34,1		30,1		26,5		25,0		25,5		23,0	
Einstellung gem. § 205 StPO			2,3		1,9		1,8		1,1		1,3		1,5	
Sonstige Einstellungen			4,3		3,9		3,3		4,0		4,6		3,2	

[1]) Bei den erledigten Verfahren insgesamt: Ausschließlich Verfahren ohne Angaben zum Schaden. Seit 1977 aber einschließlich der Verfahren mit geschätztem Schaden.
Bei den durch Anklage abgeschlossenen Verfahren: Angeklagter und sonstiger Schaden.

[2]) Finanzmonopol-, Steuer- und Zollrecht 1974 – 1975 nicht getrennt ausgewiesen.

[3]) Zollrecht seit 1976 hier miterfaßt.

[4]) Vor Inkrafttreten des 1. WiKG von 1976: §§ 239, 240 KO a.F.

[5]) Als sonstige Straftatbestände sind hier zusammengefaßt: Subventionsbetrug (§ 264 StGB); Wucher (§ 302 a StGB); Hehlerei (§ 259 StGB); Kreditbetrug (§ 265 b StGB); Bestechung (§ 334 StGB); Vorteilsgewährung (§ 333 StGB); Aktiengesetz, Kreditwesengesetz.

[6]) Berücksichtigt wurde nur die jeweils „schwerste" Erledigungsart pro Verfahren. und zwar in der angegebenen Reihenfolge.

Quellen: *Liebl,* Die Entwicklung der Wirtschaftskriminalität im Sechsjahreszeitraum 1974 bis 1979; in: Der Kriminalist 1981, 372, Tab. 1; 374, Tab. 3; 379, Tab. 9; 458, Tab. 12; 459, Tab. 14 und 15; 460, Tab. 16 und 17; 461, Tab. 18 und 19; 462, Tab. 20; *Liebl,* Umfang und Erscheinungsbild der Wirtschaftskriminalität, in: Taschenbuch für Kriminalisten, Bd. 32, 1982, 85, Tab. 17; 78, Tab. 12; 81, Tab. 14; 83, Tab. 16; schriftliche Auskunft von *Dr. Liebl* vom 7. 4. 1982.

10 Die Tabelle wurde dem Beitrag „Wirtschaftskriminologische Forschungen in der Bundesrepublik Deutschland" von Professor Dr. Wolfgang Heinz aus *wistra* 1983, 128 (131) entnommen.

In der seit 1974 geführten „Bundesweiten Erfassung von Wirtschaftsstraftaten nach einheitlichen Gesichtspunkten (BWE)" sind nur Arbeitsanfall und Erledigung von Wirtsschaftsstrafverfahren im Sinne der kriminalistischen prozessualen Definition von § 74 c GVG erfaßt, soweit sie von den Staatsanwaltschaften bearbeitet werden und es sich nicht um Delikte mit Schäden unter 1000 DM handelt. Erfaßt sind also nur Wirtschaftsstrafverfahren von besonderer Bedeutung."

Immerhin betreffen ca. 95% der Tätigkeit der Schwerpunkts-Staatsanwaltschaften bundesweit erfaßte Delikte gemäß Katalog im § 74 c GVG.

Registrierte Wirtschaftskriminalität in der Bundesrepublik Deutschland im Jahre 1982 [11]

Straftaten	Polizeilich bekanntgewordene Fälle	Tatverdächtige	Verurteilte
Betrug (§ 263 StGB) im Wirtschaftsverkehr (geschätzt) [a]	88 000 * [b]	53 000 * [b]	18 000 * [b]
Subventionsbetrug (§ 264 StGB) [c]	428	314	18
Versicherungsbetrug (§ 265 StGB) [3]	–	–	56
Kreditbetrug (§ 265 b StGB)	873	760	–
Untreue (§ 266 StGB) im Wirtschaftsverkehr (geschätzt)	5 000 * [d]	3 000 * [d]	600 * [d]
Konkursstraftaten (§ 283 StGB)	1 699	1 901	164
Wucher (§ 302 a StGB)	466	216	8
Summe	97 000 *	60 000 *	19 000 *

a) In der Polizeilichen Statistik einschließlich Versicherungsbetrug (§ 265 StGB) (ohne Kredit- und Subventionsbetrug und ohne Erschleichen von Leistungen).
b) Die Schätzung beruht auf der Annahme, daß Fälle des Betruges mit Schäden über 1000 DM Wirtschaftsdelikte sind. Der so ermittelte Anteil von 35% wurde auch für die Schätzung der Zahl der Tatverdächtigen und der Verurteilten zugrunde gelegt.
c) In der Polizeilichen Kriminalstatistik bei Betrug (§ 263 StGB) ausgewiesen.
d) Berücksichtigt wurden nur Fälle der Untreue mit Schäden über 1000 DM (vgl. oben Anm. 2). Der Anteil von rd. 66% wurde auch bei Schätzung der Zahl der Tatverdächtigen und Verurteilten zugrunde gelegt.
* Geschätzte Werte, vgl. Anm. 2) und 4).

---

11 Quellen: Statistisches Bundesamt Wiesbaden, Strafverfolgungsstatistik 1982 Bundeskriminalamt, Polizeiliche Kriminalstatistik 81/82.

Verfahren mit nur einem Tatbestand sind selten. In den jährlich rund 3200 Ermittlungsverfahren wurden ca. 145 000 Einzelfälle geprüft. Typischerweise handelt es sich also um komplexe Deliktsbilder.

Interessant ist die Feststellung, daß bei ca. 3000 Ermittlungsverfahren jährlich nur bei ca. 60% Anklage erhoben oder ein Strafbefehl beantragt wurde. (1981 69%). Dabei zeigt sich eine langsame Steigerung der Anklagequote. Von den 1980 von den Staatsanwaltschaften überprüften Tatbeständen betrafen ca.

58% Steuer- & Zollrecht
14% Betrug
10% Konkursstraftaten
 6% Untreue & Unterschlagungen

Ob die Wirtschaftskriminalität zugenommen hat, läßt sich schon wegen der Unsicherheiten bezüglich der Entwicklung des Dunkelfeldes nicht sagen. Aussagen sind lediglich über die Entwicklung der registrierten Wirtschaftskriminalität möglich, aber auch nur mit Vorbehalten wegen des undifferenzierten Ausweises bei Betrug und Untreue.

Die nebenstehende, vereinfachte Darstellung zeigt, daß bei den gemeinen Strafdelikten (ohne Steuer- & Zolldelikte) der Betrugstatbestand eindeutig dominiert.

Typisch für Wirtschaftsdelikte ist das in der nachfolgenden Statistik aufgezeigte Verhältnis von wenig Strafverfahren mit einer geringen Zahl von Beschuldigten aber einer hohen Zahl von Einzel-Deliktsfällen mit einer Vielzahl von Geschädigten bei hohem Vermögensschaden[12].

Statistik Wirtschaftsdelikte 1980
(Bundesrepublik Deutschland)

		Davon Tatbestände der	
3 226	Strafverfahren		
5 896	Beschuldigte	− Fiskaldelikte	44%
145 209	Einzelfälle	− Betrugsdelikte	17%
156 004	Geschädigte	− Konkursdelikte	15%
(Verhältnis 1 : 2 : 45 : 50)		− Treubruchdelikte	6%.

---

12 Vgl. Tabelle „Das staatsanwaltschaftliche Ermittlungsverfahren in schweren Wirtschaftsstrafverfahren auf Seite 205.

16.3 Meinungen zum neuen Wirtschaftsstrafrecht

Zum neuen Tatbestand des Subventionsbetruges (§ 264 StGB) meint Tiedemann[13], daß der neue Tatbestand zu einer Verbesserung der Verwaltungspraxis und einer Erleichterung der Strafrechtspraxis geführt habe, obwohl ein „Erfolg" schwer abschätzbar sei. Eventuell hat der Tatbestand generalpräventive Wirkung und verhindert, daß einschlägige Straftaten begangen werden. 1981 wurden 1375 polizeilich registrierte Strafverfahren wegen Subventionsbetrug nach § 264 StGB eingeleitet, meist wegen Erschleichung von Investitionszulagen, aber auch betrügerischen Erlangens von Darlehen zwecks Existenzgründung.

Unter dem neuen Tatbestand des Kreditbetruges (StGB § 265 b) wurden 1980 über 1000, 1981 knapp 800 einschlägige Strafverfahren eingeleitet. Jedoch erfolgte kaum eine Verurteilung.

Kaiser[14] meint, daß die Frage nach den Kriterien der Abgrenzung so gewichtig sei, daß ein Festhalten an der bisherigen Lösung des § 74 c GVB (der die Zuständigkeit begründenden Organisationsnorm) überprüft werden muß. Auch sind dagegen rechtsstaatliche Einwände zu bedenken. Zusammenfassend meint Kaiser, daß zwar Fortschritte in der Bekämpfung der Wirtschaftsdelikte zu verzeichnen sind, aber auch gesetzgeberische Fehlschläge erkennbar werden: die neuen Tatbestände Wucher, der erweiterte Kreditbetrug und die Neufassung des Konkurs-Strafrechtes[15].

Wassermann stellt eine beträchtliche Diskrepanz zwischen Worten und Taten der Rechtspolitiker fest: „kleines Ei, lautes Gegacker". Etwas weniger Hochspielen der laufenden Legiferierungsarbeiten und der schon verabschiedeten Gesetze wäre angebracht. Die Spezialisierung der Strafverfolgung habe sich im Großen und Ganzen bewährt, die Zusammenarbeit zwischen Kriminalpolizei und Staatsanwaltschaften sei befriedigend. Hier liege der entscheidende Punkt. Für präventive Wirkung der wirtschaftsstrafrechtlichen Normen sieht Wassermann kaum eine Chance[16].

---

13 Tiedemann: Wirtschaftskriminalität als Forschungsgegenstand, in Freiburger Universitätsblätter, Heft 77 Nov. 1982, S. 22.
14 Kaiser: Wirtschaftskriminologische Forschung am Freiburger Max-Planck-Institut a. a. O., S. 45.
15 Kaiser: Wirtschaftskriminologische Forschung am Freiburger Max-Planck-Institut a. a. O., S. 54.
16 Wassermann, Kritische Überlegungen zur Bekämpfung der Wirtschaftskriminalität, in Kriminalistik I/84, S. 24.

Heinz bemerkt, daß empirisch nur schwer festzustellen ist, ob und inwieweit sich die materiell- und verfahrensrechtlichen sowie die justizorganisatorischen Reformen bewährt haben[17].

Nach Ansicht von Tiedemann sind die Auslegungskriterien im Wirtschaftsstrafrecht noch unklar: „Erfordert die Auslegung eine besondere wirtschaftliche Betrachtungsweise, ist sie gar durch eine solche zu ersetzen, sind die von den Straftatbeständen in bezug genommenen wirtschaftsrechtlichen Normen nach strafrechtlichen oder sonstigen Prinzipien zu handhaben, sind Generalklauseln und abstrakte Gefährdungstatbestände im Strafrecht restriktiv zu interpretieren etc.[18]?"

Der neue Straftatbestand des Kreditbetruges funktioniert als „Aufgreif-Tatbestand für Ermittlungen". Stellt sich tatsächlich später ein Schaden des Kreditgebers heraus, erfolgt Verurteilung aus dem allgemeinen Betrugstatbestand von § 263 StGB. Der neue Tatbestand wirkt also allenfalls prozesserleichternd.

Probleme der Auslegung und Handhabung stellen sich auch im neuen Konkurs-Strafrecht. Das dogmatische und praktische Hauptproblem des neuen Konkurs-Strafrechts ist der Begriff der Überschuldung. Die neuere Dogmatik ist mehrheitlich der Meinung, daß strafrechtlich eine Überschuldung nur bejaht werden kann, wenn diese nach allen betriebswirtschaftlich anerkannten Methoden eindeutig vorliegt[19]. Im Herstatt-Fall, der nach neuem Konkurs-Strafrecht zu behandeln war, stellte sich sofort die Frage, wer bei einem Konkurs einer juristischen Person oder einer Personen-Handelsgesellschaft strafrechtlich Täter sein kann, da doch § 283 Abs. 6 StGB voraussetz, daß über das Vermögen des Täters, also einer natürlichen Person, der Konkurs eröffnet worden ist.

Tiedemann zieht folgende Zwischenbilanz bezüglich bestehendem Wirtschaftsstrafrecht und künftigen Regelungen[20]: „Dem Gesetzgeber kommt im Wirtschaftsstrafrecht eine Kompetenz-Kompetenz und ein sozial-ethischer Führungsauftrag zu; die Praxis des geltenden Wirtschaftsstrafrechts sollte sich dagegen auf gesicherte und anerkannte Maßstäbe der Wertung beschränken. Nur auf diese Weise kann ein Zustand erreicht werden, der gleichermaßen einer funktionierenden Wirtschaft wie einer effektiven und überzeugenden Strafrechtspflege dient."

---

17 Heinz a. a. O., S. 132.
18 Tiedemann a. a. O., S. 22.
19 Tiedemann: Handhabung und Kritik des neuen Wirtschaftsstrafrechts, in Festschrift Dünnebier, S. 535.
20 Tiedemann a. a. O. in Festschrift Dünnebier, S. 540.

16.4 De lege ferenda

Auf Grund der Erfahrungen und Diskussionen um das erste Gesetz zur Bekämpfung der Wirtschaftskriminalität vom 29. 7. 1976[21] hat die Sachverständigen-Kommission neue Empfehlungen abgegeben[5]. Diese haben den in der laufenden Legislaturperiode wiederum eingebrachten Regierungsentwurf zur Änderung des Gesetzes über den unlauteren Wettbewerb beeinflußt.

Nun liegt der Entwurf eines zweiten Gesetzes zur Bekämpfung der Wirtschaftskriminalität seit 30. 9. 1982 beim Bundestag. Wie die Regelungen im 1. WiKG bildet der Entwurf zum 2. WiKG kein in sich geschlossenes Gesamtsystem, sondern schlägt Verbesserungen auf verschiedenen Gebieten vor. Dabei beschränkt sich der Entwurf nicht auf das Strafrecht. Folgende neuen Tatbestände sollen aufgenommen werden:

a) Computerbetrug (§ 263 a StGB)

Der Tatbestand des Computer-Betruges soll den strafrechtlichen Vermögensschutz gegen betrügerisch bewirkte schädliche Vermögensverfügungen auf die Fälle erweitern, in denen an Stelle einer der Vermögensverfügung zu Grunde liegenden konkreten menschlichen Entscheidung für ein Handeln (oder ein entsprechendes Unterlassen) der determinierte Einsatz des Computers getreten ist[22].

b) *Kapitalanlagebetrug (§ 264 a StGB)*

Zum Schutze vor unseriösen Kapitalanlageangeboten schlägt der Entwurf einen neuen Tatbestand des Kapitalanlagebetruges vor. Er enthält eine Vorverlagerung des Strafrechtsschutzes gegenüber Verhaltensweisen, die bei einem gehäuften Auftreten auch das Vertrauen in das ordnungsgemäße Funktionieren des Kapitalmarktes erschüttern könnten[23].

c) *Veruntreuen von Arbeitsentgelt*

Verschiedene sozialversicherungsrechtliche Tatbestände über das Veruntreuen von Arbeitsentgelt sollen durch eine einheitliche und erweiterte Regelung in einem neuen Tatbestand im Strafgesetzbuch erfaßt werden[24].

---

21 Text 1. WiKG in Anhang.
22 Möhrenschlager: Der Regierungsentwurf eines 2. Gesetzes zur Bekämpfung der Wirtschaftskriminalität, in Wistra, Heft/Nr. 6//1982, S. 201. Gesetzestext im Anhang
23 Möhrenschlager a. a. O., S. 205, Gesetzestext im Anhang.
24 Möhrenschlager a. a. O., S. 207; Gesetzestext im Anhang.

Zusätzlich liegt ein SPD-Entwurf mit Strafvorschriften gegen Ausschreibungsbetrug und illegales Überlassen von Arbeitnehmern vor, ferner diverse Anträge des Bundesrats, die hier nicht weiter ausgeführt werden[25].

Zusammenfassend kann man feststellen, daß weder die gut ausgebaute Statistik der Wirtschaftsstraffälle in der Bundesrepublik noch die überwiegende Lehrmeinung ein abschließend positives Urteil über das neue deutsche Wirtschaftsstrafrecht zeigen.

---

25 Vgl. Wassermann a. a. O., S. 24.

17. De lege ferenda

17.1 Allgemeines

Bei der Suche nach Möglichkeiten der besseren Bekämpfung der Wirtschaftskriminalität werden unter anderem auch verschiedene gesetzliche Maßnahmen erwogen.

Die Vorschläge für gesetzgeberische Maßnahmen (de lege ferenda) weisen eine erhebliche Bandbreite auf: Der eine Extremstandpunkt geht davon aus, daß nach deutschem Muster ein neues Wirtschaftskriminalgesetz für die Schweiz geschaffen werden müsse; der andere Extremstandpunkt will die freie Marktwirtschaft im Sinne des alten Manchester-Liberalismus sich selbst regulieren lassen, um den Staat auf einen möglichst geringen Einfluß auf das Wirtschaftsleben zurückzubinden. Dazwischen stehen die verschiedenen Vorschläge der laufenden Teilrevisionen, wie die Revision des Schweizerischen Strafgesetzbuchs, die Revision des Schuldbetreibungs- und Konkursrechtes sowie die Aktienrechtsrevision.

Nachfolgend behandle ich die einzelnen Vorschläge zu Gesetzesänderungen, vorderhand ohne selbst zu werten, aufgeteilt in die Gruppen

- Straf- und Strafprozeßrecht
- Schuldbetreibungs- und Konkursrecht
- Verwaltungsrecht
- Privatrecht

17.2 Straf- und Strafprozeßrecht

17.2.1 Revision des StGB

Das StGB ist in mühsamen, langen Auseinandersetzungen entstanden. Die Revision des Schweizerischen Strafgesetzbuches wurde vor einigen Jahren in Angriff genommen. In der ersten Revisionskommission zeigten sich sehr konservative Tendenzen. Hauptpunkt der Revisionsvorschläge war das Strafvollzugsrecht. Die Wirtschaftskriminalität wurde nicht berücksichtigt. Das Problem der Schwangerschaftsunterbrechung bewirkte die Einsetzung einer zweiten Revisionskommission. Ihre Vorschläge betrafen vor allem diesen Problemkreis, sowie die Sexualdelikte und Gewaltsdelikte (Terrorakte)[1]. Die Wirtschaftskriminalität wurde nicht berücksichtigt.

Verschiedentlich hat jedoch der Problemkreis „Wirtschaftskriminalität" zu parlamentarischen Vorstößen geführt. Unter anderem reichte Nationalrat Schalcher 1978 folgende Motion ein[2]:

„Wir werden in zunehmendem Maße mit einer, jedenfalls in ihren Ausmaßen und ihrer Schwere, neuen Verbrechensform, der Wirtschaftskriminalität, konfrontiert. Dabei erweisen sich u. a. auch die bestehenden Bestimmungen des Bundeszivil- und Bundesstrafrechtes der Verhinderung und wirksamen Bekämpfung dieser neuen Verbrechensform zu wenig gewachsen.

Der Bundesrat wird daher ersucht, den eidgenössischen Räten beförderlich Bericht und Antrag vorzulegen, wie der überhandnehmenden Wirtschaftskriminalität von Bundes wegen und in Zusammenarbeit mit den Kantonen und dem Ausland wirksamer begegnet werden kann."

Die Motion wurde als Postulat entgegengenommen. Auf Bundesebene ist im Bereiche der Strafrechtsreform aber kaum mit einer baldigen umfassenden Prüfung der Frage einer Wirtschaftskriminalgesetzgebung zu rechnen.

Hingegen hat eine Expertenkommission für die Revision des Strafgesetzbuches unter Leitung von Prof. Hans Schultz 1982 einen Entwurf zur „Änderung des Strafgesetzbuches und des Militärstrafgesetzes betr. die strafbaren Handlungen gegen das Vermögen und die Urkundenfälschung" eingereicht. Dieser Vorentwurf dürfte 1985 in die Vernehmlassung gehen. Der Vorentwurf schlägt wesentliche Änderungen des gesamten Vermögensstrafrechtes, insbesondere der Artikel 137 – 172 StGB vor. Daraus die wichtigsten Revisionsvorschläge für den Bereich Wirtschaftskriminalität (Textvorschläge im Anhang „Gesetzestexte"):

— Ausdehnung der Verantwortlichkeit der handelnden Organe von juristischen Personen und Handelsgesellschaften (Vorentwurf StGB Art. 172).
— Neuer Tatbestand des Check- und Kreditkartenmißbrauchs (Art. 142 StGB), wobei der bisherige Betrugtatbestand daneben bestehen bleibt.
— Neue Tatbestände im Bereich der Computerdelikte
  a) unbefugte Datenbeschaffung (Vorentwurf StGB Art. 143)
  b) Zeitdiebstahl (Vorentwurf StGB Art. 150 Abs. 2)
  c) Computersabotage (Vorentwurf StGB Art. 144 Abs. 2)
  d) Betrügerischer Mißbrauch einer Datenverarbeitungsanlage (Vorentwurf StGB Art. 147), welcher den Computerbetrug erfassen will.

---

1 Schultz: Vortrag vom 17. 5. 1983 über die Revision des StGB an der Universität Zürich.
2 Motion Schalcher, Wirtschaftskriminalität, vom 8. 3. 1976, in Stenografisches Bulletin des Nationalrats vom 8. 6. 1976, S. 435.

– Sodann sollen die Urkundenfälschung (Vorentwurf StGB Art. 251), die falsche Buchführung (Vorentwurf StGB Art. 251 bis) und die Urkundenfälschung im Amte (Vorentwurf StGB Art. 317) mit Blick auf den Einsatz von Computern erweitert werden.
– Ungetreue Geschäftsbesorgung (Vorentwurf StGB Art. 158), um neuere Formen der Veruntreuung besser erfassen zu können.

17.2.2 Einzelvorschläge zur StGB-Revision

• Nationalrat Grobet verlangt in seiner Motion vom 25. 5. 78 eine Strafverschärfung (Zuchthaus statt Gefängnis) für Veruntreuung und ungetreue Geschäftsführung[3].

• Der Handel mit leeren Aktienmänteln soll kriminalisiert werden. Der Tatbestand ist heute nur widerrechtlich, aber nicht strafbar[4].

• Die Nichtführung einer Buchhaltung soll kriminalisiert werden. Heute ist dies gemäß StGB Art. 325 nur ein Übertretungstatbestand mit Haft/Buße und Verjährung schon nach einem Jahr. Gleichstellung mit der Urkundenfälschung nach StGB Art. 251 (Zuchthaus bis 5 Jahre)[5].

• Änderung des Tatbestandes des Wuchers (StGB Art. 157), welcher heute unpraktikabel ist: Obwohl in vielen Fällen ein offenbares Mißverhältnis zwischen schuldnerischer Leistung und Leistung des Gläubigers besteht, ist das Tatbestandsmerkmal der Notlage regelmäßig nicht gegeben.

Dies ist nämlich nach Bundesgericht immer dann zu verneinen, wenn der Geschädigte Geld aufnimmt, um einen Gewinn zu realisieren, um Spekulationsgeschäfte durchzuführen oder um Luxusgegenstände anzuschaffen[6].

17.2.3 Revision der Strafprozeßordnungen

Bereits beschlossene Änderungen

Verschiedene Kantone haben in den letzten Jahren ihre Strafprozeßordnungen revidiert und Spezialabteilungen für die Untersuchung, die Anklageerhebung

---

3 Motion Grobet, Vermögensdelikte vom 2. 3. 1978, in Stenografisches Bulletin des Nationalrats vom 20. 6. 1978, S. 884.
4 Antwort des Regierungsrates des Kantons Zürich auf Kleine Anfrage von Bautz vom 23. 5. 1977 betr. Handel mit „leeren" Aktiengesellschaften.
5 Zit. bei Zimmerli: Plädoyer für die Mitberücksichtigung wirtschaftskriminologischer Gesichtspunkte bei der Aktienrechtsreform in Der Schweizer Treuhänder, 3/77, S. 36.
6 Zimmerli a. a. O. S. 36.

und die Beurteilung von komplizierten Delikten, insbesondere Wirtschaftskriminalfällen, geschaffen. Außerordentliche Bezirksanwaltschaften oder Staatsanwaltschaften bestehen in Zürich seit 1976, in Basel seit 1974, in Bern seit 1977, in St. Gallen seit 1975[7]. Spezialisierte Untersuchungsbehörden kennen auch die Kantone Aargau, Genf, Solothurn, Tessin und Waadt.

Mit der Revision des Zürcher Gerichtsverfassungsgesetzes wurde das Schwurgericht von Wirtschaftsdelikten entlastet und beim Obergericht des Kantons Zürich 1977 im Rahmen der I. Strafkammer eine spezielle Wirtschaftsstrafkammer eingerichtet.

Durch die Fachkompetenz der kantonalen Abteilung für Wirtschaftsdelikte und der Wirtschaftsstrafkammer am Zürcher Obergericht gelang es, die Effizienz bei der Erfaßung, Strafuntersuchung, Anklage und Verurteilung von Wirtschaftsstraftätern merklich zu verbessern. Bis heute konnten auch der größte Teil der Untersuchungen abgeschlossen und ca. 150 Straffälle bei nur 5 Freisprüchen vom Gericht abgeurteilt werden.

1980 richtete auch der Kanton Bern eine „erweiterte Kriminalkammer" (mit 3 Oberrichtern und 2 Handelsrichtern) für die Beurteilung von Wirtschaftsdelikten ein.

Vorschläge für Änderungen

- Die Hauptdiskussion dreht sich um das Opportunitätsprinzip in der Strafuntersuchung und im Strafprozeß, welches das Legalitätsprinzip ersetzen soll. Nach dem Opportunitätsprinzip soll sich die Strafuntersuchung auf die wichtigsten und evtl. die am leichtesten beweisbaren Straftatbestände konzentrieren. Der Straffall könnte damit rasch vor die Anklagebehörde und zur Aburteilung kommen. Das Legalitätsprinzip, welches zur Abklärung aller vermuteten Tatbestände zwingt, führt kaum zu höheren Strafen, sondern eher zu einer Verringerung wegen lange dauernder Untersuchung[8].

- Schmid schlägt die Möglichkeit einer Anklage in Raten vor. Damit soll ein Zwischending zwischen Legalitäts- und Opportunitätsprinzip versucht wer-

---

7 Zürich: Abt. für Wirtschaftsdelikte bei der Bezirksanwaltschaft Zürich unter Leitung eines Staatsanwaltes, mit 1 Staatsanwalt als Stellvertreter, 10 Bezirksanwälten, 2 Wirtschaftsprüfern, 1 Buchsachverständigen und 2−3 freien Bücherexperten (aus Ulrich/Zimmerli: Wirtschaftskriminalität und ihre Bekämpfung, in Wirtschaftspolitische Mitteilungen, Nov. 1978, S. 11.

8 Zürcher Fall Maurer mit über 50-fachem fortgesetztem und wiederholtem Pfändungsbetrug und einer Untersuchungsdauer bis zur Verjährung, vgl. Neue Zürcher Zeitung vom 29. 1. 1974.

den, indem die wichtigsten oder rasch beweisbaren Tatbestände sofort eingeklagt werden und während der Anklage ergänzende weitere Tatbestände oder qualifizierende Merkmale vorgebracht werden können[9].

- Ähnlich der Regelung in den USA soll die angeklagte Partei als Zeuge einvernommen werden können, damit sie nicht wie ein Angeklagter ungestraft lügen darf.
- Übertretungen, z. B. StGB Art. 325, sind nach Ansicht von Schmid zu verfolgen. Der objektive und subjektive Tatbestandsteil ist meistens leicht nachweisbar. Damit kann man Schwindelfirmen ständig bedrängen. Der Strafrahmen sieht nur Haft oder Buße vor, ist jedoch genügend[10].
- Vorgeschlagen ist auch die Einführung zentraler Insolvenzkarteien wie sie beispielsweise das Kriminalamt Hamburg kennt: auf Anforderung der Staatsanwaltschaft hin haben die Konkursverwalter Fragebogen auszufüllen[11].

Ulrich schlug die Schaffung einer kriminologischen Zentralstelle vor. Diese Zentralstelle sollte

- systematisch Vorschläge zur Lösung der komplexen kriminalistischen Fragen im Bereich der Wirtschaftskriminalität erarbeiten;
- einheitliche Grundsätze für Bearbeitung von Wirtschaftsstraffällen aufstellen;
- eine lückenlose Koordination der Untersuchungsinstanzen interkantonal und international durch Informationsaustausch sicherstellen;
- eine zentrale Datenspeicherung ermöglichen[12].

17.3 Schuldbetreibungs- und Konkursrecht

Die für die SchKG-Revision eingesetzte Studienkommission kam zum Schluß, daß eine Totalrevision nur dann zu empfehlen wäre, wenn sich ein anderes Vollstreckungssystem als besser und für schweizerische Verhältnisse geeigneter abzeichnete. Aus Rechtsvergleichen mit Nachbarländern resultieren keine wesentlichen Anregungen, die einen Systemwechsel nahelegen. Das Vollstreckungsverfahren in den Nachbarländern wird mehr oder weniger durch ein richterliches Weisungs-, Leitungs- und Einmischungsrecht auf der einen und durch die Unselbständigkeit der Vollstreckungsorgane auf der anderen Seite

---

9 Schmid: Untersuchungsprobleme bei Schwindel- und Strohmann-Firmen, in Kriminalistik, 7/1971, S. 361/362.
10 Z. B. BGE 96 IV 78: 2 Monate Haft unbedingt, zit. bei Schmid a. a. O., S. 363.
11 Vgl. Bertling: Bekämpfung der Insolvenz-Kriminalität, in Kriminalistik, 1964, S. 377.
12 Ulrich: vom 5. 3. 1975, in Finanz & Wirtschaft.

beherrscht, wogegen das schweizerische System auf einer vom Zivilprozeß losgelösten und selbständigen Ordnung basiert.

Weder aus rechtlichen noch aus praktischen Gründen hat sich aus der Sicht der Studienkommission eine Totalrevision aufgedrängt; Pfändungs- und Konkursverfahren hätten sich in ihrer Konzeption bewährt. Sie sollen weiterhin voneinander losgelöst unter den bisherigen Voraussetzungen laufen. Auch die vom Eidgenössischen Justiz- und Polizeidepartement in der Folge eingesetzte Expertenkommission unter dem Vorsitz von Dr. Lutz Krauskopf vom Bundesamt für Justiz prüfte nochmals die Frage der Totalrevision, bestätigt aber in ihrem Bericht zum Vernehmlaßungsentwurf die Meinung, daß gesetzliche Bestimmungen, die in einem gewachsenen System zu Rechtsgewohnheiten erstarkten und welche die in sie gesetzten Erwartungen erfüllten, nicht ohne Not geändert werden sollten. Was sich bewährt habe, sollte nur durch Besseres ersetzt werden.

Die Expertenkommission hat indessen auf Grund der einzelnen Revisonsbegehren eine artikelweise Gesamtüberprüfung des SchKG vorgenommen, und dies im Rahmen der Gesamtkonzeption und nicht bloß im Sinne einer Gesetzeskosmetik. Leitgedanke war dabei, einen Ausgleich zwischen den Interessen von Gläubigern und Schuldner zu suchen, aber auch den Interessen der dem Verfahren mitbetroffenen Dritten Rechnung zu tragen. Es stehen im Vernehmlassungsverfahren damit eigentlich alle 351 Artikel des Gesetzes zur Diskussion, und die Teilrevision dürfte sich vom gesetzgeberischen Aufwand her betrachtet von einer Totalrevision nicht mehr erheblich unterscheiden. Immerhin beschränkt sich das eigentliche materielle Revisionsvorhaben auf neun Schwerpunkte.

- Direkte Staatshaftung

Wie in allen modernen Erlassen – im Grundeigentumsrecht schon seit der Einführung des ZGB – soll auch im SchKG die direkte Staatshaftung eingeführt werden. Der Kanton würde grundsätzlich für den Schaden, den Beamte, Angestellte, Sachverwalter, Liquidatoren usw. bei der Erfüllung ihrer Aufgaben verursachen, ohne Rücksicht auf ihr Verschulden haften. Die bisher subsidiäre Staatshaftung bot nach Ansicht der Expertenkommission den Geschädigten keinen befriedigenden Schutz. Auch soll im Interesse der Geschädigten die Zuständigkeit für die Verantwortlichkeitsklagen einheitlich geregelt werden.

- Verjährungsfrist für Verlustscheine

Neu wird nach dem Vorentwurf die Publikation von Verlustscheinen bei fruchtlose Pfändung und Konkurs verboten, da sie gegen das verfassungsmäßige Recht der persönlichen Freiheit verstoße. Der Revisionsentwurf will auch die Unverjährbarkeit von Verlustscheinen – ein Unikum in der europäischen Gesetzgebung – aufheben und durch eine Verjährungsfrist von zwanzig Jahren ersetzen. Verlustscheinsforderungen gegenüber Erben des Schuldners könnten innerhalb eines Jahres seit der Eröffnung des Erbganges und nicht mehr wie bisher nach dem Erbschaftsantritt geltend gemacht werden.

- Festhalten an der Einkommenspfändung.

Den Kantonen wurde die Kompetenz eingeräumt, die gewerbsmäßige Vertretung der Gläubiger und Schuldner im Zwangsvollstreckungsverfahren zu regeln und dabei die Ausübung dieses Berufes vom Nachweis der beruflichen Fähigkeit und persönlichen Ehrenhaftigkeit abhängig zu machen, sowie eine Sicherheitsleistung zu verlangen. Die Experten halten an der Einkommenspfändung fest, obwohl dagegen immer wieder Bedenken vorgebracht worden sind. Neu soll das gesamte Erwerbseinkommen als beschränkt pfändbar erklärt werden. Entsprechend der bisherigen Praxis des Bundesgerichtes kann das Einkommen längstens für die Dauer eines Jahres seit dem Pfändungsvollzug gepfändet werden.

Die Verwertung gepfändeter beweglicher Vermögensstücke soll der Betreibungsbeamte inskünftig auf zwölf Monate hinausschieben können, wenn der Schuldner glaubhaft machen kann, daß er in der Lage ist, die Schuld ratenweise zu tilgen. Der Beamte hätte dagegen nicht mehr zu prüfen, ob der Schuldner ohne sein Verschulden in finanzielle Bedrängnis geraten ist, womit ihm mehr Flexibilität zugestanden werden soll.

- Massive Reduktion privilegierter Forderungen.

Das SchKG enthält in Artikel 219 eine umfangreiche Rangordnung, nach welcher aus dem Erlös einer Konkursmasse Gläubigerforderungen gedeckt werden. Der ursprüngliche Katalog von sechs privilegierten Forderungskategorien ist im Verlaufe der Zeit auf fünfundzwanzig angestiegen, und es liegen parlamentarische Vorstöße und Eingaben von Wirtschaftsverbänden vor, die in dieser Beziehung noch weiter gehen möchten. Die Expertenkommission ist jedoch der Meinung, ein Großteil dieser Privilegien sei weder unter sozialem noch unter wirtschaftlichem Gesichtspunkt weiterhin berechtigt, und sie schlägt deshalb eine Beschränkung der Vorrechte auf das absolut Notwendige vor. Nach ihrem Entwurf würden nur noch drei Gläubigerklassen existieren, wobei in der ersten Klasse die lohn- und familienrechtlichen Unterhalts- und Unterstützungsansprüche, in der zweiten das Mündelvermögen und die Vorsorge und Fürsorge für Arbeitnehmer und in der dritten alle übrigen Forderungen figurieren würden.

• Arrest auf Vermögen fremder Staaten

Der Arrest auf Vermögen fremder Staaten hat die zuständigen Behörden immer wieder vor heikle Probleme gestellt. Der Revisionsentwurf bringt hier eine einheitliche Regelung, indem Arreste auf Vermögen ausländischer Staaten nur bewilligt werden können, wenn der ausländische Staat als Privatrechtssubjekt auftritt und wenn dieses Privatrechtsverhältnis in einer engen Beziehung zur Schweiz steht. In diesem Zusammenhang wird auch das Einspracheverfahren, das in einer relativ kurzen Zeit und ohne unnötige Betreibungs- und Prozeßverfahren abgewickelt werden soll, neu zu regeln sein. Schließlich werden im Vorentwurf auch die Anfechtung von Vermögungsverschiebungen des Schuldners zu Lasten seiner Gläubiger und das Nachlaßverfahren ausgebaut, vor allem durch eine klarere Hervorhebung der einzelnen Verfahrensstadien.

17.4 Verwaltungsrecht

Wir haben uns in der vorliegenden Arbeit auf das allgemeine Strafrecht beschränkt mit einzelnen Erweiterungen im Bereich der Banken und des Wettbewerbsrechtes. De lege ferenda beschränke ich mich entsprechend.

Revision des Bankengesetzes

Aufgrund der Vernehmlassungsergebnisse und der Verwerfung der sozialdemokratischen Bankeninitiative in der Volksabstimmung von 1984 schlägt die Regierung anstelle der ursprünglich geplanten Totalrevision des BankG nur noch eine Teilrevision vor.

Für den Bereich der Wirtschaftskriminalität sind folgende Vorschläge relevant:

– Erweiterung der Kompetenzen der Eidg. Bankenkommission, insbesondere bezüglich Überwachung der Bankentätigkeit;
– Verbesserung der Bankenrevision (vgl. Aktienrechtsrevision im nachfolgenden Unterkapitel 17.5)
– Ersetzen der Sorgfaltspflichtvereinbarung von 1977 durch eine zwingende gesetzliche Bestimmung
– Schaffung eines staatlichen Aktienamtes im Sinne der amerik. Security Exchange Commission (SEC).
– Erweiterte Meldepflicht betr. Organkrediten

Treuhandwesen

Der Kanton Graubünden hat 1978 ein Treuhändergesetz eingeführt (inzwischen jedoch 1985 wieder aufgehoben), das die Treuhandfirmen und einzelne Treuhänder nur mit einem kantonalen Fähigkeitszeugnis ähnlich desjenigen der Ärzte, Zahnärzte, Rechtsanwälte zuläßt. Ähnliche Vorschläge werden in anderen Kantonen geprüft. Gleichzeitig soll die Berufsbezeichnung „Treuhänder" geschützt werden.

17.5 Privatrecht

Aktienrechtsreform

Die Botschaft des Bundesrates beruht auf der 2. Expertenkommission Greyerz, welche 1982 stark erweiterte Revisionsvorschläge zu den Vorschlägen der 1. Expertenkommission Tschopp 1975 vorlegte. Die Revisionsvorschläge wurden vom Bundesrat weitgehend übernommen und im Februar 1983 verabschiedet. Zur Zeit läuft die Vernehmlassung.

Die wichtigsten vorgeschlagenen Änderungen:

Grundsätzlich wird die Aktiengesellschaft rechtlich so ausgestaltet, daß sie den Anforderungen der heutigen Zeit genügt und weiterhin für Kleinbetriebe wie für Großunternehmen die passende Rechtsform bietet. Nicht einbezogen wurde das Konzernrecht. Es soll später zusammen mit dem Problem der Kleingesellschaften gesondert behandelt werden.

Die Revisionsvorschläge betreffen im wesentlichen folgende mit Bezug auf die Wirtschaftsdelikte relevanten Bereiche:

- Mindestkapital
- Sacheinlagegründung
- Publizitätsvorschriften
- stille Reserven
- Revisions- und Kontrollstelle
- Vinkulierung
- Nationalitätserfordernis
- Kleinaktionäre.

Im Einzelnen:

- Das Mindestkapital der Aktiengesellschaft und der GmbH muß Fr. 100 000. – betragen mit einer Mindestliberierung von Fr. 50 000. – (bisher Fr. 50 000. – und Fr. 20 000. –). Bei Sacheinlagegründungen wird neu eine

Gründungsprüfung eingeführt. Die Gründer haben die Gründungsvorgänge darzulegen, der Bericht wird von einem ausgewiesenen Revisor geprüft. Gründungsbericht und Prüfungsbestätigung werden dem Errichtungsakt beigelegt, sind somit beim Handelsregister später einsehbar. Damit sollen Gründungsschwindel bekämpft werden.

– Die Anzeigepflicht bei Kapitalverlust setzt schon ein, wenn die Hälfte des Aktienkapitals und der gesetzlichen Reserven nicht mehr gedeckt ist (bisher nur Mitteilung an die Generalversammlung und Anzeigepflicht erst bei Überschuldung).

– Erweiterte Informationspflicht vor allem bezüglich Rechnungslegung mit Gliederungsvorschriften für Gewinn- und Verlustrechnung und Bilanz. Ferner haben Firmengruppen eine konsolidierte Jahresrechnung zu erstellen.

– Die Revisoren müssen besonderen Fachvoraussetzungen genügen und unabhängig von Verwaltungsrat und/oder Mehrheitsaktionär sein.

Eine Reihe weiterer Revisionsvorschläge sind hier nicht genannt, weil sie den Bereich der Wirtschaftskriminalität kaum berühren.

17.6 Meinung des Autors zur künftigen Gesetzgebung

Aus politischen und rechtlichen Gründen bin ich persönlich überzeugt, daß wir die Gesetzes- und Verordnungsflut raschmöglichst eindämmen müssen. Die schon im Verwaltungsrecht grassierende Krankheit „wir wollen alles genau regeln" greift auch auf das Zivilrecht und Strafrecht über. Dies fördert meines Erachtens weder den Rechtsstaat noch das Verständnis des Bürgers für das, was er darf und nicht darf. Es fördert höchstens den Personalbestand der Verwaltungen, belastet zusätzlich die Produktions- und Dienstleistungsbetriebe der Privatwirtschaft und schafft Umsatz für Rechtsanwälte und Berater.

17.6.1 Strafrechtsreform

Meines Erachtens genügt das bestehende schweizerische Strafgesetzbuch für die Erfassung der Wirtschaftskriminalität. Die vielen Strafbestimmungen in den Nebengesetzen stehen hier nicht zur Debatte. Die ersten Erfahrungen mit dem ersten Wirtschaftskriminalgesetz in der Bundesrepublik Deutschland sind nicht derart, daß man von einem Erfolg sprechen könnte. Die deutschen Autoren sind darüber auch sehr geteilter Meinung. Bereits steht ein zweites Wirtschaftskriminalgesetz vor der Tür. Ich empfehle keine ähnliche Wirtschaftskriminalgesetzgebung für die Schweiz.

Grundsätzlich können wir durch Verbesserungen in der Strafuntersuchung und spezialisierte Wirtschaftsstrafkammern mit kompetenten Richtern durch Auslegung der bestehenden Strafnormen durchaus bestehen. Einzig im neuen, bedeutungsvollen Bereich der Computer könnte eine Ergänzung des Strafgesetzbuches angezeigt sein wie sie der Vorentwurf für ein neues Vermögens- und Urkundenstrafrecht anvisiert: Neue Tatbestände für den Diebstahl von Computerzeit und Diebstahl von Software, insbesondere von Programmen und Daten und Veränderungen an Input, Programm oder Output des Computers.

Weitere Ansätze bietet der Vorschlag von Rohner, welcher die Schaffung eines Tatbestandes der Fälschung technischer Aufzeichnungen im Rahmen von StGB Art. 251 ff. vorschlägt. Andererseits sollte die Vermögensdisposition über einen Computer mit dem Tatbestand der Dispositionserschleichung analog StGB Art. 151 erfaßt werden[13].

Lampe schlägt folgenden Wortlaut für einen solchen Tatbestand vor[14]:

„Wer in der Absicht sich oder einem Dritten einen rechtswidrigen Vermögensvorteil zu verschaffen, das Vermögen eines andern dadurch schädigt, daß er durch Eingabe falscher Daten oder Programme oder in sonstiger Weise die selbständige Verfügung eines technischen Gerätes erschleicht, wird mit . . . bestraft."

Allenfalls wäre der Vorschlag aus dem Entwurf des zweiten deutschen WiKG (§ 263 lit. a StGB) in Erwägung zu ziehen. Sein Wortlaut besticht allerdings nicht durch besondere Klarheit[15].

Plausibel erscheint mir auch der Vorschlag, die Nichtführung einer Buchhaltung gleich zu bestrafen wie die Fälschung einer Buchhaltung, also nach StGB Art. 251, nicht nur gemäß dem Übertretungstatbestand von StGB Art. 325.

Wesentlicher scheinen mir die Vorschläge zur Revision der kantonalen Strafprozeßordnungen.

---

13 Rohner: Computerkriminalität, Strafrechtliche Probleme bei Zeitdiebstahl und Manipulationen, 1976, S. 108, vgl. Text Swedish Data Act vom 2. 4. 1973, Section 21:
„Any person who effects unauthorized access to data processing record, performs unauthorized alterations or deletions in such record, or adds unauthorized new material to such record, shall be convicted of data trespass and fined or sentenced to a term of imprisonment not exceeding two years, if the offence is not punishable under the Penal Code. – An attempt at, or preparation for, an offence as defined in the preceding paragraph shall be punishable pursuant to Chapter 23 of the Penal Code. However, if the completed offence would have been adjudged a misdemeanour, this Chapter shall not be applicable. Aus: Företagen Inför Datalagen, av PG Vinge, Sveriges Industriförbund 40, Stockholm, 1. 6. 1973.
14 Lampe, zit. bei Rohner a. a. O., S. 109, Anm. 185.
15 Vgl. Gesetzestexte im Anhang.

Ich empfehle, nach dem Muster der Regelung in Zürich, Basel, Bern und St. Gallen spezialisierte Untersuchungsbehörden und spezialisierte Strafgerichtskammern für Wirtschaftsdelikte einzurichten. Sodann unterstütze ich die Einführung des Opportunitätsprinzips in der Strafuntersuchung und im Strafprozeß, womit eine rasche Untersuchung mit Konzentration auf die wichtigsten und evtl. am leichtesten beweisbaren Straftatbestände ermöglicht wird.

Einig gehe ich auch mit dem Vorschlag von Schmid, daß Wirtschaftsdelinquenten konsequenter zu verfolgen sind, sei es auch nur wegen Übertretungstatbeständen, z. B. nach StGB Art. 325.

17.6.2 Aktienrechtsreform

Ich unterstütze alle Vorschläge der Botschaft des Bundesrates vom Februar 1983 soweit sie Bezug auf die Wirtschaftskriminalität haben, insbesondere:

1. Erhöhung des Mindestkapitals für Aktiengesellschaften auf Fr. 100 000. –, mit Einzahlung von mindestens Fr. 50 000. –.
2. Gründungsbericht mit Prüfungsbestätigung für Sacheinlagen bei der Gründung, einsehbar beim Handelsregister, erweiterte Informationspflicht, vor allem bezüglich Rechnungslegung und Publikation einer konsolidierten Jahresrechnung für Firmengruppen.
3. Unabhängigkeit der Revisoren vom Verwaltungsrat und/oder Mehrheitsaktionär und spezieller Fachausweis.
4. Anzeigepflicht bei Kapitalverlust schon bei Verlust der Hälfte des Aktienkapitals inkl. gesetzlicher Reserven – dies allerdings mit Bedenken.

17.6.3 SchKG-Revision

Ich unterstütze alle Vorschläge des Vorentwurfes von 1982 soweit sie Bezug auf die Wirtschaftsdelikte haben, insbesondere:

- Direkte Staatshaftung für Schäden, die Beamte, Angestellte, Sachwalter, Liquidatoren usw. bei der Erfüllung ihrer Aufgaben verursachen
- Reduktion der Klassen in SchKG Art. 219
- Arrest auf Vermögen fremder Staaten.

17.6.4 Revision des BankG

In den wesentlichen Punkten unterstütze ich die vorgeschlagenen Änderungen des BankG:

- Erweiterung der Kompetenzen der Eidg. Bankenkommission, insbesondere bezüglich Überwachung der Bankentätigkeit;
- Verbesserung der Bankenrevision im Sinne der Aktienrechtsrevision;
- Schaffung eines staatlichen Aktienamtes im Sinne der amerik. Security Exchange Commission (SEC).
- Erweiterte Meldepflicht von Organkrediten

18. Zusammenfassung und Schlußbemerkungen

18.1 Zusammenfassung

Ausgangspunkt dieses Buches war die Frage nach dem Phänomen Wirtschaftskriminalität. Zusammenfassend ergibt sich:

Die Wirtschaftskriminalität bestand schon im Altertum. Sie ist auch heute noch von eher wachsender Bedeutung, sowohl in den marktwirtschaftlich-kapitalistischen Systemen wie in den staatlichen Planwirtschaften. Da die Begriffsabgrenzung unklar und die Dunkelziffer wahrscheinlich sehr hoch ist (bis 1 : 60), bestehen keine zuverlässigen Schadensschätzungen. Der direkte Schaden wird für die Schweiz auf gegen 1 Milliarde Franken jährlich geschätzt (Kanton Zürich im Durchschnitt in den letzten Jahren ca. Fr. 300 Millionen). Der indirekte Schaden ist kaum abschätzbar. Eine klare Definition für den Begriff „Wirtschaftsdelikte" gibt es nicht. Wir haben die mehrheitlich akzeptierte Begriffsumschreibung übernommen:

„Wirtschaftsdelikte sind Verbrechen und Vergehen
- die sich auf dem Gebiet des kaufmännischen und wirtschaftlichen Verkehrs überhaupt ereignen,
- die in Mißbrauch des auf dem Gebiet herrschenden Vertrauensprinzipes erfolgen und
- die über eine Schädigung von Einzelinteressen hinaus das Wirtschaftsleben wie die Wirtschaftsordnung stören und gefährden."

Das Thema Wirtschaftskriminalität gehört systematisch im Rahmen der Kriminalwissenschaften zur Kriminolgie im engeren Sinne, genauer zur Kriminalphänomenologie (Lehre von den Erscheinungsformen). Das Thema ist ausgesprochen interdisziplinär und greift in verschiedene Bereiche der Rechtswissenschaft, Wirtschaftswissenschaft, Psychologie und Soziologie, vor allem aber der Wirtschaftspraxis. Die Kriminologie ist Tatsachenwissenschaft. Als empirische Wissenschaft wendet sie daher induktive Methoden an, wobei ich die Einzeluntersuchung in den Vordergrund gestellt habe.

Die Meinungen über die Charakteristika des Wirtschaftsstraftäters gehen auseinander. Mehrheitlich herrscht die Meinung, daß es den typischen Wirtschaftsstraftäter nicht gibt. Jedenfalls aber unterscheidet er sich vom Gewaltverbrecher; er ist ein „Intelligenztäter" (white collar criminal).

Wir haben gesehen, daß Wirtschaftsdelikte aus der Wirtschaft gegen die Wirtschaft begangen werden. Einige Institutionen und Vorgänge der Wirtschaftspraxis werden dabei häufig mißbraucht: Treuhandverhältnis (Strohmänner), Domizilgesellschaften, Kleinaktiengesellschaften, Sacheinlagegründungen, Schachtelgesellschaften, sowie der ganze Bereich der von Banken und Finanziers betriebenen Finanzgeschäfte, insbesondere die Kreditgeschäfte.

Die Fallbehandlung konzentrierte sich auf die Schweiz und beschränkte sich auf das allgemeine Strafrecht, ergänzt durch die Bankengesetzgebung und das Wettbewerbsrecht. Zur Darstellung gelangten die klassischen Deliktsgruppen Betrugs-, Treubruch-, Insolvenz-, Fiskal-, Wettbewerbs-, und übrige Wirtschaftsdelikte. Zwei Sonderkapital befassen sich mit den Bankdelikten (Delikte im Zusammenhang mit Banken: gegen Banken, über Banken, mit Banken oder von Banken begangen) und Computerdelikte (Delikte im Zusammenhang mit der elektronischen Datenverarbeitung).

Die unvollständigen Statistiken geben Hinweise, daß die Fiskaldelikte (vor allem die Steuerdelikte) zahlenmäßig dominieren, vom Schadenumfang her jedoch die Betrugsdelikte im Vordergrund stehen. Nach der eidgenössischen Kriminalstatistik sind über 50% der nach dem schweizerischen StGB abgeurteilten Vergehen und Verbrechen Betrugsfälle. Typisch ist dabei, daß wenige Täter mit relativ wenigen Delikten viele Leute schädigen und einen großen Schaden stiften.

Bei den Luftgeschäften, Schwindelfirmen und Konkursdelikten zeigt sich ein typisches Begehungsschema:

Standardfall Schwindelfirmen

a) Täter kauft oder gründet Firma
   - mit wenig Barmittel
   - überhöhten Sacheinlagen
   - evtl. treuhänderisch

b) Kreditwürdigkeit erlangen
   - effektive und Scheingeschäftstätigkeit
   - Renommierverhalten
   - Window Dressing der Bilanz

c) Forcierte Expansion
   - Aufbau einer Firmengruppe
   - spekulative Geschäfte
   - aufgeblähte Umsätze
   - Bilanzfälschung

d) Kreditaufnahmen
   – „Sicherheiten" und „Große Geschäfte"
   – exotische Finanzierungen
   – Abschöpfen der Mittel

e) Zahlungsunfähigkeit
   – Prolongationen
   – Sanierungsvorschläge

f) Nachlaßstundung/Konkurs
   – wenig leicht verwendbare Aktiven
   – hohe Pfandsicherheiten
   – geringe Konkursdividende.

Bei den Bankdelikten fällt auf, daß meistens hohe Deliktsummen vorliegen und sehr komplizierte Strafuntersuchungen nötig werden. Dabei zeigen sich vier Hauptdeliktsgruppen: Die Bank ist durch Fahrlässigkeit oder deliktisches Verhalten von Angestellten selbst geschädigt; die Bank wird nur zur Abwicklung einer Wirtschaftsstraftat benützt ohne Schaden zu erleiden; die Bank wirkt selbst bei der Wirtschaftsstraftat mit, sei es mit Wissen einzelner Angestellter oder der Geschäftsleitung; die Bank selbst tritt als Täterin auf, mißbraucht durch ihre Hauptaktionäre oder die oberste Geschäftsleitung. Die Anzahl Bankzusammenbrüche wegen Wirtschaftsdelikten ist für den Finanzplatz Schweiz beunruhigend hoch.

Bei den Computerdelikten wird eine sehr hohe Dunkelziffer vermutet. Das Problem der raschen technischen Entwicklung stellt die traditionelle Firmenführung vor schwierige Kontrollprobleme, da sie von meist jüngeren EDV-Spezialisten abhängig ist. Bei den Computerdelikten unterscheidet man Diebstahl von Computerzeit, Diebstahl von Datenträgern mit wertvollen Informationen, Diebstahl von Forschungsergebnissen und Sabotage gegen Anlagen und Daten. Sodann wird der Computer als Mittel zum Zweck für Betrug, Veruntreuung usw. mißbraucht. Die Computermanipulationen stehen dabei im Vordergrund: Datenveränderungen durch falschen Input, durch Programm- und Konsol- oder durch Outputmanipulationen.

Unter den übrigen Wirtschaftsdelikten findet sich ein breiter Fächer von Deliktsgruppen, wobei wir nur einige Beispiele herausgegriffen haben: Schwindel mit Staatsaufträgen, Entwicklungshilfeschwindel, Liegenschaften-Umgehungsgeschäfte und Hochseekriminalität.

Unter dem Titel Bekämpfung sind im dritten Teil eine Anzahl möglicher Maßnahmen gegen die Wirtschaftskriminalität aufgezeigt. Im Vordergrund stehen Vorsichts- und Schutzmaßnahmen vor Unterzeichnung von Verträgen. Dabei stehen zur Information über Personen, Firmen und Geschäftsverhältnisse eine ganze Anzahl von Quellen zur Verfügung: verschiedene Registerämter, Behörden, Verbände, Berater, Auskunfteien, etc. Sie erlauben mit relativ wenig Aufwand eine beträchtliche Risikominderung.

Bei den repressiven Maßnahmen, also dem Strafrecht und der Strafverfolgung, haben wir die großen Probleme bei der Strafuntersuchung gesehen: Komplexe Sachverhalte, beträchtlicher Aktenumfang, internationale Informationen, teilweises Schweigen der Geschädigten, unter den Tätern zum Teil Persönlichkeiten des öffentlichen und Wirtschaftslebens usw. Die Einführung von Schwerpunktstaatsanwaltschaften mit spezialisierten Untersuchungsbeamten und von Wirtschaftsstrafkammern bei den Gerichten haben bisher ermutigende Ergebnisse gezeigt. Problematisch bleiben unter anderem das Legalitätsprinzip bei der Untersuchung und Anklage sowie die zum Teil harzige internationale Zusammenarbeit. Hingegen schützt das Bankgeheimnis bei Vergehen und Verbrechen nicht vor Strafuntersuchung.

Bei der strafrechtlichen Erfaßbarkeit bleibt das Problem des subjektiven Tatbestandsmerkmals des Betruges. Dies führt dazu, daß manchmal geringer bestrafte „Auffangstraftatbestände" wie ungetreue Geschäftsführung zur Anwendung kommen. Eine lange Untersuchungsdauer führt meistens zur Strafmilderung oder gar zur Straffreiheit wegen Verjährung. Im allgemeinen werden jedoch die Ermittlungen trotz komplexer Sachverhalte relativ rasch abgeschlossen, z. B. im Kanton Zürich in 80% der Wirtschaftsstraffälle zwischen 1 und 180 Tagen.

Für den durch einen Wirtschaftsstraftäter Geschädigten stehen eine Reihe von zivilrechtlichen Möglichkeiten offen, um wenigstens einen Teil seines Schadens zu decken. Neben vertraglicher und außervertraglicher Schädigung ist vor allem bei Aktiengesellschaften an die Organhaftung gemäß OR 754 zu denken. Neuerdings werden vermehrt solche Verantwortlichkeitsansprüche mit hohen Klagesummen bis in die Millionen von Franken durch die Geschädigten angestrebt, zum Teil aus Abtretung gemäß SchKG Art. 260 im Konkurs der betreffenden Gesellschaft.

Auch das Schuldbetreibungs- und Konkursrecht ermöglicht dem Geschädigten vor allem im Konkurs einer Schwindelfirma eine verbesserte Schadendeckung, wenn die Möglichkeiten wie Verrechnung, Aufnahmen ins Inventar, Verweigerung von Aussonderungsansprüchen, Kollokationsklagen, Paulianische Anfechtungsklagen u. a. genützt werden.

18.2 Schlußbemerkungen

Der Leser wird gemerkt haben, daß es mir nicht nur um die Darstellung der verschiedenen Erscheinungsformen der Wirtschaftskriminalität geht. Als Wirtschaftspraktiker möchte ich vielmehr zur Verhinderung oder wenigstens zur Minderung des Schadens bei Wirtschaftskriminalfällen beitragen. Ich habe deshalb in Kapital 13 und 15 etwas ausführlicher über die Präventivmaßnahmen sowie die zivilrechtlichen Möglichkeiten der teilweisen Schadendeckung berichtet. Diese präventiven Maßnahmen sind billiger, einfacher und wirksamer als Gesetzesänderungen und eine Erhöhung des Personalbestandes von Polizei, Untersuchungsbehörden und des Justizapparates. Ich halte die Einführung einer speziellen Wirtschaftsstrafgesetzgebung für verfehlt; sie dürfte eher politisch motiviert („seht, wir haben ja etwas gemacht") als effektiv sein. Die Erfahrungen in der Bundesrepublik mit der Wirtschaftskriminalgesetzgebung sind nicht ermunternd.

Wir werden weiterhin mit der Wirtschaftskriminalität leben müssen. Die Wirtschaftspraktiker können jedoch mit etwas mehr Aufmerksamkeit im täglichen Geschäftsleben viel Schaden und Ärger verhindern. Vielleicht erinnern sie sich an das häufig auftretende Deliktschema bei Schwindelgeschäften, erkennen ähnliche Sachverhaltsteile und schalten dank diesem roten Alarmlämpchen auf Vorsicht. Die Erscheinungsformen der modernen Wirtschaftskriminalität sind komplex. Zu ihrem Verständnis ist eine entsprechende Ausbildung notwendig.

Falls die vorliegenden Ausführungen auch für den Wirtschaftspraktiker hilfreich sind − primär wende ich mich an meine Studenten − und wenn ich damit zu einer Verminderung der Schäden aus Wirtschaftsdelikten und einer weiteren Verschlechterung des Rufes des Finanzplatzes Schweiz beitragen kann, so hat dieses Buch seinen Zweck erfüllt.

Anhang

Kleines Begriffslexikon

Abschreibung: Zu Lasten der Gewinn- und Verlustrechnung im Hinblick auf die Abnützung und Entwertung vorgenommene Herabsetzung des Bilanzwertes von Aktivposten. Oft werden die Abschreibungen als Wertberichtigungsposten in den Passiven der Bilanz ausgewiesen.

Akkreditiv: Direkte Weisung einer Bank an eine andere Bank, im Auftrag eines Dritten diesem selbst oder einem anderen Begünstigten unter gewissen Bedingungen einen Betrag zur Verfügung zu stellen.

Aktienmantel: Bestehende AG ohne Geschäftstätigkeit und ohne Aktiven oder Passiven von Dritten.

Akzeptkredit: Kreditgewährung einer Bank ohne unmittelbare Inanspruchnahme eigener Mittel. Die Bank leiht ihr Akzept gegen Vergütung einer Kommission und akzeptiert von ihrem Kunden ausgestellte Wechsel bis zu einem festgesetzten Maximalbetrag: diese Bankakzepte werden auf dem Geldmarkt zu günstigen Bedingungen diskontiert.

Anlagefonds: Anlagetrust, Investment Trust, in der Schweiz Vermögensmasse ohne Rechtspersönlichkeit, die zum Zwecke einer kollektiven Kapitalanlage im Interesse einer besseren Risikoverteilung unter einen größeren Personenkreis durch Anteilscheine aufgeteilt ist und von der Fondsleitung verwaltet wird.

Anteilschein: Urkunde über einen bestimmten Anteil am Kapital einer Genossenschaft; sie stellt jedoch kein Wertpapier dar, sondern lediglich eine Beweisurkunde.

Apport: Sacheinlage eines Gesellschafters. Bei der Gründung einer Aktiengesellschaft: Sacheinlage eines Aktionärs gegen Übergabe einer entsprechenden Anzahl Aktien.

Aval: Solidarische Wechselbürgschaft für den Schuldner oder einen Indossanten eines Wechsels, indem der Wechselbürge seine Unterschrift mit dem Vermerk, zu wessen Gunsten seine Bürgschaft lautet, auf den Wechsel setzt.

Bankgarantie: Von einer Bank im Rahmen eines Kautionskredites geleistete Bürgschaft.

Bankgiro: System des bargeldlosen Zahlungsverkehrs der Banken, wobei die Verrechnung unter den Banken durch eine Zentralstelle vorgenommen wird.

Belehnungsgrenze: Betrag, bis zu dem als Sicherheit dienende Werte (Wertpapiere, Edelmetalle, Waren, Grundstücke usw.) nach Abzug einer Sicherheitsmarge bevorschußt werden.

Bit: Elektronische Informationseinheit.

Blankokredit: Kredit ohne Deckung des Schuldners.

Buchgeld: Auch Bank- oder Giralgeld, jederzeit in Metall- und Notengeld umwandelbare Bank-, Giro- und Postcheckguthaben, die aber in der Regel dem bargeldlosen Zahlungsverkehr dienen.

Bürgschaft: Vertragliche Verpflichtung gegenüber dem Gläubiger des Hauptschuldners für die Erfüllung durch den Schuldner einzustehen.

Check: Anweisung an eine Bank in bestimmten gesetzlichen Formen, bei Vorlage eine bestimmte Geldsumme an den Checkinhaber oder dessen Order zu zahlen.

Devisen: Auf ausländische Währung lautende und im Ausland zahlbare Geldforderungen.

Diskont: Zinsabzug beim Handel oder bei der Einlösung noch nicht fälliger Verpflichtungen, insbesondere beim Ankauf von Wechseln.

Diskontkredit: Kreditgewährung der Bank durch Ankauf von Wechseln unter Abzug des Diskonts bis zur Fälligkeit.

Dividende: Auf Aktien, Partizipationsscheine, Genußscheine usw. ausgeschütteter Anteil am Reingewinn einer Aktiengesellschaft, in Europa meist in Prozenten des Nennwertes des Titels ausgedrückt.

Dokumentarkredit: Kredit, mit welchem die Bank im internationalen Warenhandel die Rolle eines Treuhänders zwischen Käufer und Verkäufer übernimmt und den Warenwert dem Verkäufer gegen Übergabe der Verschiffungspapiere auszahlt.

Domizilgesellschaft: Gesellschaft, die an ihrem Sitz keine eigentliche Geschäftstätigkeit betreibt und oft nicht einmal eigene Büroräumlichkeiten besitzt = Briefkastengesellschaft.

Eigentumsvorbehalt: Kann beim Abzahlungskauf an einer beweglichen Sache zu Gunsten des Verkäufers oder der kreditgewährenden Bank bis zur vollständigen Bezahlung des Kaufpreises eingetragen werden (in der Schweiz beim Betreibungsamt am Domizil des Käufers).

Embargo: Von der Regierung eines Staates gegen die Ein- und Ausfuhr eines anderen Staates verfügte Sperre.

Emission: Ausgabe von Wertpapieren durch öffentliches Angebot zur Mittelbeschaffung am Kapitalmarkt.

Faustpfand: Verpfändete bewegliche Sachen, z. B. Wertpapiere, Waren usw., zur Sicherstellung eines Kredites.

Giro: Überweisung im bargeldlosen Zahlungsverkehr.

Giralgeld: Buchgeld.

Hacker: Computerfan, der aus Spieltrieb oder Ehrgeiz die Codes der Computer über das Telefonnetz zu knacken versucht.

Handelsauskunft: Auskunft über einen Geschäftsmann/Firma mit Bezug auf sein Geschäftsgebahren, Ruf, Vermögenslage, Grundbesitz, Größe und Umsatz des Unternehmens, allfällige laufende Betreibungen usw.

Hedge-Geschäft: Im Waren- und Devisenhandel übliches Termingeschäft als Schutz gegen Verluste, die durch ungünstige Preisentwicklung entstehen können.

Hypothek: Pfandrecht an einem Grundstück zur Sicherung einer Forderung.

Inflation: Verminderung der Kaufkraft des Geldes, bedingt durch die Ausweitung der umlaufenden Geldmenge, die bei gleichbleibender oder nicht im gleichen Verhältnis zunehmender Warenmenge zu einem Anstieg der Preise führt.

Insider: Person, die über nicht allgemein zugängliche, doch für die Gestaltung der Börsenkurse wichtige Informationen verfügt.

Insolvent: Zahlungsunfähig.

Kautionskredit: Aufgrund eines solchen Kredites übernimmt die Bank für den Kautionskreditnehmer gegenüber Dritten die Haftung für die richtige Erfüllung einer von ihm zu erbringenden Leistung. Verpflichtungskredit.

Kartell: Übereinkunft zwischen selbständigen Unternehmungen der gleichen Branche und Produktionsstufe eines Landes oder mehrerer Länder, um durch einheitliche Preis-, Konditionen- oder Produktionsvereinbarungen den Markt zu regulieren.

Kommission: 1. Maklergebühr, Courtage, Entschädigung der Bank für ihre Vermittlung beim Wertschriftenhandel oder für andere Dienstleistungen. 2. im Kreditgeschäft Entgelt der Bank für die Führung der Rechnung.

Konnossement: Schiffahrtsfrachtbrief mit Wertpapiercharakter.

Kontokorrentkredit: Kredit, der innerhalb einer festen Limite vom Kreditnehmer nach Maßgabe seiner jeweiligen Bedürfnisse benützt werden kann; der Kontokorrentkredit wird auch als Kredit in laufender Rechnung bezeichnet. Meistens ist er ein Kredit ohne Stellung von Sicherheiten, d. h. ein Blankokredit; ist die kreditgebende Bank durch Sicherheiten abgedeckt, wird er zum gedeckten Kredit.

Konzern: Durch kapitalmäßigen Zusammenschluß mehrerer Unternehmungen meist ungleicher Produktionsstufe gebildete wirtschaftliche Einheit.

Kredit: Vertragliche Zusicherung der Bank an den Kreditnehmer, diesem einen bestimmten Geldbetrag oder einen Höchstbetrag leihweise und zu den vereinbarten Bedingungen zu überlassen, sowie die daraus entstandene Forderung.

Kreditor(en): Gläubiger (Fremdgelder).

Leasing: Vermietung von Ausrüstungsgütern. Die Leasinggesellschaft tätigt den Kauf der Güter auf eigene Rechnung und schließt mit dem Besteller und Benützer einen mehrjährigen Mietvertrag ab.

Liquidation: Geschäftsabwicklung einer sich auflösenden Gesellschaft.

Liquidität: 1. Zahlungsbereitschaft, sich ergebend aus dem Verhältnis der flüssigen Mittel zu den fälligen Verbindlichkeiten.
2. Aktiven, die rasch in Geldmittel umgewandelt werden können.

Lizenz: Erlaubnis zur Ausnützung eines Patents oder Verfahrens, gewöhnlich gegen Entschädigung (Lizenzgebühr).

Lombardgeschäft: Kreditgewährung gegen Verpfändung beweglicher, leicht verkäuflicher Sachen (Waren oder Wertpapiere).

Modem: Koppelungsstück zwischen verschiedenen EDV-Systemen.

Nonvaleur: Ganz oder annähernd wertlos gewordenes Wertpapier.

Option: Recht, von einem Angebot Gebrauch zu machen, besonders an der Börse: Kaufoption, Prämiengeschäft, Stellagegeschäft, Stillhalten.

Prolongation: Verlängerung der Laufzeit eines Wechsels oder eines Kredites; beim Termingeschäft Hinausschiebung des Erfüllungstermins.

Provision: = Kommission

Refinanzierung: Aufnahme von Krediten durch Banken, um damit selbst Kredite zu gewähren, z. B. Refinanzierung bei der Notenbank (Rückdiskontierung), Refinanzierung am Euromarkt.

Rembourskredit: Bankakzeptkredit zur Bezahlung einer überseeischen Warenschuld, wobei die Transaktion mittels der Konnossemente durch die Ware selbst sichergestellt ist.

Rezession: Schwacher konjunktureller Rückschlag, Abschwächung des Wirtschaftswachstums.

Sanierung: Gesundung, z. B. eines Unternehmens durch finanzielle und eventuelle betriebliche Reorganisation.

Software: Computerprogramme.

Storno: Rückbuchung, Annullierung einer Transaktion.

Strohmann: Treuhänder, der im eigenen Namen, jedoch im Auftrag eines Andern (Treugeber) auf dessen Rechnung Geschäfte tätigt.

Termingeschäft: Transaktion, bei der die Lieferung bzw. Abnahme und Bezahlung der gehandelten Werte nicht zur Zeit des Geschäftsabschlusses, sondern an einem späteren, beim Abschluß des Geschäftes vereinbarten Zeitpunkt erfolgt.

Treuhandgeschäft: 1. Transaktion, die der Treuhänder, oft eine Bank, in seinem eigenen Namen, aber im Auftrag und für Rechnung und Gefahr des Treugebers, abwickelt. Der Treuhänder nimmt z. B. vom Treugeber Gelder entgegen und legt sie in seinem Namen, aber im Auftrag und für Rechnung und Gefahr des Treugebers bei Dritten an.
2. Im weitern Sinne jedes in den Tätigkeitsbereich der sog. Treuhandgesell-

schaften fallende Geschäft, wie Revision, Geschäftsorganisation, Begutachtung, Expertise, Steuerfragen, Liquidationen usw.

Trust: 1. Konzern mit überragender Marktbeherrschung.
2. Stiftung nach angelsächsischem Recht.

Verlustschein: Im Konkurs oder bei Auspfändung ausgegebene Bescheinigung über den ungedeckt gebliebenen Betrag einer Forderung; sie verjährt nicht.

Wechsel: Wertpapier in gesetzlich genau vorgeschriebener Form, wobei folgende wichtigste Varianten bestehen:
1. Zahlungsanweisung (Tratte), in welcher der Aussteller dem Wechselnehmer die Bezahlung einer Geldsumme durch den Bezogenen verspricht.
2. Zahlungsversprechen (Eigenwechsel).

Wechselprotest: Bei einem Wechsel Feststellung der Zahlungsverweigerung durch den Bezogenen.

Wechselreiterei: Gegenseitiger Austausch von Finanzwechseln ohne Geschäftsgrund.

Weltbank: Auch Internationale Bank für Wiederaufbau und Förderung der Wirtschaft. Mit dem IWF auf Grund des Abkommens von Bretton Woods gegründete Organisation mit Sitz in Washington. Ihre Finanzhilfe geht vorwiegend an Entwicklungsländer.

Window dressing: Verschönerung der Bilanz auf den Bilanzstichtag mit erlaubten Mitteln; sie besteht in der Regel aus der Schaffung erhöhter flüssiger Mittel.

Zession: Übertragung eines Rechtes, insbesondere einer Forderung, durch den Gläubiger auf einen Dritten. Abtretung.

Zessionskredit: Kredit gegen Abtretung von Forderungen, wobei diese Abtretung dem Schuldner notifiziert oder still behandelt werden kann. Globalzession.

Gesetzestexte Schweiz

Vorentwurf zur „Änderung des Strafgesetzbuches und des Militärstrafgesetzes betreffend die strafbaren Handlungen gegen das Vermögen und die Urkundenfälschung"

(Auszug)

StGB Art. 143:

„Wer sich in der Absicht, sich oder einen anderen unrechtmäßig zu bereichern, unbefugterweise gespeicherte Daten oder Programme verschafft, wird mit Zuchthaus bis zu fünf Jahren oder mit Gefängnis bestraft.

Handelt der Täter ohne Bereicherungsabsicht, wird er, auf Antrag, mit Gefängnis oder Buße bestraft."

StGB Art. 144 Abs. 2:

„Ebenso wird, auf Antrag, bestraft, wer elektronisch gespeicherte Daten oder Programme unbefugterweise verändert oder löscht."

StGB Art. 147:

„Wer in der Absicht, sich oder einen anderen unrechtmäßig zu bereichern, einen Datenverarbeitungs- oder Datenübermittlungsvorgang bewirkt, dessen Ergebnis unzutreffend ist, oder einen solchen Vorgang verhindert, dessen Ergebnis zutreffend gewesen wäre, und dadurch eine Vermögensverschiebung zum Nachteil eines andern herbeiführt, wird mit Zuchthaus bis zu zehn Jahren oder Gefängnis bestraft."

StGB Art. 150 Abs. 2:

„Wer eine Leistung, die, wie er weiß, nur gegen Entgelt gemacht wird, ohne zu zahlen in Anspruch nimmt,

namentlich ...
eine Leistung, die eine Datenverarbeitungsanlage erbringt oder die ein Automat vermittelt,

wird auf Antrag, mit Gefängnis oder Buße bestraft."

StGB Art. 148:

„Wer eine Check- oder Kreditkarte oder ein gleichartiges Zahlungsmittel verwendet und dadurch den Aussteller zu einer Zahlung an Dritte verpflichtet, obschon er zahlungsunfähig ist, wird mit Gefängnis bis zu fünf Jahren bestraft."

StGB Art. 158:

1. „Wer kraft Gesetzes, behördlichen Auftrags oder Rechtsgeschäfts damit betraut ist, Vermögen eines andern zu verwalten oder eine solche Vermögensverwaltung zu beaufsichtigen, und unter Verletzung seiner Pflichten bewirkt oder zuläßt, daß der andere am Vermögen geschädigt wird, wird mit Gefängnis bestraft. Dasselbe gilt für einen Geschäftsführer ohne Auftrag, der eine solche Vermögensverwaltung übernimmt.

   Handelt der Täter in der Absicht, sich oder einen anderen unrechtmäßig zu bereichern, kann auf Zuchthaus bis zu zehn Jahren erkannt werden.

2. Wer in der Absicht, sich oder einen andern unrechtmäßig zu bereichern, die ihm durch Gesetz, behördlichen Auftrag oder Rechtsgeschäft eingeräumte Ermächtigung, jemanden zu vertreten, mißbraucht und dadurch den Vertretenen am Vermögen schädigt, wird mit Zuchthaus bis zu fünf Jahren oder Gefängnis bestraft.

3. Die ungetreue Geschäftsbesorgung zum Nachteil eines Angehörigen oder Familiengenossen wird nur auf Antrag verfolgt."

StGB Art. 172:

„Begeht jemand eine in diesem Titel unter Strafe gestellte Handlung, deren Strafbarkeit durch ein besonderes persönliches Merkmal begründet oder erhöht wird, als Organ oder als Mitglied eines Organs oder als Geschäftsführer einer juristischen Person oder einer Gesellschaft, so wird ihm dieses Merkmal auch dann angerechnet, wenn es nur bei der juristischen Person oder Gesellschaft vorhanden ist, für die er handelt.

Dasselbe gilt für eine Person, die, ohne Organ oder Mitglied eines Organes oder Geschäftsführer zu sein, eine juristische Person oder eine Gesellschaft tatsächlich leitet oder in deren Geschäftsbetrieb selbständige Entscheidungsbefugnisse ausübt."

StGB Art. 251 bis:

„Wer zur Täuschung im Rechtsverkehr unter Verletzung einer handelsrechtlichen Pflicht Geschäftsbücher falsch führt, insbesondere eine falsche Buchung vornimmt oder ein Inventar, eine Betriebsrechnung oder eine Bilanz unrichtig erstellt, wird mit Zuchthaus bis zu fünf Jahren oder mit Gefängnis bestraft.

Der Schriftform steht die Aufzeichnung auf Bild- oder Datenträgern gleich.

Ebenso wird bestraft, wer eine Urkunde oder Aufzeichnung dieser Art zur Täuschung im Rechtsverkehr gebraucht."

Gesetzestexte Bundesrepublik Deutschland

Erstes Gesetz zur Bekämpfung der Wirtschaftskriminalität (1. WiKG)

Vom 29. Juli 1976
(Bundesgesetzblatt, Jahrgang 1976, Teil I, Seite 2034 ff.)
Änderung des Strafgesetzbuches

§ 264. Subventionsbetrug. (1) Mit Freiheitsstrafe bis zu fünf Jahren oder mit Geldstrafe wird bestraft, wer

1. einer für die Bewilligung einer Subvention zuständigen Behörde oder einer anderen in das Subventionsverfahren eingeschalteten Stelle oder Person (Subventionsgeber) über subventionserhebliche Tatsachen für sich oder einen anderen unrichtige oder unvollständige Angaben macht, die für ihn oder den anderen vorteilhaft sind,
2. den Subventionsgeber entgegen den Rechtsvorschriften über die Subventionsvergabe über subventionserhebliche Tatsachen in Unkenntnis läßt oder
3. in einem Subventionsverfahren eine durch unrichtige oder unvollständige Angaben erlangte Bescheinigung über eine Subventionsberechtigung oder über subventionserhebliche Tatsachen gebraucht.

(2) In besonders schweren Fällen ist die Strafe Freiheitsstrafe von sechs Monaten bis zu zehn Jahren. Ein besonders schwerer Fall liegt in der Regel vor, wenn der Täter

1. aus grobem Eigennutz oder unter Verwendung nachgemachter oder verfälschter Belege für sich oder einen anderen eine nicht gerechtfertigte Subvention großen Ausmaßes erlangt,
2. seine Befugnisse oder seine Stellung als Amtsträger mißbraucht oder
3. die Mithilfe eines Amtsträgers ausnutzt, der seine Befugnisse oder seine Stellung mißbraucht.

(3) Wer in den Fällen des Absatzes 1 Nr. 1 oder 2 leichtfertig handelt, wird mit Freiheitsstrafe bis zu drei Jahren oder mit Geldstrafe bestraft.

(4) Nach den Absätzen 1 und 3 wird nicht bestraft, wer freiwillig verhindert, daß auf Grund der Tat die Subvention gewährt wird. Wird die Subvention ohne Zutun des Täters nicht gewährt, so wird er straflos, wenn er sich freiwillig und ernsthaft bemüht, das Gewähren der Subvention zu verhindern.

(5) Neben einer Freiheitsstrafe von mindestens einem Jahr wegen einer Straftat nach den Absätzen 1 und 2 kann das Gericht die Fähigkeit, öffentliche Ämter zu bekleiden, und die Fähigkeit, Rechte aus öffentlichen Wahlen zu erlangen, aberkennen (§ 45 Abs. 2). Gegenstände, auf die sich die Tat bezieht, können eingezogen werden; § 74a ist anzuwenden.

(6) Subvention im Sinne dieser Vorschrift ist eine Leistung aus öffentlichen Mitteln nach Bundes- oder Landesrecht oder nach dem Recht der Europäischen Gemeinschaften an Betriebe oder Unternehmen, die wenigstens zum Teil

1. ohne marktmäßige Gegenleistung gewährt wird und
2. der Förderung der Wirtschaft dienen soll.

Betrieb oder Unternehmen im Sinne des Satzes 1 ist auch das öffentliche Unternehmen.

(7) Subventionserheblich im Sinne des Absatzes 1 sind Tatsachen,

1. die durch Gesetz oder auf Grund eines Gesetzes von dem Subventionsgeber als subventionserheblich bezeichnet sind oder
2. von denen die Bewilligung, Gewährung, Rückforderung, Weitergewährung oder das Belassen einer Subvention oder eines Subventionsvorteils gesetzlich abhängig ist.

§ 265 b. Kreditbetrug. (1) Wer einem Betrieb oder Unternehmen im Zusammenhang mit einem Antrag auf Gewährung, Belassung oder Veränderung der Bedingungen eines Kredites für einen Betrieb oder ein Unternehmen oder einen vorgetäuschten Betrieb oder ein vorgetäuschtes Unternehmen

1. über wirtschaftliche Verhältnisse
   a) unrichtige oder unvollständige Unterlagen, namentlich Bilanzen, Gewinn- und Verlustrechnungen, Vermögensübersichten oder Gutachten vorlegt oder
   b) schriftlich unrichtige oder unvollständige Angaben macht, die für den Kreditnehmer vorteilhaft und für die Entscheidung über einen solchen Antrag erheblich sind, oder
2. solche Verschlechterungen der in den Unterlagen oder Angaben dargestellten wirtschaftlichen Verhältnisse bei der Vorlage nicht mitteilt, die für die Entscheidung über einen solchen Antrag erheblich sind, wird mit Freiheitsstrafe bis zu drei Jahren oder mit Geldstrafe bestraft.

(2) Nach Absatz 1 wird nicht bestraft, wer freiwillig verhindert, daß der Kreditgeber auf Grund der Tat die beantragte Leistung erbringt. Wird die Leistung ohne Zutun des Täters nicht erbracht, so wird er straflos, wenn er sich freiwillig und ernsthaft bemüht, das Erbringen der Leistung zu verhindern.

(3) Im Sinne des Absatzes 1 sind

1. Betriebe und Unternehmen unabhängig von ihrem Gegenstand solche, die nach Art und Umfang einen in kaufmännischer Weise eingerichteten Geschäftsbetrieb erfordern;
2. Kredite, Gelddarlehen aller Art, Akzeptkredite, der entgeltliche Erwerb und die Stundung von Geldforderungen, die Diskontierung von Wechseln und Schecks und die Übernahme von Bürgschaften, Garantien und sonstigen Gewährleistungen.

§ 283. Bankrott. (1) Mit Freiheitsstrafe bis zu fünf Jahren oder mit Geldstrafe wird bestraft, wer bei Überschuldung oder bei drohender oder eingetretener Zahlungsunfähigkeit.

1. Bestandteile seines Vermögens, die im Falle der Konkurseröffnung zur Konkursmasse gehören, beseite schafft oder verheimlicht oder in einer den Anforderungen einer ordnungsgemäßen Wirtschaft widersprechenden Weise zerstört, beschädigt oder unbrauchbar macht,

2. in einer den Anforderungen einer ordnungsgemäßen Wirtschaft widersprechenden Weise Verlust- oder Spekulationsgeschäfte oder Differenzgeschäfte mit Waren oder Wertpapieren eingeht oder durch unwirtschaftliche Ausgaben, Spiel oder Wette übermäßige Beträge verbraucht oder schuldig wird,

3. Waren oder Wertpapiere auf Kredit beschafft und sie oder die aus diesen Waren hergestellten Sachen erheblich unter ihrem Wert in einer den Anforderungen einer ordnungsgemäßen Wirtschaft widersprechenden Weise veräußert oder sonst abgibt,

4. Rechte anderer vortäuscht oder erdichtete Rechte anerkennt,

5. Handelsbücher, zu deren Führung er gesetzlich verpflichtet ist, zu führen unterläßt oder so führt oder verändert, daß die Übersicht über seinen Vermögensstand erschwert wird,

6. Handelsbücher oder sonstige Unterlagen, zu deren Aufbewahrung ein Kaufmann nach Handelsrecht verpflichtet ist, vor Ablauf der für Buchführungspflichtige bestehenden Aufbewahrungsfristen beseite schafft, verheimlicht, zerstört oder beschädigt und dadurch die Übersicht über seinen Vermögensstand erschwert,

7. entgegen dem Handelsrecht
    a) Bilanzen so aufstellt, daß die Übersicht über seinen Vermögensstand erschwert wird, oder
    b) es unterläßt, die Bilanz seines Vermögens oder das Inventar in der vorgeschriebenen Zeit aufzustellen, oder

8. in einer anderen, den Anforderungen einer ordnungsgemäßen Wirtschaft grob widersprechenden Weise seinen Vermögensstand verringert oder seine wirklichen geschäftlichen Verhältnisse verheimlicht oder verschleiert.

(2) Ebenso wird bestraft, wer durch eine der in Absatz 1 bezeichneten Handlungen seine Überschuldung oder Zahlungsunfähigkeit herbeiführt.

(3) Der Versuch ist strafbar.

(4) Wer in den Fällen

1. des Absatzes 1 die Überschuldung oder die drohende oder eingetretene Zahlungsunfähigkeit fahrlässig nicht kennt oder

2. des Absatzes 2 die Überschuldung oder Zahlungsunfähigkeit leichtfertig verursacht,

wird mit Freiheitsstrafe bis zu zwei Jahren oder mit Geldstrafe bestraft.

(5) Wer in den Fällen

1. des Absatzes 1 Nr. 2, 5 oder 7 fahrlässig handelt und die Überschuldung oder die drohende oder eingetretene Zahlungsunfähigkeit wenigsten fahrlässig nicht kennt oder

2. des Absatzes 2 in Verbindung mit Absatz 1 Nr. 2, 5 oder 7 fahrlässig handelt und die Überschuldung oder Zahlungsunfähigkeit wenigstens leichtfertig verursacht,

wird mit Freiheitsstrafe bis zu zwei Jahren oder mit Geldstrafe bestraft.

(6) Die Tat ist nur dann strafbar, wenn der Täter seine Zahlungen eingestellt hat oder über sein Vermögen das Konkursverfahren eröffnet oder der Eröffnungsantrag mangels Masse abgewiesen worden ist.

§ 283a. Besonders schwerer Fall des Bankrotts. In besonders schweren Fällen des § 283 Abs. 1 bis 3 wird der Bankrott mit Freiheitsstrafe von sechs Monaten bis zu zehn Jahren bestraft. Ein besonders schwerer Fall liegt in der Regel vor, wenn der Täter

1. aus Gewinnsucht handelt oder
2. wissentlich viele Personen in die Gefahr des Verlustes ihrer ihm anvertrauten Vermögenswerte oder in wirtschaftliche Not bringt.

§ 283b. Verletzung der Buchführungspflicht. (1) Mit Freiheitsstrafe bis zu zwei Jahren oder mit Geldstrafe wird bestraft, wer

1. Handelsbücher, zu deren Führung er gesetzlich verpflichtet ist, zu führen unterläßt oder so führt oder verändert, daß die Übersicht über seinen Vermögensstand erschwert wird,
2. Handelsbücher oder sonstige Unterlagen, zu deren Aufbewahrung er nach Handelsrecht verpflichtet ist, vor Ablauf der gesetzlichen Aufbewahrungsfristen beiseite schafft, verheimlicht, zerstört oder beschädigt und dadurch die Übersicht über seinen Vermögensstand erschwert,
3. entgegen dem Handelsrecht
   a) Bilanzen so aufstellt, daß die Übersicht über seinen Vermögensstand erschwert wird, oder
   b) es unterläßt, die Bilanz seines Vermögens oder das Inventar in der vorgeschriebenen Zeit aufzustellen.

(2) Wer in den Fällen des Absatzes 1 Nr. 1 oder 3 fahrlässig handelt, wird mit Freiheitsstrafe bis zu einem Jahr oder mit Geldstrafe bestraft.

(3) § 283 Abs. 6 gilt entsprechend.

§ 283c. Gläubigerbegünstigung. (1) Wer in Kenntnis seiner Zahlungsunfähigkeit einem Gläubiger eine Sicherheit oder Befriedigung gewährt, die dieser nicht oder nicht in der Art oder nicht zu der Zeit zu beanspruchen hat, und ihn dadurch absichtlich oder wissentlich vor den übrigen Gläubigern begünstig, wird mit Freiheitsstrafe bis zu zwei Jahren oder mit Geldstrafe bestraft.

(2) Der Versuch ist strafbar.

(3) § 283 Abs. 6 gilt entsprechend.

§ 283d. Schuldnerbegünstigung. (1) Mit Freiheitsstrafe bis zu fünf Jahren oder mit Geldstrafe wird bestraft, wer

1. in Kenntnis der einem anderen drohenden Zahlungsunfähikgeit oder
2. nach Zahlungseinstellung, in einem Konkursverfahren, in einem gerichtlichen Vergleichsverfahren zur Abwendung des Konkurses oder in einem Verfahren zur Herbeiführung der Entscheidung über die Eröffnung des Konkurs- oder gerichtlichen Vergleichsverfahrens eines anderen.

Bestandteile des Vermögens eines anderen, die im Falle der Konkurseröffnung zur Konkursmasse gehören, mit dessen Einwilligung oder zu dessen Gunsten beiseite schafft oder verheimlicht oder in einer den Anforderungen einer ordnungsgemäßen Wirtschaft widersprechenden Weise zerstört, beschädigt oder unbrauchbar macht.

(2) Der Versuch ist strafbar.

(3) In besonders schweren Fällen ist die Strafe Freiheitsstrafe von sechs Monaten bis zu zehn Jahren. Ein besonders schwerer Fall liegt in der Regel vor, wenn der Täter

1. aus Gewinnsucht handelt oder
2. wissentlich viele Personen in die Gefahr des Verlustes ihrer dem anderen anvertrauten Vermögenswerte oder in wirtschaftliche Not bringt.

(4) Die Tat ist nur dann strafbar, wenn der andere seine Zahlungen eingestellt hat oder über sein Vermögen das Konkursverfahren eröffnet oder der Eröffnungsantrag mangels Masse abgewiesen worden ist.

§ 302a. Wucher. (1) Wer die Zwangslage, die Unerfahrenheit, den Mangel an Urteilsvermögen oder die erhebliche Willensschwäche eines anderen dadurch ausbeutet, daß er sich oder einem Dritten

1. für die Vermietung von Räumen zum Wohnen oder damit verbundene Nebenleistungen,
2. für die Gewährung eines Kredites,
3. für eine sonstige Leistung oder
4. für die Vermittlung einer der vorbezeichneten Leistungen.

Vermögensvorteile versprechen oder gewähren läßt, die in einem auffälligen Mißverhältnis zu der Leistung oder deren Vermittlung stehen, wird mit Freiheitsstraf bis zu drei Jahren oder mit Geldstrafe bestraft. Wirken mehrere Personen als Leistende, Vermittler oder in anderer Weise mit und ergibt sich dadurch ein auffälliges Mißverhältnis zwischen sämtlichen Vermögensvorteilen und sämtlichen Gegenleistungen, so gilt Satz 1 für jeden, der die Zwangslage oder sonstige Schwäche des anderen für sich oder einen Dritten zur Erzielung eines übermäßigen Vermögensvorteils ausnutzt.

(2) In besonders schweren Fällen ist die Strafe Freiheitsstrafe von sechs Monaten bis zu zehn Jahren. Ein besonders schwerer Fall liegt in der Regel vor, wenn der Täter

1. durch die Tat den anderen in wirtschaftliche Not bringt,
2. die Tat gewerbmäßig begeht,
3. sich durch Wechsel wucherische Vermögensvorteile versprechen läßt.

§§ 302b. – 302f. (weggefallen)

Zweites Gesetz zur Bekämpfung der Wirtschaftskriminalität (2. WiKG) (Entwurf)

1. Computerbetrug (StGB § 263a): (1) Wer in der Absicht, sich oder einem Dritten einen rechtswidrigen Vermögensvorteil zu verschaffen, das Vermögen eines andern dadurch beschädigt, daß er das Ergebnis eines Datenverarbeitungsvorganges durch unrichtige Gestaltung des Programms oder Einwirkung auf seinen Ablauf oder durch Verwendung unrichtiger oder unvollständiger Daten beeinflußt, wird mit Freiheitsstrafe bis zu fünf Jahren oder mit Geldstrafe bestraft.

(2) § 263 Abs. 2 bis 5 gilt entsprechend.

Fälschung gespeicherter Daten (StGB § 269 StGB)

(1) Wer zur Täuschung im Rechtsverkehr elektronisch, magnetisch oder sonst nicht sichtbar oder unmittelbar lesbar gespeicherte Daten, die dazu bestimmt sind, bei einer Verarbeitung im Rechtsverkehr als Beweisdaten für rechtlich erhebliche Tatsachen benutzt zu werden, unbefugt verändert oder solche unbefugt veränderten Daten gebraucht, wird mit Freiheitsstrafe bis zu fünf Jahren oder mit Geldstrafe bestraft.

(2) Der Versuch ist strafbar.

(3) § 267 Abs. 3 ist anzuwenden.

2. Kapitalanlagenbetrug (StGB § 264a): (1) Wer im Zusammenhang mit

1. dem Vertrieb von Wertpapieren, Bezugsrechten oder von Anteilen, die eine Beteiligung an dem Ergebnis eines Unternehmens gewähren sollen, oder
2. dem Angebot, die Einlage auf solche Anteile zu erhöhen, in Prospekten oder in Darstellungen oder Übersichten über den Vermögensstand hinsichtlich der für die Entscheidung über den Erwerb oder die Erhöhung erheblichen Umstände gegenüber einem größeren Kreis von Personen unrichtige vorteilhafte Angaben macht oder nachteilige Tatsachen verschweigt, wird mit Freiheitsstrafe bis zu drei Jahren oder mit Geldstrafe bestraft.

(2) Abs. 1 gilt entsprechend, wenn sich die Tat auf Anteile an einem Vermögen bezieht, das ein Unternehmen in eigenem Namen, jedoch für fremde Rechnung verwaltet.

(3) Nach den Absätzen 1 und 2 wird nicht bestraft, wer freiwillig verhindert, daß auf Grund der Tat die durch den Erwerb oder die Erhöhung bedingte Leistung erbracht wird. Wird die Leistung ohne Zutun des Täters nicht erbracht, so wird er straflos, wenn er sich freiwillig und ernsthaft bemüht, das Erbringen der Leistung zu verhindern.

3. Veruntreuen von Arbeitsentgelt (neuer Tatbestand) (1) Wer als Arbeitgeber die Beiträge des Arbeitnehmers zur Sozialversicherung oder zur Bundesanstalt für Arbeit der Einzugsstelle vorenthält, wird mit Freiheitsstrafe bis zu fünf Jahren oder mit Geldstrafe bestraft.

(2) Ebenso wird bestraft, wer als Arbeitgeber sonst Teile des Arbeitentgeltes, die er für den Arbeitnehmer an einen andern zu zahlen hat, dem Arbeitnehmer einbehält, sie je-

242

doch an den andern nicht bezahlt und es unterläßt, den Arbeitnehmer im Zeitpunkt der Fälligkeit oder unverzüglich danach über das Unterlassen der Zahlung an den andern zu unterrichten. Satz 1 gilt nicht für die Teile des Arbeitengelts, die als Lohnsteuer einbehalten werden.

(3) Wer als Mitglied einer Ersatzkasse Beiträge zur Sozialversicherung oder zur Bundesanstalt für Arbeit, die er von seinem Arbeitgeber erhalten hat, der Einzugsstelle vorenthält, wird mit Freiheitsstrafe bis zu einem Jahr oder mit Geldstrafe bestraft.

(4) Dem Arbeitgeber stehen der Auftraggeber eines Heimarbeiters, Hausgewerbebetreibenden oder einer Person, die im Sinne des Heimarbeitsgesetzes diesen gleichgestellt ist, sowie der Zwischenmeister gleich.

(5) In den Fällen des Absatzes 1 kann das Gericht von einer Bestrafung nach dieser Vorschrift absehen, wenn der Arbeitgeber spätestens im Zeitpunkt der Fälligkeit oder unverzüglich danach der Einzugsstelle schriftlich

1. die Höhe der vorenthaltenen Beiträge mitteilt und
2. darlegt, warum die fristgemäße Zahlung nicht möglich ist, obwohl er sich ernsthaft bemüht hat.

Liegen die Voraussetzungen des Satzes 1 vor und werden die Beiträge dann nachträglich innerhalb der von der Einzugsstelle bestimmten angemessenen Frist entrichtet, wird der Täter insoweit nicht bestraft. In den Fällen des Absatzes 3 gelten die Sätze 1 und 2 entsprechend.

Vergleichstabelle: Gesetzliche Regelung des Wirtschaftsstrafrechts Schweiz/Bundesrepublik Deutschland

Sachbereich	Schweiz – gesetzliche Tatbestandsbezeichnung	heute gültig StGB Art.	de lege ferenda	Bundesrepublik Deutschland – gesetzliche Tatbestandsbezeichnung	heute gültig StGB Art.	de lege ferenda
Betrug	Betrug	148		Betrug	263	
	Check- und Kreditkartenmißbrauch	VE 148[2]		Kreditbetrug	265 b fallen gelassen	
	Subventionsbetrug			Subventionsbetrug	264[1]	
				Versicherungsbetrug	265	
				Kapitalanlagebetrug	263	
Treuebruch	Veruntreuung	140	VE 138	Untreue	266	Entwurf 2. WiKG
			[8]	Veruntreuung von Arbeitsentgelt	266	
	Erschleichen einer Leistung	151				
	Ungetreue Geschäftsbesorgung	VE 158				
	Ungetreue Geschäftsführung	159		Ungetreue Geschäftsführung	266	
	Bestechen	288		Bestechung/Vorteilsgewährung	334/333	
	Annahme von Geschenken/sich bestechen lassen	316/315 Abs. 1		Vorteilsnahme	331	
	sich bestechen lassen	315 Abs. 2		Bestechlichkeit	332	
	Amtsmißbrauch	312				
	Ungetreue Amtsführung	314				
	Gebührenüberforderung	313		Gebührenüberhebung/Abgabenüberhebung	352/353	
Urkundenfälschung	Urkundenfälschung	251		Urkundenfälschung	257	
	Falsche Buchführung	VE 251 bis[6]				
	Urkundenfälschung (durch Beamte)	317		Falschbeurkundung im Amt	348	
				Fälschung techn. Aufzeichnungen	268	
	Fälschung diplomatischer Urkunden	267 Abs. 2				
	Verrückung staatlicher Grenzzeichen	268		Veränderung einer Grenzbezeichnung	274	
	Fälschung militärischer Aufgebote und Weisungen	277				

Deliktsgruppe	Bezeichnung	Art.	Anz.	Bezeichnung	§
	beurkundung durch Beamte oder Personen öffentlichen Glaubens	317		schwere, mittelbare Falschbeurkundung	271/272
	Falsches ärztliches Zeugnis	318			
	Erschleichen einer falschen Beurkundung	253 Abs. 1			
	Gebrauch falscher Beurkundung	253 Abs. 2		Gebrauch falscher Beurkundung	273
	Unterdrückung von Urkunden	254	6	Urkundenunterdrückung	274
Insolvenz-delikte[3]	Betrügerischer Konkurs	163[4]		Bankrott	283
				Besonders schwerer Fall des Bankrotts	283 a
	Leichtsinniger Konkurs u. Vermögensverfall	165[5]		Leichtsinniger Konkurs u. Vermögensverfall	283
	Unterlassung der Buchführung	166[4]		Verletzung der Buchführung	283/283 b
				Verletzung der Buchführungspflicht	283 b
	Bevorzugung eines Gläubigers	167		Gläubigerbegünstigung	283 c
				Schuldnerbegünstigung	283 d
	Ungehorsam dritter Personen im Betreibungs- und Konkursverfahren	324[5]			
	Ungehorsam des Schuldners im Betreibungs- und Konkursverfahren	323[5]		Vereiteln der Zwangsvollstreckung	288
	Veruntreuung und Entzug von Pfandsachen und Retentionsgegenständen	147[4]			
	Pfändungsbetrug	164[5]	9		
	Stimmenkauf	168[5]			
	Verfügung über gepfändete, mit Arrest belegte od. amtl. aufgezeichnete Sachen	169[5]		Verfügung über gepfändete, mit Arrest belegte oder amtl. aufgezeichnete Sachen	283 Ziff. 1
	Erschleichung eines gerichtlichen Nachlaßvertrages	170			
	Gewalt und Drohung gegen Behörden und Beamte	285		Widerstand gegen Vollstreckungsbeamte	113
Wucher	Wucher	157		Wucher	302
	Verleitung zur Spekulation	158	9		

Vergleichstabelle (Fortsetzung)

Sachbereich	Schweiz – gesetzliche Tatbestandsbezeichnung	heute gültig StGB Art.	de lege ferenda	Bundesrepublik Deutschland – gesetzliche Tatbestandsbezeichnung	heute gültig StGB Art.	de lege ferenda
Fiskaldelikte – Steuer- und Abgabedelikte	—	353³ 2		Verletzung des Steuergeheimnisses	355	
– Subventionsdelikte	—	2		Subventionsbetrug	264	
Wettbewerbsdelikte	Verletzung des Fabrikations- oder Geschäftsgeheimnisses Wirtschaftlicher Nachrichtendienst	162 273		Verletzung von Privatgeheimnissen/Verwertung fremder Geheimnisse	203/204	
Computerdelikte	Unbefugte Datenbeschaffung Unbefugte Inanspruchnahme einer Leistung (Zeitdiebstahl) Computersabotage betrügerischer Mißbrauch einer Datenverarbeitungsanlage	VE 143	VE 150 Abs. 2 VE 144 Abs. 2 VE 147	Computerbetrug/Fälschung gespeicherter Daten	263	263/269
Diverse	Unwahre Angaben über Handelsgesellschaften und Genossenschaften Unwahre Angaben gegenüber Handelsregisterbehörden Unwahre Auskunft durch eine Personalfürsorgeeinrichtung Ordnungswidrige Führung der Geschäftsbücher Übertretung firmenrechtlicher Bestimmungen	152 VE 153 325⁵	VE 154 VE 326bis	Unwahre Angaben über Handelsgesellschaften und Genossenschaften	283 Ziff. 7	

1 Subventionsgesetz
2 Spezialgesetze
3 Unterschiedliche Voraussetzungen und Tatbestandsmerkmale in der Schweiz und der BRD
4 Anwendung von 147, 163 – 170 auf juristische Personen und Handelsgesellschaften
5 Anwendung von 323 – 325 auf juristische Personen und Handelsgesellschaften
6 Erweiterung des bestehenden Tatbestandes auf Computer
7 Bundesgesetz über den unlauteren Wettbewerb (insbesondere Art. 13)
8 einzelne Autoren schlagen vor, die Vermögensdisposition mittels Computer über den Tatbestand von StGB Art. 151 (Erschleichen einer Leistung) zu erfassen
9 Vorentwurf für ein neues Vermögens- und Urkundenstrafrecht (vgl. Anhang)

Verzeichnis der Fälle

Literaturverzeichnis

Abegg, Ernst: Fall Haefelin: Seltsame Methoden im Osthandel, in Tages-Anzeiger vom 22. 3. 1975.

Aeberli, Emil: Internationale Geldwechseldiebe und -betrüger (Ein Fall aus der Praxis), in: Kriminalistik 1966 S. 249.

Aeschbacher, Rolf: Pfändungs- und Konkursdelikte in kriminologischer Sicht, Diss. Zürich 1969.

Amelung, Knut: Rechtsgüterschutz und Schutz der Gesellschaft, Frankfurt a. M. 1972.

Amelunxen, Clemens: Eine Fürstenhochzeit − polizeilich gesehen, in: Kriminalistik 1968 S. 28.

− Werkschutz und Betriebskriminalität, Verlag Kriminalistik, Hamburg, 4. neubearb. Auflage 1973.

Amsel, Georg: Geld und Kriminalität, Burg Stettenfels/Heilbronn 1965.

Antognazza, Gianpiero: Instruktive Fälle von Wirtschaftskriminalität, in Kriminalistik 1972 S. 539 und S. 595.

Arold, Rudolf: Einstellungen zur Wirtschaftskriminalität, in: Kriminologisches Journal 1977 S. 48 ff.

Backes, Otto: Umweltstrafrecht, in: JZ 1973 S. 337 ff.

Baer, Harold Jr. u. a.: Wirtschaftskriminalität (Probleme im Gespräch), Bern/Frankfurt a. M. 1972.

Barlay, Stephen: Industriespione knacken Computer, in: Der Spiegel 14 (1974) 70 ff. Auszug aus dem Buch „Die geheimen Geschäfte" (Ullstein Berlin 1974).

Bauer, Fritz: Auf der Suche nach dem Recht, Stuttgart 1966.

Bauknecht, Kurt: Computerkriminalität in Wirtschaftskriminalität, Wissenschaftliche Beiträge zum 50jährigen Bestehen der Neutra Teuhand AG, Zürich 1982.

Baumann, Claude: Die Stellung des Geschädigten im schweiz. Strafprozeßrecht, Diss. Zürich und Aarau 1958.

Baumann, Jürgen:

− Pönalisierung von Kaufverträgen durch Eigentumsvorbehalt, in: ZStW Bd. 68 (1956) S. 522 ff.

− Der strafrechtliche Schutz bei den Sicherungsrechten des modernen Wirtschaftsverkehrs, Berlin 1956

− Über die notwendigen Veränderungen im Bereich des Vermögensschutzes, in: JZ 1972 S. 1 ff.

Baumann, Jürgen / Arzt, Gunter: Kartellrecht und allgemeines Strafrecht, in: Zeitschrift für das gesamte Handelsrecht und Wirtschaftsrecht 1970 S. 24 ff.

Baumann, Jürgen / Dähn, Gerd (Hg.): Studien zum Wirtschaftsstrafrecht, Tübingen 1972.

Berckhauer, F. H.: Die Erledigung von Wirtschaftsstraftaten durch Staatsanwaltschaften und Gerichte, in: ZStW 1977 S. 1015 ff. Diskussion darüber in: ZStW 1977 S. 1088 ff.

– Die Strafverfolgung bei schweren Wirtschaftsdelikten (Bericht über eine Aktenuntersuchung), Freiburg i. Breisgau 1981.

– Wirtschaftsdelinquenz. Eine Bibliographie. Freibrug i. Breisgau 1975.

– Nachtrag zur Bibliographie „Wirtschaftsdelinquenz", Freiburg i. Breisgau 1976.

– Wirtschaftskriminalität in Deutschland. Ein Systemvergleich zwischen der BRD und der DDR, in: ZStW 1975 S. 788 ff.

Berckhauer F. H. / Rada H. D.: Forschungsbericht über die bundesweite Erfassung von Wirtschaftsstraftaten nach einheitlichen Gesichtspunkten im Jahre 1975. Bericht des Max-Planck Instituts, Freiburg 1977.

Bergier, Jacques: Industriespionage (Eine Sammlung der interessantesten Fälle) München 1970.

Bernasconi, Paolo: Lehren aus den Strafverfahren in den Fällen Texon, Weisscredit und Ähnlichen, in: ZStR 1981 S. 379 ff.

Bertling, Günter: Bekämpfung der Insolvenz-Kriminalität, in: Kriminalistik 1964 S. 377.

– Betrugs- und Wirtschaftskriminalität durch Umtriebe von Schwindelfirmen, in: Kriminalistik 1967 S. 1 ff.

– Die Kriminalität im bargeldlosen und bargeldsparenden Zahlungsverkehr, Wiesbaden 1958.

– Die Latenz im Bereich der Betrugs- und Wirtschaftskriminalität, in: Kriminalistik 1963 S. 558 / 1964 S. 22 und S. 79.

– Wirtschaftskriminalität, in Schriftenreihe des Bundeskriminalamtes Wiesbaden 1956/1 S. 13 ff.

Bertschi, Rolf: Die subsidiäre Privatstrafklage nach schweiz. Strafprozeßrecht, Diss. Zürich 1947

Besenthal, Gerd: Mietwucher als Problem der Strafgesetzgebung. Jur. Dissertation Gießen 1971.

Betzl, Karl Michael: Computerkriminalität – Bemerkungen zu einer Richtigstellung in: DSWR 23 (1973) S. 254 ff.

– Computerkriminalität – Dichtung und Wahrheit, in: DSWR 11 (1972) S. 317 ff.

– Computerkriminalität – Viel Lärm um nichts, in: DSWR 15 (1972) S. 475 ff.

– Sicherung des Rechnungswesens, in: Der Rechts- und Steuerdienst H55 Schmidt KG Köln-Marienburg 1974.

Bichenbacher, Christoph: Tatsachen über das schweizerische Bankgeheimnis, Nova Press April 1977.

Birch, O.: Urkundenfälschungen begangen bei der Gründung einer Aktiengesellschaft, in: Kriminalistik 1979 S. 369.

– Zession und Verpfändung von Forderungen; Betrug, Veruntreuung oder Unterschlagung begangen durch den Zedenten einer Forderung, in: Kriminalistik 1979 S. 467.

Bolle, Pierre-Henri: La lutte contre la criminalité économique en Suisse, in: ZStR 1981 S. 140 ff.

Bonkowske, Heinrich: Zur Bekämpfung der Wirtschaftskriminalität, in: Zeitschrift für das gesamte Kreditwesen 1969 S. 1022 ff.

Borrel, Cleve / Cashinella, B.: Crime in Britain today, London 1975.

Bosly, Henry-D.: Les frontières de la répression pénale en droit économique, in: Revue de droit pénale et de criminologie 53 (1972/73) S. 137ff.

Bosshard, Ernst: Die Abwehr von Wirtschaftskriminalität und Vermögensdelikten durch wirtschaftseigene Kontrolle und jährliche Abschlußprüfung, in: Aktuelle Beiträge zur Wirtschaftskriminalität Frankfurt am Main 1974.

Brauneck, Anna-Eva: Kriminologie der Vermögensdelikte, Hamburg 1970 (hekt.)

Buchhold, Karl: Betrügerische Kreditschöpfung durch Einreihen gefälschter Bilanzen, in: Kriminalistik 1975 S. 496.

– Untreuehandlungen weiblicher Angestellter, in: Kriminalistik 1976 S. 174.

Buchhold, Karl und Lauer, Bernd: Aktienrechtliche Untreue, in: Kriminalistik 1966 S. 389.

Buchholz, Erich / Seidel, Dietmar: Wirtschaftliche Fehlentscheidungen oder Straftat, Berlin (Ost) 1971.

Buckenberg, Hans-Ulrich: Strafrecht und Umweltschutz, Tübingen 1975.

von Büren, Bruno: Der Straftatbestand des unlauteren Wettbewerbs und verwandte Tatbestände, in: Kriminalistik 1968 S. 99 und S. 157.

Burgdorff, Stephan (Hrsg.): Wirtschaft im Untergrund, Spiegelbuch 1983 (Rowohlt), Reinbek bei Hamburg.

Buschmann, Walter: Täterkreis und Tatmotive bei Steuerhinterziehungen, in: Blätter für Steuerrecht, Sozialversicherung und Arbeitsrecht 1968 S. 4ff.

Caimi, Carlo Luigi: Der Staatsvertrag zwischen der Schweiz und den USA über gegenseitige Rechtshilfe vom 29. Mai 1973, in: Kriminalistik 1977 S. 224.

Conseil de l'Europe: Aspects criminologiques de la délinquance d'affaires. 12e conférence des directeurs d'instituts de recherches criminoloqiques (15. – 18. Novembre 1978), Straßbourg 1978.

Cramer, Peter: Grundbegriffe des Rechts der Ordnungswidrigkeiten, Stuttgart/Berlin/ Köln/Mainz 1971.

– Vermögensbegriff und Vermögensschaden im Strafrecht, Bad Homburg v. d. H./Berlin/Zürich 1968.

Dähn, Gerd: Das neugefaßte Wirtschaftsstrafgesetz, in: JZ 1975 S. 617ff.

Daun, Willy: Ungelöste Probleme der Wirtschaftskriminalität, in: ZRP 1971 S. 29f.

Dittrich, Karl: Ursache für die Wirtschaftskriminalität: die Kriminalpolizei? in: Kriminalistik 1972 S. 131.

Dreher, Eduard, Herbert Tröndle: Strafgesetzbuch mit Nebengesetzen und Verordnungen, 41. Auflage München und Berlin 1983.

Droste, Hermann-Josef: Privatjustiz gegen Ladendiebe (Eine Untersuchung z. kriminolog., verfassungs- und strafrechtlichen Problematik der privaten Verfolgung des Ladendiebstahls, unter besonderer Berücksichtigung der Nötigung), Köln 1972.

Ebisch, Helmuth: Wirtschaftsstrafgesetz vom 9. Juli 1954, in der Fassung vom 21. Dezember 1958, Berlin 1959.

Egli, Heinz: in: Wirtschaftskriminalität Reihe: „Probleme im Gespräch", Band 4 Bern/Frankfurt a. M. H. Lang 1972.

– Möglichkeiten einer privaten Schutzorganisation in der Schweiz, in: gdi-topics 11/12 (1970) S. 81ff.

– Wirtschaftskriminalität, in: Protector 1/1980 S. 35ff.

Erbs, Georg / Kohlhaas, Max: Strafrechtliche Nebengesetze, 3 Bände, 2. Auflage München 1971 ff. (Loseblattausgabe).

Fellmann, Markus: Rechtliche Erfassung von Insidertransaktionen in der Schweiz: eine Untersuchung der juristischen und ökonomischen Aspekte, Jur. Dissertation Basel 1981 (Schulthess Verlag Zürich).

Früh, P.: Bankgeschäfte und ihre möglichen strafrechtlichen Folgen. Zürich 1963/64 (hekt. Vortrag vor dem Kriminalistischen Institut des Kantons Zürich).

Gantenbein, Werner: Wirtschaftsspionage und militärische Landesverteidigung (Die präventive militärische Spionageabwehr bei privaten Unternehmungen und Personen, welche für die Militärverwaltung oder die Armee tätig sind.), in: Industrielle Organisation 41 (1972) Nr. 10 S. 423.

Gastberger, Leo: Ein ideenreicher Versicherungsbetrüger, in: Kriminalistik 1975 S. 364.

Geerds, Friedrich: Versicherungsmißbrauch (§ 265 StGB), in: Festschrift für Hans Welzel zum 70. Geburtstag Berlin/New York 1974 S. 841 ff.

Gemmer, Karlheinz: Internationale Wirtschaftskriminalität, in: gdi-topics 11/12 (1970) S. 51 ff.

– Die Technik des Wirtschaftsstraftäters, in: Kriminalistik 1967 S. 281.

Goeschen, Andreas: Unternehmenssanierung durch Organ-Untreue, in: Kriminalistik 1964 S. 329.

Götz, Volkmar: Bekämpfung der Subventionserschleichung, Köln/Berlin/Bonn/ München 1974.

Graven, Jean: L'escroquerie en droit pénal suisse, Basel 1947.

Graven, Philippe: L'économie du droit pénal et le droit pénal économique, in: ZStR 1976 S. 344 ff.

Gross, Wolfgang: White-Collar-Crime stört die Marktwirtschaft, in: Kriminalistik 1973 S. 355/356.

Grossenbacher, P.: Urkundenfälschung gemäß Art. 251 des Schweizerischen Strafgesetzbuches, in: Kriminalistik 1969 S. 203 und S. 263 und S. 321.

Häusler, Karl: Telexanschluß als einziges Geschäftskapital (Wirtschaftsbetrügern die Sache leicht gemacht), in: Kriminalistik 1972 S. 339.

Hammerl, Horst: Die Bankrottdelikte, Jur. Dissertation Frankfurt a. M. 1970.

Hanack, Ernst-Walter: Prozeßhindernis des überlangen Strafverfahrens? in: JZ 1971 S. 705 ff.

Hartmann, Adolf: Die Stellung des Geschädigten sowie von Dritten im zürcherischen Strafprozeß Sonderdruck aus RECHT UND PRAXIS, in Kriminalistik 1970/71

Hauser, Robert / Rehberg, Jörg: Strafrecht 1 – Verbrechenslehre, Vorlesungsskriptum, 3. Auflage Zürich 1983.

Heimeshoff, Erich: Wirtschaftskriminalität, ein nationales und internationales Problem, in: DRiZ 1974 S. 156 ff.

Henssen, Peter: Weinkriminalität und Weinstrafrecht, Jur. Dissertation Gießen 1976.

Heyden, Frank: Begriff, Grundlagen und Verwirklichung des Legalitätsprinzips und des Opportunitätsprinzips, Dissertation Zürich 1961.

Hoffmann, Andreas: Steuerhinterziehung und Betrug unter dem Deckmantel der Unternehmensberatung, in: Kriminalistik 1977 S. 66.

Hopl, Klaus J.: Inwieweit empfiehlt sich eine allg. gesetzliche Regelung des Anlegerschutzes? (dargestellt unter besonderer Berücksichtigung der Publikumspersonengesellschaften, namentlich der Aktiengesellschaften und geschlossenen Immobilienfonds), Gutachten G für den 51. Deutschen Juristentag, München, 1976.

Hopl, Klaus J. / Will, Michael R.: Europäisches Insiderrecht, Stuttgart 1973.

Hug, Theodor: Der wirtschaftliche Nachrichtendienst im schweizerischen Recht, Dissertation Bern, Zürich 1961.

Hytha, Robert: EDV-Kriminalität oder Computer brauchen Schutz, in: Kriminalistik 1975 S. 227 ff.

Jahn, Gerhard: Die Bekämpfung der Wirtschaftskriminalität als rechtspolitische Aufgabe, in: WRP 1974 S. 4 ff.

Kämpfer, Udo: Der strafrechtliche Schutz des Wirtschaftsgeheimnisses im französischen und belgischen Recht. Jur. Dissertation Köln 1975.

Kaiser, Günther: Die Bedeutung der Wirtschaftskriminalität in der Bundesrepublik Deutschland, in: Kriminalistik 1978 S. 1 ff.

– Kriminologie, 6. Auflage, Heidelberg 1983.

– Neuere Entwicklungsformen in der Kriminologie, in: ZStR 98 (1981) S. 264 ff.

– Stand und Entwicklung der kriminologischen Forschung in Deutschland, Berlin/New York 1975.

Kaiser, Günther / Sack, Fritz / Schellhoss, Hartmut (Hrsg.): Kleines kriminologisches Wörterbuch, Freiburg/Basel/Wien 1974.

Kaiser, Volker: Die Verbandssanktionen des Ordnungswidrigkeitengesetzes, Jur. Dissertation Münster 1974.

Keidel, Kurt: Zur Bekämpfung von Straftaten mit gefälschten und gestohlenen Schecks und Scheckkarten, in: Kriminalistik 1973 S. 16.

Kerner, Hans-Jürgen: Professionelles und organisiertes Verbrechen, Wiesbaden 1973.

Kinzl, H.: Der Stoßbetrug und seine Bekämpfung, in: Der Kriminalist 7 (1975) S. 698 ff.

Klainguti, Ernest: Die Regelung des Aktienhandels durch Insider im amerikanischen Bundesrecht, Dissertation Zürich 1971.

Klauwell, Ernst-Friedrich: Die Urkundenfälschung an Tonaufnahmen nach schweiz. und deutschem Strafrecht, Dissertation Basel 1957 (Masch. Schr.).

Kleiner, Beat: Das schweizerische Bankgeheimnis, in: Bankwissenschaftliche Forschungen Band 10, Bern/Stuttgart 1972.

Kluge, Volker: Die GmbH & Co. KG als Instrument wirtschaftsschädigenden Verhaltens, in: Kriminalistik 1977 S. 13.

Knecht, Heinz: Erfahrungen bei der Untersuchung von Wirtschaftsdelikten, in: ZStR 85 (1969) S. 352 ff.

– Instruktive Fälle von Wirtschaftskriminalität, in: Kriminalistik 1971 S. 400 ff. und S. 466 ff.

Knoche, Thomas: Mißbrauch der Scheckkarte, Bonn 1983.

König, Gottfried / Gämperle, Hans: Concours hippique, in: Kriminalistik 1973 S. 275.

König, Walter: Der Versicherungsbetrug, Jur. Dissertation Zürich 1968.

Körner, Waldemar: Die mißbräuchliche Erlangung der Gasölbetriebsbeihilfe, Jur. Dissertation Mainz 1968.

Kraft, Günther: Alte Geleise oder neue Wege bei der Bekämpfung des Wirtschaftsstraftäters?. in: Kriminalistik 1973 S. 273.

– Das Bankgeheimnis im Ermittlungsverfahren, in: Kriminalistik 1976 S. 319.

– Gerade an der Orientierung an der Praxis fehlt es, in: Kriminalistik 1976 S. 217.

Krauskopf, Lutz: Die Revision des SchKG im Spannungsfeld der Wirtschaftskriminalität, in: SJZ 1984 S. 17 ff.

Lampe, Ernst-Joachim: Die strafrechtliche Behandlung der sogenannten Computerkriminalität, in: Goltdammers Archiv für Strafrecht 1 (1975) S. 1 ff.

– Strafrechtlicher Schutz gegen irreführende Werbung, in: Festschrift für Richard Lange zum 70. Geburtstag, Berlin 1976.

– Wirtschaftsstrafrecht, in: HW der Wirtschaftswissenschaft S. 301 ff., Stuttgart 1981.

Lampe, Ernst-Joachim / Lenckner, Theodor: u. a. Alternativ-Entwurf eines Strafgesetzbuches, Besonderer Teil, Straftaten gegen die Wirtschaft, Tübingen 1977.

Liebscher, Viktor: Die Wirtschaftsdelikte im österreichischen Strafrecht, in: ZStW 88 (1976) H. 1.

Lüscher, Martin J.: Bankgeheimnis und Internationale Strafrechtshilfe, in: Kriminalistik 1971 S. 323.

– Das schweizerische Bankgeheimnis in strafrechtlicher Sicht. Schulthess Polygraphischer Verlag, Zürich 1972.

Lüthy, H. R.: Computer – Hersteller und Datensicherheit, in: NZZ Mittagsausgabe vom 6. Dezember 1973 S. 37.

Mader, R. / Sluga, W. / Grünberger, J.: Der kriminelle Hochstapler, in: Kriminalistik 1972 S. 543.

Mathias, Philip: Forced Growth (Five Studies of Gouvernment Involvement in the Development of Canada), Toronto 1971.

Matschke, Manfred Jürgen: Zum Begriff der Wirtschaftskriminalität, in: BFuP 1975 S. 385 ff.

Maurer, Otto: Spionagefälle und wie sie hätten vermieden werden können, in: Industrielle Organisation 41 (1972) Nr. 10 S. 433.

Mergen, Armand: Die Kriminologie, 2. Auflage, Berlin/Frankfurt a. M. 1978

– Tat und Täter, München 1971.

Messerli, A.: Finanz – Unterwelt auch in der Schweiz, in: Creditreform 11 (1974) S. 12/13.

Mühlbacher, Jörg / Reisinger, Leo / Vinek, Günther: Computerkriminalität. Eine Typologie der Programmanipulation in: OeVD 10 (1974) S. 456 ff.

Müller, Bernhard: Das Bankengesetz und die Wirtschaftskriminalität, in: SJZ 1980 S. 141 ff.

– Die Banken und die Wirtschaftskriminalität, in: Festschrift Neutra – Treuhand 1982.

Müller, Josef: Banken und Wirtschaftskriminalität, in: SKA – Bulletin Januar/Februar 1975.

Müller, Rudolf: Die Ausweitung der Wirtschaftskriminalität, in: ZRP 1970 S. 110 ff.

Müller, Rudolf / Wabnitz, Heinz-Bernd: Wirtschaftskriminalität. Eine Darstellung der typischen Erscheinungsformen München 1982.

Nees, Helmut: Vermögensdelikte in der Deutschen Demokratischen Republik, Köln 1974.

Neflin, Hermann: Wirtschaftskriminalität. Eine Warnung vor Schwindlern und Betrügern, München 1971.

Nippoldt, Rolf: Die Strafbarkeit von Umgehungshandlungen, dargestellt am Beispiel der Erschleichung von Agrarsubventionen. Jur. Dissertation Gießen 1974.

Noll, Peter: Die neueren eidgenössischen Nebenstrafgesetze unter rechtsstaatlichen Gesichtspunkten, in: ZStR 72 (1957) S. 361 ff.

Pfister, Georg: Unwahre Angaben über Handelsgesellschaften und Genossenschaften (Art. 152 StGB) und das Verhältnis zum Betrug (Art. 148 StGB), Zürich 1978.

Pletscher, Bruno: Anlagefonds – Betrügereien, in: Kriminalistik 1972 S. 133.

Rehberg, Jörg: Aktuelle Rechtsfragen beim Veruntreuungstatbestand gemäß StGB Art. 140, in: ZStR 98 (1981) S. 351 ff.

Reichlin, Kurt: Art. 273 und der agentenlose wirtschaftliche Nachrichtendienst., in: Wirtschaft und Recht 13 (1961) Nr. 1 S. 5.

Riefling, Karlheinz: Sandelei (Eine neue Erscheinungsform des Betruges?), in: Kriminalistik 1972 S. 127.

Rimann, Bernhard R.: Wirtschaftskriminalität. Die Untersuchung bei Wirtschaftsdelikten, Dissertation Zürich 1973 (Schulthess Zürich 1973).

Rödl, Helmut / Windolph, Albert: Datenschutz und private Datenbanken (Beitrag zur Problematik eines Datenschutzgesetzes), 1973.

Rohner, Louis: Computerkriminalität. Strafrechtliche Probleme bei „Zeitdiebstahl" und Manipulationen. Dissertation Zürich 1975 (Schulthess Polygraphischer Verlag Zürich 1976).

Rotman, Edgardo: Natur und Umfang der Wirtschaftsstraftaten in ihrer Abhängigkeit von einigen Grundzügen des heutigen Wirtschaftslebens, in: Kriminalistik 1977 S. 213.

Sidler, Peter: Der Schutz von Computerprogrammen im Urheber- und Wettbewerbsrecht. Verlag für Recht und Gesellschaft, Basel 1968.

Sieben/Poerting: Zur präventiven Bekämpfung von Wirtschaftsdelikten, in: Beiträge über Wirtschaftskriminalität, Frankfurt a. M. 1979 S. 103 ff.

Sieben, Günter / Matschke, Manfred Jürgen / Neuhäuser, Hans-Jürgen: Bilanzdelikte Wiesbaden 1974.

Sieben, Günter / von zur Mühlen, Rainer: Computerkriminalität – nicht Dichtung, sondern Wahrheit, in: DSWR 13 (1972) S. 397 ff.

– Zur Diskussion: Computerkriminalität, in: DSWR 23 (1973) S. 252 ff.

Sieber, Ulrich S.: Computerkriminalität. Probleme hinter einem Schlagwort, in: DSWR 24 (1974) S. 245 ff.

– Computerkriminalität und Strafrecht, 2. Aufl. Köln 1980.

Silberschmidt, Richard: Die Warenfälschung im schweizerischen Strafrecht. Iur. Dissertation 1970.

Söldner, Fritz: Neue kriminologische Erscheinungsformen der Betriebskriminalität, in: Kriminalistik 1973 S. 3.

Sutherland, Edwin H.: White Collar Crime, 2. Auflage (von Donald R. Cressey), New York 1961.

– White Collar Crime. The uncut version. New Haven 1983.

Schäfer, Herbert (Hrsg.): Wirtschaftskriminalität. Weisse-Kragen-Kriminalität, Hamburg 1974 – 1976.

Schaffmeister, Dieter: Diskussionsbericht von der Tagung für Rechtsvergleichung,

München 1975, über Erscheinungsformen der Wirtschaftskriminalität und Möglichkeiten ihrer strafrechtlichen Bekämpfung, in: ZStW 1976 S. 294 ff.

Schafheutle, Klaus: Wirtschaftsspionage und Wirtschaftsverrat im deutschen und schweizerischen Strafrecht. Jur. Dissertation Freiburg i. Breisgau 1972.

Scheidges, Gerhard: Wirtschaftsstraftaten bei öffentlichen Aufträgen, in: Kriminalistik 1976 S. 450 ff.

Scheuchzer, R. u. a.: Warnung vor Geschäftsspionage. Erscheinungsformen – Abwehr – dispositiv – Führungsmaßnahmen, in: Industrielle Organisation 1973 (Zürich).

Schläpfer, Rolf: Betrügerische Kapitalbeschaffung einer Schmuggel-GmbH, in: Kriminalistik 1972 S. 522.

Schmid, Niklaus: Banken zwischen Legalität und Kriminalität, Heidelberg 1980
– Falschbeurkundung bei Wirtschaftsdelikten, in ZStR 95 (1978) S. 286 ff.
– Fragen der strafrechtlichen Verantwortlichkeit bei Schwindel- und Strohmanngesellschaften, in: ZStR 87 (1971) S. 247 ff.
– Untersuchungsprobleme bei Schwindel- und Strohmann-Firmen, in: Kriminalistik 1971 S. 256 ff.
– Zur Frage der Abgrenzung der Veruntreuung (Art. 140 StGB) zur ungetreuen Geschäftsführung (Art. 159 StGB), in SJZ 68 (1972) S. 117 ff.
– Die strafrechtliche Verantwortlichkeit für Wirtschaftsdelikte im Tätigkeitsbereich der Aktiengesellschaft, in: Die Schweizerische Aktiengesellschaft 1974 S. 101 ff.
– Der Wirtschaftsstraftäter, Ergebnisse einer Zürcher Untersuchung, Folgerungen für Prävention und Repression der Wirtschaftsdelikte, in: ZStR 1976 S. 51 ff.

Schmid, Rainer: Forschung im Bereich der Wirtschaftskriminalität, in: Kriminalistik 1974 S. 201.
– Forschungsvorhaben Bilanzkriminalität, Ergebnis der Untersuchung, in: Kriminalistik 1979 S. 495.
– Möglichkeiten und Grenzen einer statistischen Erfassung der Wirtschaftskriminalität, in: Kriminalistik 1975 S. 207/208.

Schmidlin, Walter: Typische Wirtschaftsdelikte auf dem Gebiet des Aktienrechts, in: ZStR 85 (1969) S. 370 ff. Zürich: Schulthess 1968.

Schreieder, Horst: Die Stellung des Beschuldigten im Hinblick auf die Aussage nach formellen und materiellen Strafrecht, Dissertation Zürich 1968.

Schubarth, Martin: Sind die sogenannten Wirtschaftsdelikte wirklich ein Problem, in: ZStR 90 (1974) S. 384 ff.
– Die Systematik der Aneignungsdelikte, Basel/Stuttgart 1968.
– Vom Vermögensstrafrecht zum Wirtschaftsstrafrecht, in: SJZ 1979 S. 205.
– Die Wirtschaftsdelikte aus strafrechtsdogmatischer Sicht. Vortrag, gehalten am 29. 1. 1975 an einer Informationstagung über Wirtschaftskriminalität (hektographiertes Manuskript Informis AG, Roggwil 1975).
– Zur strafrechtlichen Haftung des Geschäftsherrn, in: Revue de droit pénal 1976 S. 377.

Schultz, Hans: Allgemeine Aspekte der Wirtschaftskriminalität (hekt. Vortrag vor dem Kriminalistischen Institut des Kantons Zürich) Zürich 1970/1971.
– Die Bedeutung der Wirtschaftskriminalität in der Schweiz, in: Kriminologische Gegenwartsfragen 13 S. 63, Stuttgart 1978.

– Les délits économiques et la prévention générale, in: Journal des Tribunaux 1967 IV S. 130 ff.

– Die zweite Teilrevision des StGB in: ZBJV 106 (1970) S. 1 ff.

Schuster, Leo: Wirtschaftskriminalität und Banken, in: Betriebswirtschaftliche Mitteilungen Bd. 67.

Schwager, Pius: Das schweizerische Bankgeheimnis, Schulthess Polygraphischer Verlag Zürich 1973.

Sträuli, Hans: Gesetze betreffend die zürcherische Rechtspflege, Bd. III, Gesetz betreffend den Strafprozeß, Zürich 1924.

Strathenwerth, Günter: Urkundendelikte unter dem Aspekt der Wirtschaftskriminalität, in: SJZ 1980 S. 1.

Teufel, Manfred: Insolvenzkriminalität, Lübeck 1981.

– „Weiße-Kragen-Kriminalität" vergangener Zeiten (Zwei „alte" Fälle kurz skizziert), in: Kriminalistik 1972 S. 489.

– Zur Kriminologie der Wirtschaftsdelikte – ein Überblick, in: Archiv für Kriminologie 155 (1975) H 5/6 S. 129 ff.

Tiedemann, Klaus: Die Bekämpfung der Wirtschaftskriminalität am Beispiel der Steuer- und Suventionsdelinquenz, in: Goltdammers Archiv für Strafrecht 1974 S. 8 ff.

– Der Entwurf eines ersten Gesetzes zur Bekämpfung der Wirtschaftskriminalität, in: ZStW 25 (1975) H 2 S. 253 ff.

– Erscheinungsformen der Wirtschaftskriminalität und Möglichkeiten ihrer strafrechtlichen Bekämpfung, in: ZStW 88 (1976) Heft 1.

– Handhabung und Kritik des neuen Wirtschaftsstrafrechts Versuch einer Zwischenbilanz, in: Festschrift für Dünnebier S. 519 ff. Berlin u. a. 1982.

– Internationale Zusammenarbeit auf dem Gebiet des Wirtschaftsstrafrechts, in: JR 1974 3 S. 93/94.

– Kriminologische und kriminalistische Aspekte der Subventionserschleichung, Hamburg 1974.

– Multinationale Unternehmungen und Strafrecht, Köln/Berlin/Bonn/München 1980.

– Subventionskriminalität in der Bundesrepublik, Reinbek bei Hamburg 1974.

– Wirtschaftsstrafrecht und Wirtschaftskriminalität Bd. 1: Allgemeiner Teil Bd. 2: Besonderer Teil, Reinbeck bei Hamburg 1976.

Ulrich, Walter: Schützt das schweizerische Bankgeheimnis den Wirtschaftskriminellen? in: Der Kriminalist 8 (1976) S. 289 ff.

– Der Fall Indumat (Polizeiliches Ermittlungsverfahren in einem Automatenschwindel), in: Kriminalistik 1965 S. 250.

Vollmuth, Emil: Fälle zur Buchhaltungs- und Buchhalterkriminalität, in: Kriminalistik 1979 S. 909.

– Psychisch krank oder unglaublich raffiniert (Eine Buchhalterin und ihr ungewöhnliches Motiv), in: Kriminalistik 1979 S. 360.

von zur Mühlen, Rainer A. H.: – Computer-Kriminalität, in: Management heute H 6 (1973) S. 17 ff.

Computer-Kriminalität, Gefahren und Abwehrmaßnahmen, Neuwied/Berlin 1973.

— Computer-Manipulationen aus strafrechtlicher Sicht in: Neue juristische Wochenschrift (München, Frankfurt) 37 (1971).
— Computer-Mißbrauch in der öffentlichen Verwaltung, Gefahren und Möglichkeiten ihrer Beseitigung, in: OeVD 6 (1972) S. 261 ff.
— Gefahren im EDV — Bereich, Erfassungsschutz (Deutsche Verlagsanstalt Stuttgart 1975) S. 48 ff.
— Probleme der strafrechtlichen Erfassung von Sonderfällen der Computerkriminalität, in: BFuP 5 (1975) S. 458 ff.
— Wirtschaftskriminalität und elektronische Datenverarbeitung, in: BFuP 1971 S. 94 ff.

Wachter, Alfred: Die Verletzung von Wirtschaftsgeheimnissen im schweizerischen Strafrecht unter Berücksichtigung der kantonalen und ausländischen Gesetzgebung, Jur. Dissertation Bern 1940.

Wahl, Adolf: Halbdiskont-Geschäfte, Sonderfall strafbarer Kreditschöpfung durch Finanzwechsel, in: Kriminalistik 1972 S. 67.
— Praxisorientierte Prävention bei Wirtschaftsdelikten — aber wie? in: Kriminalistik 1976 S. 216.

Wahl, Adolf / Bankmann, Manfred: Ein Millionending, in: Kriminalistik 1973 S. 505.

Walter, Otto: Ivar Kreuger — die Katastrophe, Olten/Konstanz 1932.

Wassermann, Rudolf: Strategien zur Eindämmung der Wirtschaftskriminalität, in: Aktuelle Beiträge zur Wirtschaftskriminalität, Frankfurt a. M. 1979 S. 27 ff.

Wax, Peter: Zur Bekämpfung der Wirtschaftskriminalität, in: DRiZ 1973 S. 37 ff.

Windolph, Albert: Die Wirtschaftskriminalität, in: Kriminalistik 1973 S. 352 ff.
— Kreditbetrug durch Abtreten fingierter Forderungen, in: Kriminalistik 1963 S. 218.
— Wirtschaftskriminalität, ihre Bekämpfung und Prävention, in: Kriminalistik 1971 S. 292 ff.

Wolf, Thomas: Computer und Kriminalität, in: NZZ vom 6. 12. 1973 Nr. 568.

Wunderlin, C.: Fälle von Wirtschaftskriminalität (Kriminalistisches Institut des Kantons Zürich (Hrsg.), Zürich 1975/76.

Zach, Heinrich: Ein ungetreuer Bankrevisor, in: Kriminalistik 1977 S. 217.

Zange, Bruno: Energierechtliche Probleme der Strafrechtsreform, Düsseldorf 1963.

Zbinden, Karl: Kriminalistik-Strafuntersuchungskunde München und Berlin 1954.
— Zur aktuellen Wirtschaftskriminalität in: Kriminalistik 1971 S. 115.

Zimmerli, Erwin A.: Kommt dem Begriff Wirtschaftskriminalität wirklich nur kriminaltaktische Bedeutung zu? in: ZStR 89 (1975) S. 305 ff.
— Wirtschaftskriminalität mit Kleinaktiengesellschaften, Dissertation St. Gallen 1978.
— Wirtschaftskriminalität mit Kleinaktiengesellschaften. Ein Beitrag zur Diskussion um die Reform des Aktienrechts aus wirtschaftskriminologischer Sicht, Zürich 1978.

Zimmermann, Stephan: Betrugsähnliche Tatbestände Art. 149 – 152 StGB, Dissertation Zürich 1973.

Zimring, Franklin E. / Hawkins, Gordon J.: Deterrence, Chicago 1973.

Zirpins, Walter: Bekämpfung der Wirtschaftskriminalität, in: Kriminalistik 1967 S. 169.
— Betrügerische Geschäfte mit Wechseln, in: Kriminalistik 1965 S. 352 ff.
— Datenschutz und Abwehr der Wirtschaftsdelinquenz, in: Kriminalistik 1972 S. 435.
— Kontakte mit führenden Handelsauskunfteien Wichtige Hilfe bei der Bekämpfung der Wirtschaftskriminalität, in: Kriminalistik 1968 S. 12.

− Schach der Wirtschaftsdelinquenz, in: Aktuelle Beiträge zur Wirtschaftskriminalität Frankfurt a. M. 1974.
− Von Schwindelfirmen und anderen unlauteren (kriminellen) Unternehmen des Wirtschaftslebens, Wiesbaden 1959.
− Vorbeugende Bekämpfung neuralgischer Insolvenzen, in: Aktuelle Kriminologie S. 179 ff. Hamburg 1969.
− Wirtschaftsdelinquenz, in: Kriminalistik 1972 S. 186 ff.
− Wirtschaftskriminalität Wesen und Gefährlichkeit der Wirtschaftsdelikte, in: Kriminalistik 1967 S. 576.
− Wirtschaftskriminalität und private, interne Revision, in: Kriminalistik 1965 S. 5.
− Wirtschaftskriminalität unter besonderer Berücksichtigung der Korruption (hekt. Veröffentlichung des Vereins gegen das Bestechungsunwesen e. V.) Bonn 1965.
Zirpins, Walter / Terstegen, Otto: Wirtschaftskriminalität Erscheinungsformen und ihre Bekämpfung, Lübeck 1963.
Zuppinger, F.:
− Probleme der internationalen Amts- und Rechtshilfe in Steuer-, insbesondere in Fiskalstrafsachen, in: Archiv für Schweizerische Abgaberecht Bd. 50 (1982) S. 3 ff.
− Der Steuerbetrug unter Berücsichtigung des zürcherischen Rechts, in: ZStR 91 (1975) S. 113 ff.
Zybon, Adolf: Kritik am Steuergeheimnis, in: ZRP 1971 S. 231 ff.
− Die Unternehmung als Objekt und als Instrument der Wirtschaftskriminalität in: BFuP 1975 S. 402 ff.
− Wirtschaftskriminalität als gesamtwirtschaftliches Problem, München 1972.
− Wirtschaftskriminalität und Rechnungswesen, in: Zeitschrift für Betriebswirtschaft 1968 S. 889 ff.

Stichwortverzeichnis